러시아어 회화사전

전혜진 지음

머리말

책머리에

「러시아어 회화 사전」의 출판을 목전에 두고, 과연 표현의 다양성과 자유로움을 자랑하는 러시아 말을 모두 아우를 수 있을까라는 걱정이 앞섭니다. 러시아 사람들의 희로애락, 그들의 생각과 마음, 삶의 이야기 그리고 말의 뉘앙스를 고스란히 쏟아낼 수 있을까라는 두려움도 있습니다. 그러나 또 한편으로는 「러시아어 회화 사전」이 러시아 말의 표현과 회화를 종합하여 상황별, 주제별로 유형화하고 체계화한 첫 번째 시도라는 점에서 기쁘기도 합니다.

「러시아어 회화 사전」은 러시아어 말하기 능력의 발전을 목표로 상황에 맞게 말하는 법, 질문하는 법, 질문에 답하는 법, 자신의 생각을 논리적으로 기술하는 법 등 의사소통에 필요한 회화 표현을 총망라하고 있습니다. 「러시아어 회화 사전」은 Communication Skill과 Living Russian 두 파트로 구성되었습니다. Communication Skill에서는 상황에 맞게 사용하는 어법을 소개하고 있습니다. 말 걸기와 주의 끌기, 인사, 소개, 초대, 부탁, 충고, 제안, 부탁과 초청의 수락과 거절, 동의와 반대, 사과, 위로와 애도, 축하와 기원, 감사, 칭찬, 그리고 비난과 질책과 관련된 풍부한 표현과 어법을 제시합니다. 예를 들어, 인사를 할 때, 러시아 사람들이 모든 상황에서 가장 일반적으로 사용하는 Здравствуйте와 공식적인 상황에서 사용하는 Приветствую вас, 그리고 젊은이들 사이에 스스럼없이 말하는 Привет 등의 어법을 접할 수 있습니다. Living Russian 파트에서는 러시아 일상생활에서 반드시 필요한 회화가 상황별, 주제 별로 그려집니다. 예를 들어, 「숙박」 코너를 살펴보면, 숙박시설 정보에서부터 객실예약, 체크인, 서비스 문의, 불편사항, 호텔 종업원과의 대화, 모닝콜 예약, 체크아웃까지 숙박과 관련된 모든 회화 표현을 익혀서, 러시아 호텔에서 언어로 인한 불편을 전혀 겪지 않게 됨을 알 수 있습니다. 이렇게 러시아에서 편안하게 여행하고, 사업하고, 생활할 수 있도록, 공항, 숙박, 만남, 외모와 성격, 일과, 집, 비자, 식당, 교통, 은행서비스, 쇼핑, 계절과 날씨, 이발과 미용, 예술과 취미생활, 건강, 비즈니스, 스포츠, 문화와 종교, 통신, 필수질문 ABC 등 상황과 주제 별 회화 표현을 다양하게 담고 있습니다. 또한 각 코너 끝 부분에 응용회화를 소개하여 상황과 주제에 맞춰 대화를 전개하는 법을 배울 수 있습니다. 여러분은 Living Russian 파트에서 현대의 살아있는 생생한 러시아 구어를 만나게 될 것입니다.

「러시아어 회화 사전」을 통해 러시아 말을 익히고, 러시아 말을 통해 러시아, 러시아 문화, 러시아 사람들을 느끼길 바랍니다.

2009년 8월
전 혜 진

Contents

I Communication Skill

01 말 걸기와 주의 끌기 — 8
모르는 사람에게 말 걸기 / 아는 사람 호칭 / 전화 호칭 / 말을 걸었을 때의 대답 / 방문에 대한 반응 / 노크에 대한 대답 / 전화 받기

02 인사 — 20
기본 인사 / 인사 다음에 하는 말 / 안부 인사에 대한 답변 / 예상치 않게 만났을 때 인사 / 예상한 만남에서 인사 / 작별인사 / 작별 인사 다음에 사용하는 표현 / 작별시 덕담

03 소개 — 37
자기소개 / 소개 / 소개 받았을 때 답례인사

04 초대 — 43
초대 말 / 외출 초대 / 손님 초대 / 극장, 영화관, 음악회 초대 / 식사 초대 / 회의, 강연 초대

05 부탁, 충고, 제안 — 52
기본 표현 / 의사의 충고 / 선생의 충고 / 엄마의 충고 / 요리 레시피 / 대중교통에서 요망사항 / 모임에서 요청 / 업무 요청 / 공식적인 신청사항

06 부탁과 초청 수락과 거절 — 64
부탁과 초청 수락 / 부탁과 초청 거절 / 불확실한 답변

07 동의와 반대 — 74
동의와 긍정적인 답변 / 반대와 부정적인 답변

08 사과 — 84
사과의 표현 / 사과에 대한 답변

09 위로 & 애도 — 89
위로의 표현 / 애도의 표현

10 축하와 기원 — 96
축하 / 기원 / 건배

차 례

11 감사   **102**
감사의 표현 / 감사 인사에 대한 답변

12 칭찬   **109**
칭찬과 찬사의 표현 / 칭찬에 대한 답변

13 비난과 질책   **118**
비난과 질책의 표현 / 비난과 질책에 대한 변명

II Living Russian

01 공항   **130**
검역 / 여권검사 / 세관검사

02 숙박   **137**
숙박시설 정보 / 객실 전화 예약 / 호텔 리셉션 데스크 & 체크인 / 서비스 문의 / 불편사항 / 호텔 종업원과의 대화 / 모닝콜 예약 / 체크아웃

03 만남   **155**
말 걸기 / 인사 & 소개 / 나이 / 전화 호칭 / 가족 관계

04 외모와 성격   **168**
외모 / 성격

05 일과   **182**

06 집   **189**

07 비자   **194**

08 식당   **200**
식당 정보 / 레스토랑에서 / 바에서 / 주문 / 채식 및 특별식 / 불편사항 / 테이블에서 / 계산

09 교통   **223**
교통일반 / 티켓 일반 / 수하물 / 비행기표 예약 / 체크인 / 비행기에서 / 도착 / 기차표 사기 / 기차역에서 / 기차에서 / 배표 사기 / 선상에서 / 대

중교통 – 버스, 지하철, 전차, 트롤리버스 / 택시 / 승용차 / 도로에서 / 고장

10 은행서비스　　　　　　　　　　　　　　　　　　　　　　　**253**

은행정보 / 은행 & 환전소에서

11 쇼핑　　　　　　　　　　　　　　　　　　　　　　　　　　**259**

가게 찾기 / 구매 / 가격 흥정 / 책 & 읽을거리 / 식료품 / 의류 / 전자제품 / 음악과 DVD / 비디오와 사진 / 세탁소 / 안경점 / 구두와 가죽제품 / 기념품 / 귀금속

12 계절 & 날씨　　　　　　　　　　　　　　　　　　　　　　**290**

계절 / 날씨 / 일기예보

13 이발 & 미용　　　　　　　　　　　　　　　　　　　　　　**302**

미장원에서 / 이발소에서

14 예술 & 취미생활　　　　　　　　　　　　　　　　　　　　**308**

취미& 관심사 / 음악 / 미술 / 영화 & 연극 & 콘서트 / 여가시간 / 관광 안내소에서 / 매표소에서 / 관광에서

15 건강　　　　　　　　　　　　　　　　　　　　　　　　　　**339**

약국에서 / 병원에서 / 증상 & 몸 상태 – 의사의 말 / 환자의 말 / 검사 / 알레르기 / 산부인과 – 의사의 말 / 환자의 말 / 대체의학 / 치과에서

16 비즈니스　　　　　　　　　　　　　　　　　　　　　　　　**357**

비즈니스 일반 / 비즈니스 상담 / 취업 & 구직

17 스포츠　　　　　　　　　　　　　　　　　　　　　　　　　**375**

스포츠 관심 / 경기 관람 / 운동 / 운동종목 – 축구 / 수영 / 스키

18 문화 & 종교　　　　　　　　　　　　　　　　　　　　　　**391**

종교 / 문화차이 / 축제 & 명절

19 통신　　　　　　　　　　　　　　　　　　　　　　　　　　**398**

전화 통화 – 전화 일반정보 / 전화 통화 / 셀폰 사용 / 우체국에서 – 우체국 찾기 / 우편보내기 / 우편요금 / 우편소요시간 / 우편종류 / 엽서, 봉투, 우표사기 / 컴퓨터 & 인터넷

20 필수질문 ABC　　　　　　　　　　　　　　　　　　　　　**416**

은행 / 사진 / 분실물 센터 / 경찰서 / 화장실

Part I

Communication Skill

01 말 걸기와 주의 끌기
02 인사
03 소개
04 초대
05 부탁, 충고, 제안
06 부탁과 초청 수락과 거절
07 동의와 반대
08 사과
09 위로&애도
10 축하와 기원
11 감사
12 칭찬
13 비난과 질책

말 걸기와 주의 끌기
(Обращение и привлечение внимания)

모르는 사람에게 보통 말을 걸 때는 Простите, Извините, Будьте добры, Скажите, пожалуйста 등의 표현을 사용하여 말문을 튼다. 또한 우리나라에서 흔히 사용되는 아줌마, 아저씨 호칭처럼 러시아에서는 Девушка, Молодой человек 등으로 모르는 사람을 부른 후 주로 말을 시작한다.

러시아에서는 서구에서처럼 직장동료, 상사, 배우자, 부모님에게도 이름을 부르는 것이 일반화되어 있다. 애칭(Лара), 비칭(Ларка) 등을 사용하여 상대편에 대한 자신의 감정을 담아 이름을 부른다. 러시아인을 호칭할 때 극존칭은 이름과 부칭(Иван иванович)을 함께 사용하는 것이다.

> 모르는 사람에게 말 걸기
> 아는 사람 호칭
> 전화 호칭
> 말을 걸었을 때의 대답
> 방문에 대한 반응
> 노크에 대한 대답
> 전화 받기

모르는 사람에게 말 걸기 (Обращение к незнаомому)

실례합니다만, …
Простите...
쁘라스찌쩨

죄송합니다만, …
Извините...
이즈비니쩨

친절을 베풀어 주세요, …
Будьте добры...
부지쩨 도브르이

Будьте любезны...
부지쩨 류베즈느이

말씀 좀 해주세요, …
Скажи́те, пожа́луйста
스까쥐쩨   빠잘루이스따

 모르는 사람에게 말을 거는 가장 보편적인 표현으로, 그 다음에 보통 질문, 요청의 표현이 나온다.

저기요, …
Послу́шайте!
빠슬루샤이쩨
Слу́шайте!
슬루샤이쩨

 주의를 끌기 위한 비강요적이며 친밀한 표현 형태로, 그 다음에 질문, 요청의 표현이 나온다.

친구들!
Друзья́!
드루지야

친애하는 친구들!
Дороги́е друзья́!
다라기에   드루지야

 여러 사람을 부르는 친밀한 호칭이다.

여러분!
Господа́!
가스빠다

신사 숙녀 여러분!
Да́мы и господа́!
다므이 이   가스빠다

 연설 시 공식적인 호칭으로 사용한다.

젊은 이!
Молодо́й челове́к!
말라도이   칠라베끄

아가씨!
Де́вушка!
제부쉬까

💡 젊은 사람들을 호칭할 때 사용한다. 그러나 러시아어의 호칭 표현이 다양하지 않기 때문에 식당이나, 가게 등에서 나이 든 사람에게도 이 호칭을 사용하기도 한다.

꼬마야!
Мáльчик!
말치끄

Дéвочка!
제보츠까

애들아!
Ребя́та!
리뱌따

💡 아이들을 호칭할 때 사용한다. Мáльчик은 소년에게, Дéвочка는 소녀에게 사용한다.

아들아!
Сынóк!
스이노끄

딸아!
Дóчка!
도츠까

💡 나이 든 사람들이 젊은 아이들을 부를 때 사용하는 속어적인 표현이다.

아줌마!
Тётя!
쪼쨔

아저씨!
Дя́дя!
쟈쟈

💡 아이들이 모르는 어른을 부를 때 사용하는 호칭 표현이다.

할머니!
Бáбушка!
바부쉬까

할아버지!
Дéдушка!
제두쉬까

아이들이 노인을 부를 때 사용하는 친밀한 표현이다.

아는 사람 호칭 (Обращение к знакомому)

나따샤
Наташа!
나따샤

나따쉔까
Наташенька!
나따쉔까

뾰뜨르
Пётр!
뾰뜨르

뻬쨔!, 뻬쩬까!
Петя! Петенька!
뻬쨔　　뻬쩬까

 친척, 친구, 친한 사람을 부를 때, 이름과 애칭을 사용한다.

엄마!
Мама!
마마
Мамочка!
마모츠까

아빠!
Папа!
빠빠
Папочка!
빠뽀츠까

할머니!
Бабушка!
바부쉬까

할아버지!
Дедушка!
제두쉬까

자녀나 손자 손녀들이 가족을 부를 때 사용한다.

아들아!
Сын!
스인

Сынóк!
스이노끄

Сынóчек!
스이노체끄

딸아!
Дочь!
도치

Дóчка!
도츠까

Дóченька!
도첸까

손자!
Внук!
브누끄

손녀!
Внýчка!
브누츠까

 자녀, 손자 손녀를 부를 때 사용하는 호칭이지만, 이름 보다는 자주 사용하지 않는다.

이반 이바노비치!
Ивáн Ивáнович!
이반   이바노비치

니나 니꼴라예브나!
Нúна Николáевна!
니나   니깔라예브나

 이름과 부칭을 사용한 정중한 호칭 방법이다.

이바노프씨!
Господúн Ивáнов!
가스빠진   이바노프

뻬뜨로바씨!
Госпожа́ Петро́ва!
가스빠좌 뻬뜨로바

 공식적인 호칭 방법이다.

뻬뜨로프!
Петро́в!
뻬뜨로프

이바노바!
Ива́нова!
이바노바

 수업 시간에 교사가 학생들을 부르는 공식적인 호칭 방법이다.

소냐 숙모!
Тётя Со́ня!
쬬쨔 소냐

바냐 삼촌!
Дя́дя Ва́ня!
쟈쟈 바냐

 조카들이 어머니나 아버지의 형제자매를 부를 때 사용하는 호칭이다.
또한 아이들이 아는 어른을 부를 때 사용하는 호칭이다.

애들아!
Ребя́та!
리뱌따

꼬마들아!
Ма́льчики!
말치끼

Де́вочки!
제보츠끼

 아이들 집단을 부를 때 사용하는 호칭이다.

죄송합니다만(실례합니다만), 유리 세르게예비치...
Извини́те (прости́те), Ю́рий Серге́евич ...
이즈비니쩨　　(쁘라스찌쩨)　유리　　세르게에비치

미안해(라리사)
Извини́, (Лари́са) ...
이즈비니　(라리사)

실례해요...
Прости́ ...
쁘라스찌

> 말을 걸 때 사용하는 공손한 표현이다.

저기 말이야, 저기요!
Слу́шай!
슬루샤이
Послу́шай!
빠슬루샤이

> 주의를 끌기 위한 격식 없는 친밀한 표현이다.

전화 호칭 (Обраще́ние по телефо́ну)

여보세요.
Алло́!
알로

"러시아" 극장인가요?
Э́то кинотеа́тр Росси́я?
에따　끼노찌아뜨르　라시야

안드레이 세르게비치인가요?
Э́то Андре́й Серге́евич?
에따　안드레이　세르게에비치

너구나, 라라지?
Э́то ты, Ла́ра?
에따 뜨이　라라

이반 뻬뜨로비치인가요?
Ива́н Петро́вич?
이반　뻬뜨로비치

실례합니다만, 레닌 도서관인기요?
Простите, э́то библиоте́ка и́мени Ле́нина?
쁘라스찌쩨 에따 비블리아쩨까 이메니 레니나

죄송합니다만 인뚜리스뜨 호텔인가요?
Извини́те, э́то гости́ница Интури́ст?
이즈비니쩨 에따 가스찌니짜 인뚜리스뜨

말을 걸었을 때의 대답
(Реакция на обрамщение, на привлечение внимания)

뭐라구요?
Что?
쉬또

네?
Да?
다

그런데요?
А?
아

 말을 걸었을 때 자주 하는 반응이다.

무슨 일인가요? 알렉세이 세르게비치!
Что, Алексе́й Серге́евич?
쉬또 알렉세이 세르게에비치

네? 이반 이바노비치!
Да? Ива́н Ива́нович!
다 이반 이바노비치

 공손한 표현이다.

네, 괜찮습니다.
Пожа́луйста.
빠좔루이스따
Да, пожа́луйста.
다 빠좔루이스따

💡 공손한 표현으로 주로 прости́те(실례합니다), извини́те(죄송합니다)에 대한 대답으로 사용된다.

말씀하세요!
Слу́шаю!
슬루샤유

Слу́шаю Вас (тебя́)!
슬루샤유 바스 (찌뱌)

Я вас (тебя́) слу́шаю!
야 바스 (찌뱌) 슬루샤유

💡 공식적인 표현이다. 상대편이 첫 번째 대답을 듣지 못했을 때 재차 대답 시 사용한다.

제게 말을 거신 건가요?
Вы (ты) ко мне (обраща́етесь)?
브이 (뜨이) 까므네 (아브라샤엣쩨시)

저요? (저를 부르셨나요? 제게 물어 보시는 건가요?)
Вы (ты) меня́? (зовёте, спра́шиваете)?
브이 (뜨이) 미냐 (잡쩨, 스쁘라쉬바엣쩨)

💡 누구를 지칭한 질문인지 불확실할 때 다시 묻는 표현이다.

저요!
Я!
야

💡 호명 시 공식적인 대답이다. "здесь"와 함께 사용하기도 한다.

방문에 대한 반응 (Реакция на приход)

저한테 오신 거예요?
Вы ко мне (пришли́)?
브이 까므네 (쁘리쉴리)

저한테 온 거 아닌가요?
Вы (ты) не ко мне?
브이 (뜨이) 네 까므네

제게 볼 일이 있나요?
У вас (тебя́) ко мне де́ло?
우 바스 (찌뱌) 까므네 젤로

저를 기다리셨나요?
Вы меня ждёте (ты меня́ ждёшь)?
브이 미냐 즈죠쩨 (뜨이 미냐 즈죠쉬)

하실 말씀이 있으신가요?
Вы мне хоти́те (ты мне хо́чешь) что́-то сказа́ть?
브이 므네 하찌쩨 (뜨이 므네 호체쉬) 쉬또또 스까자찌

💡 방문한 상대 대화자에게 말을 걸 때 사용한다.

노크에 대한 대답 (Реакция на стук в дверь, на желание войти)

들어오세요.
Войди́те!
바이지쩨
Входи́те!
프하지쩨

네-네!
Да-да (да-да-да)!
다 다 (다 다 다)

💡 들어오는 것을 허가할 때 사용한다.

들어오시지요!
Прошу́!
쁘라슈
Прошу́ вас!
쁘라슈 바스

💡 기다려줄 것을 요청할 때 사용한다.

기다리세요!
Подожди́те, пожа́луйста!
빠다쥐지쩨 빠좔루이스따

말 걸기와 주의 끌기

잠깐만 기다리세요!
Подожди́те мину́тку!
빠다즈지쩨   미누뜨꾸

 기다려줄 것을 요청할 때 사용한다.

잠깐만요!
Мину́тку!
미누뜨꾸
Одну́ мину́тку!
아드누   미누뜨꾸
Мину́точку!
미누또츠꾸
Секу́нду!
세꾼두
Одну́ секу́нду!
아드누   세꾼두
Секу́ндочку!
세꾼도츠꾸

 기다려달라는 아주 격식 없는 표현이다.

전화받기 (Реакция на телефонный звонок и обращение по телефону)

여보세요.
Алло́!
알로
Да!
다
Слу́шаю!
슬루샤유
Слу́шаю вас!
슬루샤유   바스
Я слу́шаю!
야   슬루샤유
Я у телефо́на!
야 우   쩰레포나

> 전화 받았을 때의 첫 답변이다.

전데요!
Это я!
에따 야

> 누구를 바꿔달라는 말에 대한 답변이다.

네, 접니다!
Да, это я!
다 에따 야

> Это Иван? (이반입니까?)와 같은 질문에 대한 대답이다.

실례지만, 누구신가요?
Простите, кто говорит?
쁘라스찌쩨   꼬또 가바리뜨

> 상대편을 알 수 없을 때 질문 표현이다.

잘못 거셨습니다.
Вы ошибаетесь.
브이   아쉬바엣쩨시
Вы не туда попали.
브이 네   뚜다 빠빨리

> 잘못 걸린 전화에 대한 대답이다.

인사
(Приветствие)

우리나라에서는 "식사하셨어요?" "어디 가시는 길이세요?" 등의 인사를 자주 사용하지만, 러시아어에서는 어색한 표현이다. 러시아 인사도 영어와 같이 아침, 낮, 저녁, 밤 인사가 존재하며, 인사와 함께 안부를 정중하게 묻는 것이 기본 에티켓이다. 커뮤니케이션의 시작은 밝은 인사에서부터 시작되는 것을 고려할 때, 러시아어 인사 표현을 자연스럽게 익히는 것이 중요하다.

> 기본인사
> 인사 다음에 하는 말
> 안부인사 답변
> 예상치 않은 만남에서 인사
> 예상한 만남에서 인사
> 작별인사
> 작별시 당부의 말
> 작별시 덕담

기본 인사 (Основные выражения приветствия)

안녕하세요?
Здра́вствуйте!
즈드라스부이쩨

 가장 자주 사용되는 표현이다.

좋은 하루!
До́брый день!
도브르이 젠

 낮에 만났을 때 하는 인사 표현이다.
간혹 Здра́вствуйте!와 같은 의미로 사용된다.

좋은 아침!
Доброе у́тро!
도브로에 우뜨로

С до́брым у́тром!
즈도브르임 우뜨롬

> 🅣🅘🅟 아침 시간에 만났을 때의 인사말이다.
> 아침에 눈 뜨자마자 하는 인사로 자주 사용된다.

좋은 저녁!
До́брый ве́чер!
도이르이 베체르

> 🅣🅘🅟 저녁에 만났을 때의 인사말이다.

안녕!
Приве́т!
쁘리베뜨

> 🅣🅘🅟 젊은이들이 사이의 격식 없는 인사말이다.

건강해 보입니다!
До́брого здоро́вья!
도브로보 즈다로비야

> 🅣🅘🅟 노인층에서 사용하는 인사말로 고어적인 뉘앙스를 띤다.

또 뵙습니다!
Мы уже́ ви́делись (с ва́ми, с тобо́й)!
므이 우줴 비젤리시 (스바미, 스따보이)

아직 인사를 못 드렸습니다.
Я с ва́ми (с тобо́й) не здоро́ваюсь.
야 스바미 (스따보이) 녜 즈다로바유시

> 🅣🅘🅟 하루에 재차 만났을 때 하는 인사말이다.

인사

(-의 이름으로, -를 대표하여) 환영합니다!
(Я) приве́тствую (вас) (от и́мени...)
(야) 쁘리베뜨스뜨부유 (바스) (아뜨이메니)

환영인사를 드립니다!
Разреши́те вас приве́тствовать!
라즈레쉬쩨 바스 쁘리베뜨스드보바찌

기쁜 마음으로 환영합니다!
Рад (-а) (вас) приве́тствовать!
라뜨(라다) (바스) 쁘리베뜨스뜨보바찌

문화체육 관광부를 대표하여 여러분을 환영합니다.
Я приве́тствую вас от и́мени Министе́рства культу́ры, спо́рта и туризма.
야 쁘리베뜨스뜨부유 바스 아뜨이메니 미니스쩨르스뜨바 꿀뚜르이 뚜리즈마

> 💡 연설 시 사용하는 공식적인 표현이다.

인사 다음에 하는 말
(Выражения, употребляющиеся вслед за приветствием)

뵙게 되어 (매우) 기쁩니다!
(О́чень) рад(-а) вас (тебя́) ви́деть!
(오친) 라뜨(라다) 바스 (찌뱌) 비제찌

만나게 되어 얼마나 좋은지요!
Как хорошо́, что я встре́тил(-а) вас (тебя́)!
깍끄 하라쇼 쉬또 야 프스뜨레찔(라) 바스 (찌뱌)

> 💡 만남에 대한 기쁨을 표현할 때 사용한다.

어떻게 지내십니까?
Как (вы) живёте (ты живёшь)?
깍끄 (브이) 쥐뵤쩨 (뜨이 쥐뵤쉬)

일은 어떻게 되고 있나요?
Как иду́т (ва́ши, твои́) дела́?
깍끄 이두뜨 (바쉬 뜨바이) 젤라

> 💡 안부를 묻는 가장 보편적인 표현이다.

건강은 어떠십니까?

Как (ва́ше, твоё) здоро́вье?
깍끄 (바쉐 뜨바요) 즈다로비에

Как вы себя́ чу́вствуете?
깍끄 브이 시뱌 춥스뜨부엣쩨

> 💡 주로 아팠던 사람, 환자 또는 노인에게 건강을 묻는 표현이다.

어떻게 지내니?

Как живёшь?
깍끄 쥐뵤쉬

사는 건 어떠니?

Как жизнь?
깍끄 쥐즌

일은 잘 되고 있어?

Как успе́хи?
깍끄 우스뻬히

일은 어때?

Как дела́?
깍끄 젤라

뭐 새로운 일 있어?

Что но́вого?
쉬또 노보보

> 💡 친한 사이끼리 격식 없이 나누는 안부인사이다.

근황이 어떠신지요?

Как пожива́ете (пожива́ешь)?
깍끄 빠쥐바에쩨 (빠쥐바에쉬)

> 💡 노년층 사람들이 주로 사용하는 안부인사이다.

안부 인사에 대한 답변
(Ответы на осведомление о жизни, здоровие, делах)

좋습니다.
Хорошо́.
하라쇼
Непло́хо.
네쁠로호

아주 좋습니다.
Прекра́сно.
쁘레끄라스노
Замеча́тельно.
자메차쩰노
Великоле́пно.
벨리까레쁘노

모든 게 순조롭습니다.
Всё в поря́дке.
프쇼   프빠랴뜨께

 가장 자주 사용하는 답변이다.

불평할 게 없습니다.
Не могу́ пожа́ловаться.
네 마구   빠좔로바쨔
Пожа́ловаться нельзя́.
빠좔로바쨔   넬리쟈
Пожа́ловаться нельзя́.
빠좔로바쨔   넬리쟈
Пожа́ловаться не на что.
빠좔로바쨔   네   나쉬또
Не жа́луюсь.
네   좔루유시

 노년층 사람들이 자주 사용하는 표현이다.

정상입니다.
Норма́льно.
나르말노

친한 사이에서 격식 없이 사용하는 표현이다.

괜찮습니다.
Ничего́.
니체보

그냥 그래요.
Так себе́.
딱   시베

좋지도, 나쁘지도 않아요.
Ни хорошо́, ни пло́хо.
니   하라쇼   니   쁠로호

 좋지도, 나쁘지도 않은 상황일 때 자주 사용하는 표현이다.

어떻게 이야기해야 할까요?
Как вам сказа́ть?
깍끄   밤   스까자찌

뭐라 말해야 할지 모르겠습니다.
Не зна́ю, что и сказа́ть.
네   즈나유   쉬또 이   스까자찌

괜찮은 것 같습니다.
Как бу́дто, ничего́.
깍끄   부뜨또   니체보

Ка́жется, ничего́.
까젯쨔   니체보

Не ахти как!
네 아흐찌   깍끄

 좋지도, 나쁘지도 않은 상황일 때 자주 사용하는 표현이다.

이전 그대로예요.
Всё по-ста́рому.
프쇼   빠스따로무

새로운 것 없습니다.
Ничего́ но́вого.
니체보   노보보

별 일 없습니다.
Ничего́ осо́бенного.
니체보   아소벤노보

 Что но́вого?에 대한 답변이다.

좋지 않습니다.
Пло́хо.
쁠로호
Нева́жно.
네바쥐노
Скве́рно.
스끄베르노

 상황이 나쁠 때 주로 사용하는 답변이다.

일이 잘 안됩니다.
Плохи́е дела́.
쁠라히에   젤라
Плохи́е (мои́) дела́.
쁠라히에 (마이) 젤라

 Как дела́?에 대한 답변이다.

일이 안 풀립니다.
Из рук вам пло́хо.
이즈루끄   밤   쁠로호

묻지 않는 게 나아.
Лу́чше не спра́шивай.
루치쉐   네   스쁘라쉬바이

생각보다 더 나빠.
Ху́же не приду́маешь.
후줴   네   쁘리두마에쉬

더 이상 나쁠 수가 없습니다.
Ху́же некуда́.
후줴   네꾸다

 아주 나쁜 상황일 때 사용하는 격식 없는 표현이다.

예상치 않게 만났을 때 인사 (Выражения, употребляющиеся при неожиданной встрече, приходе)

어쩐 일이야!
Какая неожиданность!
깍까야 네아쥐단노스찌

이렇게 반가울 수가!
Какая приятная неожиданность!
깍까야 쁘리야뜨나야 네아쥐단노스찌

Приятная неожиданность!
쁘리야뜨나야 네아쥐단노스찌

오래 동안 보지 못했습니다.
Давно мы с вами(с тобой) не виделись.
다브노 므이 스바미 (스따보이) 네 비젤리시

 자주 사용하는 표현이다.

정말 오래만입니다! (깜깜 무소식이었어!)
Тысячу лет не виделись!
뜨이샤추 레뜨 네 비젤리시
Сто лет не видел тебя (вас)!
스또 레뜨 네 비젤 찌뱌 (바스)

영영 못 보는 줄 알았어!
Целую вечность не видел(-а) (тебя, вас)!
쩰루유 베츠노스찌 네 비젤(라) (찌뱌 바스)

 격식 없는 표현이다.

이게 누구야!
Кого я вижу!
끄또 야 비쥬

이렇게 만나다니!
Какая встреча!
깍까야 프스뜨레챠!
Какая приятная встреча!
깍까야 쁘리야뜨나야 프스뜨레챠!
Приятная встреча!
쁘리야뜨나야 프스뜨레챠

> 놀란 감정을 담은 격식 없는 표현이다.

만나리라고는 기대도 안했는데!
Не ожида́л(-а) вас (тебя́) встре́тить!
네   아쥐달(라)   바스   (찌뱌)   프스뜨레찌찌

만나리라고는 생각도 못했습니다!
Не ду́мал (-а) встре́тить вас (тебя́).
네   두말(라)   프스뜨레찌찌   바스(찌뱌)

여기서 만날 줄은 생각도 못했습니다!
Не ду́мал(-а), что встре́чу вас (тебя́) здесь!
네   두말(라)   쉬또   프스뜨레추   바스   (찌뱌)   즈제시

여기 어떻게 왔어요?
Как вы (ты) здесь оказа́лись (ты оказа́лся)?
깍끄   브이(뜨이)   즈제시   아까잘리시   (뜨이   아까잘샤)
Как вы сюда́ попа́ли (ты попа́л)?
깍끄   브이   슈다   빠빨리   (뜨이   빠빨)

> 예상치 못한 장소에서 만났을 때 사용하는 표현이다.

만날 것이라고 생각이나 했겠어요?
Как бы мог поду́мать, что встре́чу тебя́(вас) (что мы встре́тимся)?
깍끄   브이   모그   빠두마찌   쉬또   프스뜨레추   찌뱌 (바스)   (쉬또 므이   프스뜨레찜샤)
Не ду́мал (не гада́л) встре́тить тебя́(вас)?
네   두말   (네   가달)   프스뜨레찌   찌뱌 (바스)

이게 누구야? 여기서 만날 줄은 기개도 안했는데.
Кого́-кого́, но тебя́ не ожида́л встре́тить (уви́деть).
까보   까보   노   찌뱌   네   아쥐달   프스뜨레찌찌   (우비제찌)

웬 일이래?
Каки́ми судьба́ми?
깍끼미   수지바미

오래 보지 못했지?
Что-то вас (тебя́) давно́ не бы́ло ви́дно?
쉬또   또   바스   (찌뱌)   다브노   네   브일로   비드노

> 격식 없는 표현이다.

어디 숨어 있었어?
Где ты пропадáл?
그지에 뜨이 쁘라빠달

> 💡 상대방이 오래 동안 나타나지 않다가 만나게 되었을 때 사용하는 친밀한 표현이다.

무슨 일 있어요?
Что случи́лось?
수또 슬루칠로시

왜 왔습니까?
Почему́ вы пришли́?
빠체무 브이 쁘리쉴리

왜 이렇게 일찍 왔어요?
Почему́ вы пришли́ так ра́но?
빠체무 브이 쁘리쉴리 딱 라노

> 💡 걱정을 담은 표현이다.

양반되긴 틀렸어! 호랑이도 제 말을 하면 온다.
Лёгок на поми́не.
료고끄 나 빠미네

> 💡 화제의 대상이던 사람이 바로 나타났을 때 하는 말로 가까운 사람끼리 사용한다.

무슨 일로 오셨습니까?
Что привело́ вас ко мне (сюда́)?
쉬또 쁘리벨로 바스 까므네 (슈다)
Что заста́вило вас прийти́?
쉬또 자스따빌로 바스 쁘리찌

무엇을 도와드릴까요?
Что могу́ служи́ть?
쉬또 마구 슬루쥐찌

> 💡 공식적인 표현이다.

예상한 만남에서 인사 (Выражения, употребляющиеся при Неожидаемой встрече, приходе)

당신이 오셔서 좋습니다.

Хорошо, что вы пришли́ (ты пришёл, пришла́).
하라쇼 쉬또 브이 쁘리쉴리 (뜨이 쁘리숄 쁘리쉴라)

당신이 오셔서 기쁩니다.

Я рад(-а), что вы пришли́ (ты пришёл, -шла́).
야 라뜨(라다) 쉬또 브이 쁘리쉴리 (뜨이 쁘리숄 쁘리쉴라)

> 💡 인사 다음에 기쁜 마음을 담아서 사용하는 표현이다.

나 왔어!

Ну вот и я!
누 보뜨 이 야

> 💡 도착한 사람이 자신을 기다린 사람들에게 말하는 친밀한 표현이다.

드디어 왔구나!

Ну вот и ты (вы)!
누 보뜨 이 뜨이 (브이)

Наконе́ц-то (ты) пришёл(-шла).
나까네쯔또 (뜨이)   쁘리숄 (쁘리쉴라)

> 💡 기다리던 사람이 격식 없이 하는 표현이다.

늦는 게 안 오는 것 보다는 낫다!

Лу́чше по́здно, чем никогда́!
루치쉐   뽀즈노   쳄 니까그다

> 💡 지각했을 때 사용하는 표현이다.
> 기다리던 사람이 약간의 질책을 담아 말하기도 하고, 지각한 사람이 변명처럼 하는 말이다.

작별인사 (Прощание)

작별인사 표현 (Выражения прощания)

안녕히 가세요.
До свида́нья(-ия)!
다스비다니야

 자주 사용하는 표현이다.

안녕!
Проща́й(-те)!
쁘라샤이(쩨)

 오랜 기간 이별할 때도 사용할 수 있다.

잘 지내길!
Всего́ хоро́шего!
프세보   하로쉐보
Всего́ до́брого!
프세보   도브로보

 바람의 뉘앙스를 띤다.

또 만나자!
До встре́чи!
다프스뜨레치

곧 만나자!
До ско́рой встре́чи!
다스꼬로이   프스뜨레치

(극장에서, 대학에서) 만나자!
До встречи (в теа́тре, в университе́те)!
다프스뜨레치   (프찌아뜨레   부니베르시쩨쩨)

(2시에, 일요일에, 저녁에) 만나자!
До встре́чи (в два часа́, в воскре́сенье, ве́чером)!
다프스뜨레치   (브드바 치사   바스끄레세니에 베체롬)

내일 만나자!
До за́втра!
다자프뜨라

일요일에 만나자!
До воскресéнья!
다바스끄레세니야

저녁에 만나자!
До вéчера!
다베체라

명절에 만나자!
До прáздника!
다쁘라즈니까

여름에 만나자!
До лéта!
다레따

1시에 만나자!
До часá!
다치사

안녕히 주무세요!
Спокóйной нóчи!
스빠꼬이노이 노치
Дóброй нóчи!
도브로이 노치

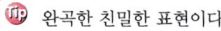 밤 인사.

잘 가!
Счастлúво!
쉬슬리보

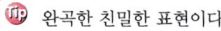 완곡한 친밀한 표현이다.

안녕!
Всегó дóброго!
프세보 도브로보
Привéт!
쁘리베뜨
Покá!
빠까

> 💡 친밀한 뉘앙스를 갖는다.

헤어지는 것 아닙니다.
Я не прощáюсь (с вáми, с тобóй).
야 네 쁘라샤유시 (스바미 스따보이)

우린 또 볼 겁니다.
Мы ещё увúдимся.
므이 잇쇼 우비짐샤

> 💡 하루 중 또 만날 일이 있을 때 하는 인사이다.

또 봅시다.
Увúдимся.
우비짐샤

> 💡 완곡한 표현이다.

키스!
Цéлую!
쩰루유

포옹!
Обнимáю!
아브니마유

> 💡 전화로 가까운 사람과 작별 인사할 때 사용한다.

작별 인사드리겠습니다.
Разрешúте попрощáться!
라즈레쉬쩨 빠쁘라샤짜
Позвóльте попрóщаться!
빠즈볼쩨 빠쁘라샤짜

> 💡 공식적인 표현이다.

물러가겠습니다.
Разрешúте откланя́ться!
라즈레쉬쩨 아뜨끌라냐짜

Позво́льте открланя́ться!
빠즈볼쩨   아뜨끌라냐쨔

💡 공식적인 표현이며, 주로 장년층이 사용한다.

작별 인사 다음에 사용하는 표현 (Выражения, употребляющиеся вслед за прощанием)

작별시 당부의 말 (Просьба при прощании)

잊지 마세요.
Не забыва́йте.
네   자브이바이쩨

오세요.
Приходи́те.
쁘리하지쩨
Заходи́те.
자하지쩨
Заезжа́йте.
자에좌이쩨

전화하세요.
Звони́те.
즈바니쩨

💡 정중한 형식적인 인사이다.

편지 쓰세요.
Пиши́те.
삐쉬쩨
Напиши́те.
나삐쉬쩨

편지 쓰는 것 잊지 마세요.
Не забыва́й(-те) писа́ть.
네   자브이바이(쩨)   삐사찌

근황 알려 주세요.
Да́й(-те) о себе́ знать.
다이(쩨)   아시베   즈나찌

> 💡 떠나는 사람과 작별 시 사용한다.

(아내에게) 안부 전하세요.
Переда́й(-те) приве́т (жене́).
뻬레다이 (쩨) 쁘리베뜨 (줴네)

Приве́т (жене́).
쁘리베뜨 줴네

아이들에 뽀뽀를!
(По-)целу́й(-те) дете́й.
(빠) 쩰루이 (쩨) 제쩨이

> 💡 가까운 사람들 사이에 사용한다.

나쁜 인상을 갖지 말아주세요!
Не помина́й(-те) ли́хом!
네 빠미나이 (쩨) 리홈

> 💡 다른 사람 집에 손님으로 잠시 머물렀다가 떠나면서 하는 인사로 완곡한 표현이다.

작별시 덕담 (Пожелания при прощании)

좋은 휴가 되길 바랍니다.
Жела́ю (вам, тебе́) хорошо́ отдохну́ть.
줼라유 (밤 찌베) 하라쇼 앗다흐누찌

Жела́ю (вам, тебе́) хоро́шего о́тдыха.
줼라유 (밤 찌베) 하로쉐보 옷드이하

성공을 바랍니다.
Жела́ю (вам, тебе́) успе́хов.
줼라유 (밤 찌베) 우스뻬호프

Жела́ю (вам, тебе́) уда́чи.
줼라유 (밤 찌베) 우다치

행복을 바랍니다.
Жела́ю (вам, тебе́) сча́стья.
줼라유 (밤 찌베) 샤스찌야

편안한 여행되길 바랍니다.
Жела́ю (вам, тебе́) счастли́вого пути́.
줼라유 (밤 찌베) 쉬슬리보보 뿌찌

Счастли́вого пути́.
쉬슬리보보 뿌찌

До́брого пути́.
도브로보 뿌찌

안녕을 기원합니다.

Жела́ю (вам, тебе́) всего́ до́брого.
쥌라유 (밤 찌베) 프세보 도브로보

Жела́ю (вам, тебе́) всего́ хоро́шего.
쥌라유 (밤 찌베) 프세보 하로쉐보

유쾌한 여행되길 바랍니다.

Прия́тного путеше́ствия.
쁘리야뜨노보 뿌쩨쉐스뜨비야

Уда́чной пое́здки.
우다츠노이 빠에스뜨끼

Хоро́шего о́тдыха.
하로쉐보 옷드이하

좋은 시간되세요.

В до́брый час.
브도브르이 차스

잘 지내세요.

Счастли́вого остава́ться.
쉬슬리보보 아스따바쨔

💡 떠나는 사람이 남는 사람을 걱정하는 말이다.

아프지 마세요.

Не боле́й(-те).
네 발레이(쩨)

쾌차하세요.

Выздора́влива(-те).
브이즈다라블리바이(쩨)

💡 환자에게 하는 작별인사이다.

행복하세요.

Бу́дь(-те) счастли́в(-ы).
부찌 (부지쩨) 쉬슬리프(쉬슬리브이)

💡 가까운 사람과 이별할 때 하는 말이다.

소개
(Знакомство)

새로운 만남의 시작은 소개에서부터 시작된다. 러시아에서 사람을 소개할 때, 남성을 여성에게 먼저 소개하고, 여성끼리는 연배가 높은 사람을 먼저 소개하는 것이 관례이다. 직장에서는 반드시 이 원칙을 지키지 않아도 되며, 직장 상사부터 먼저 소개하는 것이 회사 에티켓에 맞다. 소개가 끝나면 만나서 반갑다는 Очень приятно와 같은 인사를 해야 한다.

자기소개
소개
소개 받았을 때 답례인사

자기소개 (Знакомство без посредника)

인사합시다.

Давáйте познакóмимся.
다이쩨   빠즈나꼬밈샤

Бýдем знакóмы.
부젬   즈나꼬므이

Я хотéл (-а) бы с вáми познакóмиться.
야   하쩰(라)   브이 스바미   빠즈나꼬밈샤

(Мне) хотéлось бы с вáми познакóмиться.
(므녜)   하쩰로시 브이 스바미   빠즈나꼬밋쨔

Давáйте знакóмиться.
다바이쩨   즈나꼬밋쨔

 통성명하기 전에 사용하는 표현이다.

알고 지내자.

Давáй (с тобóй) познакóмимся.
다바이   (스따보이)   빠즈나꼬밋쨔

> 💡 아이들에게 하는 표현이다.

인사드리도록 하겠습니다.
Разреши́те (позво́льте) познако́миться.
라즈레쉬쩨 (빠즈볼쩨) 빠즈나꼬밋쨔

Разреши́те (позво́льте) предста́виться.
라즈레쉬쩨 (빠즈볼쩨) 쁘레드스따빗쨔

> 💡 공식적인 표현이다.

제 이름은 … 입니다.
Меня́ зову́т Михаи́л.
미냐 자부뜨 미하일

Меня́ зову́т Лари́са.
미냐 자부뜨 라리사

Меня́ зову́т Михаи́л Серге́евич.
미냐 자부뜨 미하일 세르게에비치

Меня́ зову́т Лари́са Петро́вна.
미냐 자부뜨 라리사 뻬뜨로브나

Меня́ зову́т Михаи́лом.
미냐 자부뜨 미하일롬

Меня́ зову́т Лари́сой.
미냐 자부뜨 라리소이

Меня́ зову́т Михаи́лом Серге́евичем.
미냐 자부뜨 마하일롬 세르게에비촘

Меня́ зову́т Лари́сой Петро́вной.
미냐 자부뜨 라리소이 뻬뜨로브노이

제 성은 … 입니다.
Моя́ фами́лия Ива́нов(-а).
마야 파밀리야 이바노프(이바노바)

저는 … 입니다.
Я Ива́нов(-а).
야 이바노프(이바노바)

Ива́нов(-а).
이바노프(이바노바)

Оле́г Петро́вич (О́льга Петро́вна).
알레끄 뻬뜨로비치 (올가 뻬뜨로브나)

Оле́г (О́льга, О́ля).
알레끄 (올가 올랴)

> 상황의 공식성, 연령에 따라 성을 소개하거나, 이름과 부칭, 또는 이름 (때론 지소형)을 소개한다.

당신 이름은 무엇입니까?

Как вас (тебя) зовут?
깍끄 바스 (찌뱌) 자부뜨

Как ваше (твоё) имя?
깍끄 바쉐 (뜨바요) 이먀

당신 성은 무엇입니까?

Как ваша (твоя) фамилия?
깍끄 바샤 (뜨바야) 파밀리야

당신 이름과 부칭은 무엇입니까?

Как ваше имя и отчество (имя-отчество)?
깍끄 바쉐 이먀 이 옷체스뜨보 (이먀 옷체스뜨보)

> 여기서 Ты 사용은 아이들에게만 가능하다.

(당신) 성은요?

(Ваша) фамилия?
(바샤) 파밀리야

(당신) 이름과 부칭은요?

(Ваше) имя и отчество?
(바쉐) 이먀 이 옷체스뜨보

> 앙케트 형식의 질문이다.

그런데 당신 이름은 무엇입니까?

А как вас зовут?
아 깍끄 바스 자부뜨

А вас?
아 바스

그런데 당신 성은요?

А как ваша фамилия?
아 깍끄 바샤 파밀리야

А ваша?
아 바샤

> 자기소개를 한 후 상대편에게 이름과 성을 물어볼 때 사용한다.

실례지만, 누구세요?

Простите, кто вы́
쁘라스찌제 끄또 브이

Простите, с кем я говорю́?
쁘라스찌쩨 스껨 야 가바류

> tip 상대편이 누구인지를 모를 때 하는 질문이다.

소개 (Знакомство при помощи посредника)

인사하시지요.

Познако́мьтесь (пожа́луйста)!
빠즈나꼬미쩨시 (빠좔루이스따)

Знако́мьтесь!
즈나꼬미쩨시

제 친구(동료)와 인사하십시오.

Познако́мьтесь с мои́м дру́гом (с мои́м колле́гой).
빠즈나꼬미쩨시 스마임 드루곰 (스마임 깔레고이)

> tip 소개하는 사람은 위 표현을 사용한 다음 이름, 부칭, 성, 가끔 직업까지 말한다.

당신을 소개해 드리겠습니다.

Разреши́те вас познако́мить.
라즈레쉬쩨 바스 빠즈나꼬미찌

Позво́льте вас познако́мить.
빠즈볼쩨 바스 빠즈나꼬미찌

이 회사의 사장님을 소개해 드리겠습니다.

Разреши́те познако́мить вас с президе́нтом э́той компа́нии.
라즈레쉬쩨 빠즈나꼬미찌 바스 스쁘레지젠똠 에또이 깜빠니

우리 대학 학장님을 소개해 드리겠습니다.

Позво́льте познако́мить вас с дека́ном на́шего университе́та.
빠즈볼쩨 빠즈나꼬미찌 바스 즈제깐놈 나쉐보 우니베르시쩨따

새 이사님을 소개해 올리겠습니다.

Разреши́те (вам) предста́вить но́вого дире́ктора.
라즈레쉬쩨 (밤) 쁘레드스따비찌 노보보 지렉또라

> tip 공식적인 표현이다.

이 분이 (제가 말씀드린)—입니다.

Это А́нна Ива́новна (о кото́рой я вам говори́л(-а).
에따   안나   이바노브나   (아까또로이 야 밤   가바릴(라))

이분이 (당신이 소개받고 싶어 했던) —입니다.

Это Андре́й Никола́евич (с кото́рой вы хоте́ли познако́миться).
에따   안드레이   니깔라에비치   (스까또로이 브이 하쩰리   빠즈나꼬밋쨔)

잘 부탁드립니다!

Прошу́ люби́ть и жа́ловать!
쁘라슈   류비찌 이   좔로바찌

> 💡 중년층과 노년층이 주로 사용하는 친밀한 표현이다.

소개 받았을 때 답례인사 (Ответы при знакомстве)

매우 반갑습니다!

О́чень прия́тно!
오친   쁘리야뜨노

당신을 알게 되어 매우 기쁩니다.

(Мне) о́чень прия́тно с ва́ми познако́миться.
(므네) 오친   쁘리야뜨노 스바미   빠즈나꼬밋쨔

(Мне) о́чень прия́тно, что я с ва́ми познако́мился(-лась).
(므네) 오첸   쁘리야뜨노 쉬또 야 스바미 빠즈나꼬밀샤 (빠즈나꼬밀라시)

Я рад (-а) (с ва́ми) познако́миться.
야 라뜨(라다) (스바미)   빠즈나고밋쨔

당신을 알게 되어 행복합니다.

Я счастли́в (-а) с ва́ми познако́миться.
야 쉬슬리프(쉬슬리바) 스바미   빠즈나꼬밋쨔

우린 이미 아는 사이입니다.

Мы уже́ знако́мы.
므이 우줴   즈나꼬므이

우린 이미 만났었습니다.

Мы уже́ встре́чались.
므이 우줴   프스뜨레찰리시

저는 당신을 압니다.

Я вас зна́ю.
야 바스 즈나유

어디선가 당신을 본 (만난) 적이 있습니다.

Я вас где́-то ви́дел(-а) (встре́чал(-а).
야 바스 그지에또   비젤(라)   (프스뜨레찰(라)

당신에 대해 들은 적이 있습니다.

Я о вас слы́шал(-а).
야 아바스   슬르이샬(라)

저를 알아보시겠어요?

Вы меня́ (не) узнаёте?
브이   미냐 (네)   우즈나요쩨

초대
(Знакóмство)

러시아에서는 친분이 어느 정도 두터워지면 집이나 식당, 공연 등에 초대를 한다. 다양한 초대의 표현을 숙지해야 하며, 답변으로는 초대에 흔쾌히 응하는 표현 С удовóльствием(기꺼이), 정중한 거절의 표현 Большóе спасибо, но не могу... (대단히 감사합니다만, 안되겠는데요) 등을 사용한다.

초대 말
외출초대
손님초대
극장, 영화관, 음악회 초대
식사초대
회의, 강연 초대

초대 말 (Выражения приглашения)

당신을 초대합니다.
(Я) приглашáю вас (тебя́).
(야) 쁘리글라샤유 바스 (찌뱌)

당신을 초대하고 싶습니다.
(Я) хочу́ пригласи́ть вас (тебя́).
(야) 하추 쁘리글라시찌 바스 (찌뱌)

💡 자주 사용되는 표현이다.

당신을 초대했으면 합니다.
(Я) хотéл(-а) бы пригласи́ть вас (тебя́).
(야) 하쪨(라) 브이 쁘리글라시찌 바스 (찌뱌)

💡 бы의 사용은 초대의 비강제성, 완곡한 뉘앙스를 강조한다.

당신을 초대했으면 합니다.

Мне хóчется пригласи́ть вас (тебя́).
므네　호쳇쨔　　쁘리글라시찌　바스　(찌뱌)

Нам хотéлось бы пригласи́ть вас (тебя́).
남　하쩰로시　브이　쁘리글라시찌　바스　(찌뱌)

> 💡 무인칭문의 사용은 초대의 비강제성과 완곡함을 표현한다.

당신을 초대해도 될까요?

Могу́ ли пригласи́ть вас?
마구　리　쁘리글라시찌　바스

Мóжно (ли) (мне) пригласи́ть вас?
모쥐노　(리)　(므네)　쁘리글라시찌　바스

> 💡 완곡한 초대의 표현이다.

당신을 초대하도록 허락해주십시오.

Разреши́те (мне) пригласи́ть вас.
라즈레쉬쩨　(므네)　쁘리글라시찌　바스

Позвóльте (мне) пригласи́ть вас.
빠즈볼쩨　(므네)　쁘리글라시찌　바스

> 💡 공식적인 표현이다.

오십시오.

Приходи́(-те).
쁘리하지(쩨)

들르십시오.

Заходи́(-те).
자하지(쩨)

> 💡 친밀한 표현이다.

갑시다.

Идём(-те).
이좀　(쩨)

Пойдём(-те).
빠이좀　(쩨)

Пошли́.
빠쉴리

Схо́дим.
스호짐

Зайдём(-те).
자이죰 (쩨)

> 💡 함께 가자고 초대할 때 사용하는 표현이다.

Дава́й(-те) пойдём.
다바이 (쩨) 빠이좀

Дава́й(-те) схо́дим.
다바이 (쩨) 스호짐

> 💡 청유형 표현이다.

와주시길 부탁합니다.

Прошу́ прийти́.
쁘라슈 쁘리찌

Прошу́ прие́хать.
쁘라슈 쁘리예하찌

Прошу́ зайти́.
쁘라슈 자이찌

Прошу́ зае́хать.
쁘라슈 자예하찌

> 💡 요청의 뉘앙스를 가진 공식적인 표현이다.

오시길 원하십니까(원치 않으십니까?)?

Вы (не) хоти́те прийти́?
브이 (네) 하찌쩨 쁘리찌

Вы (не) мо́жете зайти́?
브이 (네) 모쥐쩨 자이찌

오시지 않으시겠습니까?

Не хоти́те ли прийти́?
네 하찌쩨 리 쁘리찌

Не хоти́те ли зайти́?
네 하찌쩨 자이찌

초대

오시는 것에 동의하지 않으시겠습니까?

Не согласи́тесь ли прийти́?
네 사글라시쩨시 리 쁘리찌

Не согласи́тесь ли зайти́?
네 사글라시쩨시 리 자이찌

오실 수 없을는지요?

Не мо́жете (смо́жете) прийти́?
네 모줴쩨 (스모줴쩨) 쁘리찌

Не мо́жете (смо́жете) зайти́?
네 모줴제 (스모줴쩨) 자이찌

Не хоте́ли бы вы прийти́?
네 하쩰리 브이 브이 쁘리찌

Не согласи́лись бы вы зайти́?
네 사글라실리시 브이 브이 자이찌

> 💡 아주 공손한 초대의 표현이다.

오셔야 되지 않겠습니까?

Не сходи́ть (ли) нам?
네 스하지찌 (리) 남

Не зайти́ (ли) нам?
네 자이찌 (리) 남

> 💡 충고, 의논의 뉘앙스를 띤 초대의 표현이다.

오시면 좋을 것 같습니다.

Хорошо́ бы
하라쇼 브이

Неплóхо бы
네쁠로호 브이

Порá бы   **сходи́ть.**
빠라 브이   스하지찌

Хорошо́ бы́ло бы   **зайти́.**
하라쇼 브일로 브이   자이찌

Неплóхо бы́ло бы
네쁠로호 브일로 브이

Порá бы́ло бы
빠라 브일로 브이

> 💡 희망의 뉘앙스를 띤 초대의 표현이다.

오셔야 합니다.

Надо бы
나도 브이

Нужно бы
누쥐노 브이

Следовало бы
슬레도발로 브이

Надо было бы   сходить.
나도 브일로 브이   스하지찌

Нужно было бы   зайти.
누쥐노 브일로 브이   자이찌

Необходимо было бы
네아브하지모 브일로 브이

 당위성의 뉘앙스를 띤 초대의 표현이다.

당신이 오시기를 바랍니다.

Я хочу, чтобы вы(ты) пришли(-ёл).
야 하추 쉬도브이 브이(뜨이) 쁘리쉴리(쁘리숄)

Мне хочется, чтобы вы(ты) зашли(-ёл).
므네 호쳇쨔 쉬또브이 브이(뜨이) 자쉴리(자숄)

시간을 잘 보내시기를 바랍니다.

Мне бы хотелось, чтобы вы (ты) проводил(-л) время приятно.
므네 브이 하쩰로시 쉬또브이 브이 (뜨이) 쁘라바질리(쁘라바질) 브레먀 쁘리야뜨노

Хорошо (было бы), если бы вы (ты) позвонили(-л).
하라쇼 (브일로 브이) 예슬리브이 브이(뜨이) 빠즈바닐리(빠즈바닐)

이 프로젝트에 참여하면 좋을 것입니다.

Неплохо(было бы), если бы вы(ты) участвовали(-л) в этом
네쁠로호 (브일로 브이) 예슬리 브이(뜨이) 우차스뜨보발리(우차스뜨보발) 브에똠

проекте.
쁘라옉쩨

 바람의 뉘앙스를 담은 초대의 표현이다.

피크닉 가는 것을 어떻게 보십니까?

Как вы(ты) смотрите(смотришь) на то, чтобы мы пошли
깍끄 브이(뜨이) 스모뜨리쩨 (스모뜨리쉬) 나또 쉬또브이 므이 빠쉴리

на пикник?
나삐끄니끄

초대

극장가는 것을 어떻게 생각 하십니까?

Как вы(ты) относи́те(отно́сишься) к тому́, что́бы мы пошли́ в теа́тр?
깍끄 브이(뜨이) 아뜨나시쩨 (아뜨노쉬샤) 끄따무 쉬또브이 므이 빠쉴리 프찌아뜨르

음악회에 가는 것을 반대하지 않습니까?

Вы(ты) не про́тив того́, что́бы мы пошли́ на конце́рт?
브이 (뜨이) 네 쁘로찌프 따보 쉬또브이 므이 빠쉴리 나깐쩨르뜨

영화관에 가는 것을 반대하지 않습니까?

Не бу́дете(бдешь) ли вы (ты) про́тив того́, что́бы мы пошли́ в кино́?
네 부제쩨 (부제쉬) 리 브이 (뜨이) 쁘로찌프 따보 쉬또브이 므이 빠쉴리 프끼노

토요일에 교외 가는 것을 반대하지 않습니까?

Не возража́ете(-аешь) ли вы(ты) про́тив того́, что́бы мы пое́хали в суббо́ту за́ го́род?
네 바즈라좌에쩨 (-좌에쉬) 리 브이 (뜨이) 쁘로찌프 따보 쉬또브이 므이 빠예할리 프수보뚜 자고로뜨

> 💡 상대편과 의논하는 뉘앙스의 정중한 초대의 표현이다.

외출 초대 (Приглашение пойти куда-нибудь)

산책하러 갑시다.

Пойдёмте погуля́ем.
빠이죰쩨 빠굴랴엠

점심 먹고 산책하고 싶습니까?

У вас нет жела́ния пойти́ погуля́ть по́сле обе́да?
우바스 니에뜨 줼라니야 빠이찌 빠굴랴찌 뽀슬레 아베다

오늘 스케이트장에 가지 않겠습니까?

Не сходи́ть ли нам сего́дня на като́к?
네 스하지찌 리 남 시보드냐 나까또끄

숲으로 갑시다.

Пойдём в лес.
빠이좀 블레스

사샤에게 가보자, 아프다고 하더라.

Дава́й навести́м Са́шу, он, говоря́т, бо́лен.
다바이 나베스찜 사슈 온 가바랴뜨 볼렌

오늘 소풍을 가길 원하니?
Хо́чешь, пойдём сего́дня на экску́рсию?
호체쉬　　빠이죰　　시보드냐　　나엑스꾸르시유

손님 초대 (Приглашение в гости)

당신을 오늘 우리 집에 초대하고 싶습니다.
Я хочу́ пригласи́ть вас ко мне в го́сти сего́дня.
야　하추　　쁘리글라시찌　　바스　까므녜　브고스찌　　시보드냐

오늘 우리 집에서 차 한 잔 마시자.
Хочу́ пригласи́ть тебя́ ко мне сего́дня на ча́шку ча́я.
하추　　쁘리글라시찌　　찌뱌　　까므녜　　시보드냐　나차쉬꾸 차야

오늘 오세요.
Заходи́те сего́дня.
자하지쩨　　시보드냐

오늘 어떻게든 우리 집에 오렴.
Заходи́ ка́к-нибудь ко мне.
자하지　　깍끄니부찌　　까므녜

극장, 영화관, 음악회 초대
(Пиглашение в театр, кино, на концерт)

당신을 극장에 초대하고 싶습니다.
Я хочу́ пригласи́ть вас в теа́тр.
야　하추　　쁘리글라시찌　　바스 프찌아뜨르

우리 극장에서 새 연극을 보지 않으시겠습니까?
Не хоти́те ли посмотре́ть но́вый спекта́кль в на́шем теа́тре?
네　하찌쩨　리　빠스마뜨례찌　　노브이　　스뻭따끌　　브나쉠　　찌아뜨레

오늘 영화관에 가는 것이 좋을 것입니다.
Хорошо́ бы пойти́ сего́дня в кино́.
하라쇼　브이　빠이찌　시보드냐　프끼노

오늘 영화를 봅시다.
Посмо́рим сего́дня фильм.
빠스모뜨림　　시보드냐　　필름

당신을 음악회에 초대하게 해주십시오.
Разреши́те пригласи́ть вас на конце́рт.
라즈레쉬쩨　　쁘리글라시찌　　바스　　나깐제르뜨

식사 초대 (Приглашение в ресторан)

당신을 저녁식사에 (점심에) 초대하고 싶습니다.
Я хочу пригласи́ть вас (тебя́) на у́жин (обе́д).
야 하추 쁘리글라시찌 바스(찌뱌) 나우쥔 (아볘뜨)

카페에서 저녁식가에 초대합니다.
Приглаша́ю вас поу́жинать в ка́фе.
쁘리글라샤유 바스 빠우쥐나찌 프까폐

레스토랑에서 식사하러 갑시다.
Пойдёмте пообе́даем в рестора́не.
빠이죰쩨 빠아볘다엠 브레스따라녜

식당에서 식사합시다.
Дава́йте пообе́даем в столо́вой.
다바이쩨 빠아볘다엠 프스딸로보이

오늘 레스토랑에서 저녁 식사하지 않으시겠습니까?
Не согласи́тесь ли вы поу́жинать сего́дня в рестора́не?
녜 사글라시쩨시 리 브이 빠우쥐나찌 시보드냐 브레스따라녜

레스토랑에서 점심 먹는 것을 어떻게 생각하십니까?
Как вы отно́ситесь к тому́, что́бы пообе́дать в рестора́не?
깍끄 브이 아뜨노시쩨시 끄따무 쉬도브이 빠아볘다찌 브레스따라녜

레스토랑에서 식사하고 싶은 마음 없으세요?
У вас нет жела́ния пообе́дать в рестора́н.
우바스 니에뜨 좔라니야 빠아볘다찌 브레스따란

카페에 갈까요?
Зайдём посиди́м в ка́фе?
자이죰 빠시진 프까폐

회의, 강연 초대 (Приглашение на собрание, лекцию)

오늘 회의가 있습니다. 오세요.
Сего́дня собра́ние, приходи́те, пожа́луйста.
시보드냐 사브라니에 쁘리하지쩨 빠좔루이스따

내일 재미있는 강연이 있습니다. 강연에 오면 좋을 것입니다.
За́втра бу́дет интере́сная ле́кция. Хорошо́ бы вам на неё сходи́ть.
자프뜨라 부제뜨 인쩨레스나야 렉찌야 하라쇼 브이 밤 나녜요
스하지찌

오늘 강연에 오시길 바랍니다.
Жела́тельно, что́бы вы сего́дня были на лекции.
　　젤라쩰노　　쉬또브이 브이　시보드냐　브일리　　나렉찌이

부탁, 충고, 제안
(Просьба, совет, предложение)

우리나라에서는 부탁, 제안, 충고를 할 때 상대편의 입장과 기분을 고려하여 망설일 때가 많으나, 러시아인은 부탁이나 제안 사항, 충고 등을 할 때, 자기 의견을 분명하게 피력한다. 정도성 면에서 강한 표현에서 완곡한 표현까지 다양한 뉘앙스의 표현이 사용된다.

> 기본표현
> 의사의 충고
> 선생의 충고
> 엄마의 충고
> 요리 레시피
> 대중교통에서 요망사항
> 모임에서 요청
> 업무요청
> 공식적인 신청

기본 표현 (Основные выражения)

전화 부탁드립니다.
(Я) прошу́ (вас, тебя́) позвони́ть.
(야) 쁘라슈 (바스 찌뱌) 빠즈바니찌

열심히 공부하라고 충고합니다.
(Я) сове́тую (вам, тебе́) занима́ться серьёзно.
(야) 사볘뚜유 (밤 찌볘) 자니마쨔 세료즈노

이것을 할 것을 제안합니다.
(Я) предлага́ю (вам, тебе́) сде́лать э́то.
(야) 쁘레들라가유 (밤 찌볘) 즈졜라찌 에따

🆘 자주 사용되는 표현이다.

떠들지 말 것을 부탁하고 싶습니다.
Я проси́л(-а) бы не шуме́ть.
야　쁘라실 (라)　브이 네　슈메찌

담배피지 말라고 충고하고 싶습니다.
Я сове́товал(-а) бы не кури́ть
야　사볘또발(라)　브이 네　꾸리찌

운동을 하라고 권하고 싶습니다.
Я предложи́л(-а) бы занима́ться спо́ртом.
야　쁘레들라칠(라)　브이　자니마짜　스뽀르똠

> 완곡한 부탁을 표현한다.

하십시오.
Сде́лай(-те)...
즈젤라이(쩨)

쓰십시오.
Напиши́(-те)...
나삐쉬(쩨)

가져오십시오.
Принеси́(-те)...
쁘리네시(쩨)

> 강한 명령의 표현이다.

… 해 주십시오.
Пожа́луйста,
빠좔루이스따
Бу́дьте до́бры (будь добр),
부지쩨 도브르이　(부찌 도브르)
Бу́дьте любе́зны (будь любе́зен), + 명령형 (позвони́те)
부지쩨　류베즈느이　(부찌　류베젠)
Е́сли вам (тебе́) не тру́дно,
예슬리　밤　(찌볘)　네　뜨루드노

> 정중한 표현이다.

수고스럽겠지만, … 해주십시오.
Сде́лайте (мне) одолже́ние,
즈젤라이쩨　(므녜)　아달줴니에

Не откажи́те в любе́зности, + 명령형(повони́те)
네   앗까쥐쩨   브류베즈노스찌

Окажи́те люóе́зность,
  아까쥐쩨   류베즈노스찌

Не сочти́те за труд,
네   사츠찌쩨   자뜨루뜨

> **tip** 노년층이 사용하는 공식적인 표현이다.

····를 부탁하고 싶습니다.

Я хочу́ вас (тебя́) попроси́ть
야 하추   바스   (찌뱌)   빠쁘라시찌

(Я) хоте́л бы вас (тебя́) попроси́ть + 동사원형(сде́лать э́то)
(야) 하쩰 브이 바스(찌뱌) 빠쁘라시찌

> **tip** 보통 사과의 표현 (прости́те, извини́те)을 동반한다.

죄송합니다만, 이것을 해 주실 것을 부탁드리고 싶습니다.

Прости́те, я хочу́ попроси́ть вас сде́лать э́то.
  쁘라스찌쩨   야 하추   빠쁘라시찌   바스 즈젤라찌   에따

····를 부탁드리고 싶습니다.

Мне хо́чется попроси́ть вас (тебя́)
 므녜   호쳿쨔   빠쁘라시찌   바스   (찌뱌)

····를 충고하고 싶습니다.

Мне хо́чется посове́товать(предложи́ть) вам(тебе́)
 므녜   호쳿쨔   빠사볘또바찌   (쁘레들라쥐찌)   밤(찌볘)
+ 동사원형(сде́лать э́то)
               즈젤라찌   에따

····를 부탁드렸으면 합니다.

Мне хоте́лось бы попроси́ть вас (тебя́)
 므녜   하쩰로시   브이   빠쁘라시찌   바스   (찌뱌)

> **tip** 완곡하고 정중한 부탁의 표현이다.

····를 해주시지 않으시겠습니까?

Вы (ты) не хоти́те (хо́чешь)
브이 (뜨이) 네   하찌쩨   (호체쉬)

Вы (ты) не согласи́тесь (согласи́шься)
브이 (뜨이) 네   사글라시쩨시   (사글라시쉬샤)

Вы (ты) не хоте́ли (хоте́л, -а) бы + 동사원형(сде́лать э́то)
브이(뜨이) 네 하쩰리 (하쩰, 하쩰라) 브이   즈젤라찌 에따

Не хоти́те (хо́чешь) ли вы (ты)
네 하찌쩨 (호체쉬) 리 브이(뜨이)

Не согласи́тесь (согласи́шься) ли (вы, ты)
네 사글라시쩨시   (사글라시쉬샤) 리 (브이, 뜨이)

> 부정 의문문 형태는 부탁의 완곡한 표현을 강조한다.

정숙 요망!
Про́сьба.... + 동사원형(соблюда́ть тишину́).
쁘로지바   사블류다찌 찌쉬누

> 공식적이고 원칙적인 요구사항을 표현한다.

… 합시다.
Дава́й(-те) + 1인칭 단수형(споём)
다바이(쩨)   스빠욤

Дава́й(-те) + 동사원형(рабо́тать вме́сте).
다바이(쩨)   라보따찌 브메스쩨

> 함께 하자는 청유의 표현이다.

내가 … 하게 놔 두어라.
Дава́й(-те) я сам (сама́) + 1인칭 단수형(сде́лаю).
다바이(쩨) 야 삼 (사마)   즈젤라유

Дай(-те) мне (са́мому, са́мой) + 동사원형(прочита́ть).
다이(쩨) 므녜 (사모무, 사모이)   쁘라치따찌

> 자신이 하는 일을 방해하지 말라는 당부의 표현이다.

그가(그녀가) …하게 해라.
그들이 …하게 하라.
Пусть он (она́) + 3인칭 단수형(прочита́ет)
뿌스찌 온 (아나)   쁘라치따에뜨

Пусть они́ + 3인칭 단수형(прочита́ют)
뿌스찌 아니   쁘라치따유뜨

> 💡 3인칭 명령의 표현이다.

…해도 될까요?

Мо́жно
모쥐노

Мо́жно ли
모쥐노   리

Я могу́ + 동사원형(войти́, позвони́ть)?
야 마구   바이찌,   빠즈바니찌

Не могу́ ли я
네   마구 리 야

> 💡 허락을 바라는 요청의 표현이다.

…하실 수 있습니까?

Вы не мо́жете
브이 네   모줴쩨

Вы не могли́ бы + 동사원형(позвони́ть)?
브이 네 마글리 브이   빠즈바니찌

Вам не тру́дно (бу́дет)
밤   네 뜨루드노 (부졔뜨)

> 💡 정중한 표현이다.

…하는 게 당신을 불편하게 하는 건 아닌가요?

Вас не затрудни́т + 동사원형(позвони́ть)?
바스 네 자뜨루드니뜨   빠즈바니찌

> 💡 공식적인 뉘앙스를 띤다.

…하는 것을 부탁해도/제안해도/ 권해도 될까요?

Мо́жно (мне)   попроси́ть
모쥐노 (므네)   빠쁘라시찌

Мо́жно ли + предложи́ть + 동사원형(позвони́ть)?
모쥐노 리   쁘례들라쥐찌   빠즈바니찌

Нельзя́ ли я   посове́товать 명사 대격(кни́гу)?
넬리쟈 리 야   빠사볘또바찌   끄니구

Я могу́
야 마구

Могу́ ли я
  마구   리 야
Не могу́ ли я.
네   마구 리 야

> 정중하고 완곡한 표현이다.

Разреши́те + 동사원형(позвони́ть)?
라즈레쉬쩨   빠즈바니찌
Позво́льте   명사 대격(кни́гу)?
  빠즈볼쩨   끄니구

> 공식적인 뉘앙스를 띤다.

…하는 게 좋을 것입니다/ …할 때입니다.

Хорошо́ (бы́ло) бы
   하라쇼 (브일로) 브이
Непло́хо (бы́ло) бы + 동사원형(позвони́ть).
  네쁠로호 (브일로) 브이   빠즈바니찌
Пора́ (бы́ло) бы
 빠라 (브일로) 브이

> 바람의 뉘앙스를 띤다.

Ну́жно (бы́ло) бы вам (тебе́) + 동사원형(позвони́ть).
 누쥐노 (브일로) 브이 밤 (찌베)   빠즈바니찌
Необходи́мо (бы́ло) бы
 네아브하지모   (브일로) 브이

> 당위성의 뉘앙스를 띤다.

… 해주실 수 있나요/-없나요?

Мо́жет быть, вы (ты) + 완료상 2인칭 단수형(принесёте)?
 모줴뜨 브이찌   브이(뜨이)   쁘리네쇼쩨
Вы (ты) не   + 완료상 2인칭 복수형(принесёшь)?
브이(뜨이) 네   쁘리네쇼쉬

> 정중하고 완곡한 표현이다.

부탁, 충고, 제안

…했으면 합니다.
Вы (ты) бы + 동사 과거형(бы́ли на уро́ке).
브이 (뜨이) 브이   브일리   나우로께

> 💡 완곡한 표현이다.

대화 금지
Не разгова́ривать!
네   라즈가바리바찌

조용!
Ти́хо!
찌호

정숙!
Тишина́!
찌쉬나

> 💡 강한 명령의 표현이다.

…하는 것을 중단하시오.
Не смей(-те)
네   스메이(쩨)

Прекрати́(-те)   + 동사원형(меша́ть).
쁘레끄라찌(쩨)   메샤찌

Переста́нь(-те)
뻬레스딴(쩨)

> 💡 강한 금지의 표현이다.

…를 중단하시오.
Прекрати́(-те) + 동사원형(разгово́ры, рабо́ту).
쁘레끄라찌(쩨)   라즈가보르이,   라보뚜

> 💡 강한 금지의 표현이다.

…하기를 바랍니다/ …하는 게 좋습니다.
Я хочу́, что́бы вы (ты)
야   하추   쉬도브이 브이(뜨이)

Мне хо́чется, что́бы вы (ты)
므녜   호쳇쨔   쉬또브이 브이(뜨이)

Мне бы хоте́лось, что́бы вы (ты) + 동사과거형(проводи́ли(-л) вре́мя
  므녜 브이   하쩰로시   쉬또브이 브이(뜨이)   쁘라바질리(질) 브레먀

Хорошо́ (бы́ло бы), е́сли бы вы (ты)   прия́тно).
  하라쇼   (브일로 브이) 예슬리 브이 브이 (뜨이)   쁘리야뜨노

Неплóхо (бы́ло бы), е́сли бы вы (ты)
  네쁠로호   (브일로 브이) 예슬리 브이 브이 (뜨이)

> 바람의 뉘앙스를 갖는다.

…하는 것을 어떻게 보십니까/ …하는 것을 반대하지 않습니까?

Как вы (ты) смо́трите (смо́тришь) на то, что́бы
  깍끄 브이(뜨이) 스모뜨리쩨   (스모뜨리쉬)   나또 쉬또브이

Как вы (ты) отно́ситесь (отно́сишься) к тому́, что́бы
  깍끄 브이(뜨이) 아뜨노시쩨시   (아뜨노시슈샤)   끄따무 쉬또브이

Вы (ты) не про́тив того́, что́бы
  브이(뜨이) 네 쁘로찌프 따보 쉬또브이

Не бу́дете (бу́дешь) ли вы (ты) про́тив того́, что́бы
  네 부제쩨   (부제쉬) 리 브이 (뜨이) 쁘로찌프 따보 쉬또브이

           + 동사원형(сде́лать э́то)?
                    즈젤라찌 에따

           + 주어 + 동사과거형(мы сде́лали э́то)?
                         므이 즈젤랄리 에따

> 정중하고 상대편과 의논하는 뉘앙스를 띤다.

의사의 충고 (Совет брача больному)

이 알약을 하루에 세 번 복용하세요.

Принима́йте э́ти табле́тки три ра́за в день.
  쁘리니마이쩨 에찌 따블레뜨끼 뜨리 라자 브젠

담배 피우지 마세요.

Не кури́те.
  네 꾸리쩨

더 많이 산책하세요.

Бо́льше гуля́йте.
  볼쉐   굴랴이쩨

과로하지 마세요.
Не переутомляйте.
네 뻬레우따믈랴이쩨

선생의 충고 (Совет преподавателя ученику)

매일 러시아어를 몇 페이지씩 읽으세요.
Читáйте кáждый день нескóлько страниц на рýсском языкé.
치따이쩨 까즈드이 젠 네스꼴꼬 스뜨라니쯔 나루스꼼 이즈이께

카세트 테잎을 들으세요.
Слýшайте магнитофóнные зáписи.
슬루샤이쩨 마그따폰느이에 자삐시

가능한 더 많이 말하도록 노력하세요.
Старáйтесь, как мóжно, бóльше говорить.
스따라이쩨시 깍 모쥐노 볼쉐 가바리찌

엄마의 충고 (Совет матери сыну)

사샤, 엄마 없을 때 할머니 말씀 잘 들어라.
Сáша, без меня слýшайся бáбушку, пожáлуйста.
사샤 베즈미냐 슬루샤이샤 바부쉬꾸 빠좔루이스따

하루 종일 밖에서 뛰놀지 마.
Не бéгай цéлыми днями по ýлицам.
네 베가이 쩰르이미 드냐미 빠울리짬

외투 안 입고 밖에 나가지 마라, 목도리 두르는 것 잊어버리지 마라.
Не выходи без пальтó, не забывáй надевáть шарф.
네 브이하지 베스빨또 네 자브이바이 나제바찌 샤르프

털모자 쓰지 않고 다니지 마라.
Смотри, не ходи без шáпки!
스마뜨리 네 하지 베스샤쁘끼

요리 레시피 (Кулинарный рецепт)

고기를 씻은 다음 작은 조각으로 자른다. 프라이팬에 버터를 두른다.
Вымойте мясо, нарéжьте егó на мéлкие кýски и положите на
브이모이쩨 먀소 나례쥐쩨 이보 나멜끼에 꾸스끼 이 빨라쥐쩨 나

сковоро́дку с ма́слом.
스까바로뜨꾸   스마슬롬

약간 익힌 다음 양파, 후추, 소금을 입맛에 맞게 추가한다.
Немно́го обжа́рьте, зате́м доба́вьте лук, пе́рец, со́ли по вку́су,
니므노고   아브좌리쩨   자쩸   다바비쩨   루끄   뻬례쯔   솔리   빠프꾸수

스메딴(크림치즈)를 넣고, 약한 불에 완성될 때까지 익힌다.
Залейте смета́ной, и пусть туши́тся до гото́вности
잘례이쩨   스메따노이   이 부스찌   뚜쉿쨔   다가또브노스찌

на ма́леньком огне́.
나말렌꼼   아그녜

대중교통에서 요망사항 (В обще́ственном тра́нспорте)

승객 여러분!
Гражда́не пассажи́ры!
그라즈다네   빠사쥐르이

문가에 서있지 마시고, 안쪽으로 들어가세요.
Не остана́вливайтесь у двере́й, проходи́те в ваго́н.
네   아스따나블리바이쩨시   우드베레이   쁘라하지쩨   바곤

티켓 잘 보관하세요.
Не забыва́йте взять биле́т.
네   자브이바이쩨   브쟈찌   빌례뜨

차비를 잘 내세요.
Пра́вильно опла́чивайте прое́зд (плати́те за прое́зд)
쁘라빌노   아쁠라치바이쩨   쁘라에스뜨   (쁠라찌쩨   자쁘라에스뜨)

차표 값을 건네주세요.
Бу́дьте до́бры, переда́йте де́ньги на биле́т.
부지쩨   도브르이   뻬레다이쩨   젠기   나빌례뜨

표를 찢으세요.
Пожа́луйста, оторви́те биле́т.
빠좔루이스따   아따르비쩨   빌례뜨

지나가겠습니다.
Разреши́те пройти́.
라즈레쉬쩨   쁘라이찌

20 까뻬이까를 바꿔 주시겠습니까?
Вы не разменя́ете 20 копе́ек?
브이 네   라즈메냐에쩨   드바짜찌 까뻬에끄

지나가세요.
Пройди́те (проходи́те), пожа́луйста.
쁘라이지쩨 (쁘라하지쩨) 빠좔루이스따

앉으세요.
Сади́тесь, пожа́луйста.
사지쩨시 빠좔루이스따

"대학" 역이 어디인지 말씀해주세요.
Скажи́те, пожа́луйста, когда́ бу́дет остано́вка "Университе́т".
스까쥐쩨 빠좔루이스따 까그다 부제뜨 아스따노프까 우니베르시쩨뜨

모임에서 요청 (На собрании)

연설 부탁드립니다.
Прошу́ жела́ющих вы́ступить.
쁘라슈 줼라유쉬흐 브이스뚜삐찌

후보를 추천해주시기 바랍니다.
Прошу́ выдвига́ть кандидату́ры.
쁘라슈 브이드비가찌 깐지다뚜르이

투표해주십시오.
Прошу́ голосова́ть.
쁘라슈 갈라사바찌

한말씀 부탁드립니다.
Прошу́ сло́ва.
쁘라슈 슬로바

제게 발표 시간을 40분 할애해주시기 바랍니다.
Прошу́ дать мне для докла́да 40 мину́т.
쁘라슈 다찌 므녜 들랴다끌라다 소로끄 미누뜨

질문 하세요.
Зада́йте вопро́с, пожа́луйста.
자다이쩨 바쁘로스 빠좔루이스따

업무 요청 (Деловые прсьбы)

하차 부탁드립니다.
Про́сьба освободи́ть ваго́н.
쁘로지바 아스바바지찌 바곤

기차가 더 이상 갈 수 없습니다.
Поезд дальше не пойдёт.
뽀에스뜨 달쉐 네 빠이죠뜨

업무 후 지체하지 않길 바랍니다.
Прошу вас задержаться после работы.
쁘라슈 바스 자제르좌쨔 뽀슬레라보뜨이

안나 니꼴라예브나 대신 수업을 해주시길 부탁드립니다.
Прошу вас провести урок вместо Анны Николаевны.
쁘라슈 바스 쁘라베스찌 우로끄 브메스또 안느이 니꼴라예브느이

당신 논문을 빨리 넘겨주길 권합니다.
Рекомендую вам сдать вашу статью в ближайшее время.
레까멘두유 밤 즈다찌 바슈 스따찌유 브블리죄이쉐에 브레먀

공식적인 신청사항 (Заявления)

2008년 7월 1일에서 15일까지 휴가를 신청합니다.
Прошу предоставить мне отпуск с 1 по 15 июля 2008 г.
쁘라슈 쁘레다스따비찌 므녜 오뜨뿌스끄 스뻬르보보 빠삐뜨나짜또에 이률랴 드베 뜨이샤치 바시모보 고다

러시아어문학 강사로 저를 채용해주실 것을 부탁드립니다.
Прошу принять меня на работу в качестве преподавателя
쁘라슈 쁘리냐찌 미냐 나라보뚜 프까체스뜨베 쁘레빠다바쩰랴

русского языка и литературы.
루스까보 이즈이까 이 리쩨라뚜르이

전직으로 사임을 청합니다.
Прошу освободить меня от занимаемой должности в связи
쁘라슈 아스바바지찌 미냐 아드자니마에모이 돌쥐노스찌 프스뱌지

с переходом на другую работу.
스뻬레호돔 나드루구유 라보뚜

부탁과 초청 수락과 거절
(Согласие и отказ в ответ на просьбу и приглашение)

부탁과 초청에 대한 흔쾌한 수락의 표현, 완곡하고 정중한 거절, 때로는 단호한 거절의 표현과 애매모호한 거절의 표현을 소개한다.

부탁과 초청 수락
부탁과 초청 거절
불확실한 답변

부탁과 초청 수락 (Согласие в ответ на просьбу, приглашение)

좋습니다.
Хорошо́.
  하라쇼
Ла́дно.
  라드노

 초대에 대한 일반적인 답변으로 감사의 표현 Спаси́бо를 동반한다.

그러지요.
Пожа́луйста.
  빠좔루이스따

 공손한 초대에 대한 답변으로 주로 사용한다.

힘들지 않다면 책을 가져다줄래요.
- Е́сли тебе́ не тру́дно, принеси́ мне кни́гу, пожа́луйста.
  예슬리 찌볘 녜 뜨루드노 쁘리녜시 므녜 끄니구 빠좔루이스따

그러지요
- Пожа́луйста.
  빠좔루이스따

지금요.
Сейчáс.
시차스

잠깐만요.
Сию минýту (минýтку).
시유 미누뚜 (미누뜨꾸)

 즉각적으로 행동하겠다는 동의의 표현이다.

그러자(그럽시다)
Давáй(-те)
다바이(쩨)

가자(갑시다)
Пойдём(-те)
빠이좀 (쩨)
Давáй(-те) пойдём.
다바이(쩨) 빠이좀

갑시다.
Пошли́.
빠쉴리

 청유형 초대에 대한 답변으로 주로 사용한다.

가자
- Давáй пойдём
   다바이 빠이좀
- Давáй.
   다바이

기꺼이요.
С (больши́м) удовóльствием.
스 (볼쉼) 우다볼스뜨비엠
С рáдостью.
스라도스찌유
Охóтно.
아호뜨노

 바람의 뉘앙스를 띤다.

부탁, 초청 수락과 거절

반드시 … 하겠습니다.
Обязáтельно + 미래시제 1인칭(придý, сдéлаем)
아비자쩰노　　　　　　　　쁘리두,　즈젤라옘

의심하지 마세요.
Не сомневáйтесь(-айся).
네　삼녜바이쩨시 (삼녜바이샤)

걱정하지 마세요.
Не беспокóйтесь(-койся).
네　베스빠꼬이쩨시 (베스빠꼬이샤)

어떻게 의심을!
Какие могут быть сомнения!
깍끼에　모구뜨　브이찌　삼녜니야

안심하세요.
Мóжете быть спокóйны (мóжешь быть спокóен).
모쮀쩨　브이찌　스빠꼬이느이　(모쮀쉬　브이찌　스빠꼬엔)

믿으세요.
Мóжете быть увéрены (мóжешь быть увéрен).
모쮀쩨　브이찌　우 볘렌느이　(모쮀쉬　브이찌　우볘렌)

기대하세요.
Мóжете (-ешь) на меня рассчитывать.
모쮀쩨(모쮀쉬)　　나　미냐　라쉬뜨이바찌

> 💡 강한 요청에 대한 답변으로 주로 사용한다.

반대하지 않습니다.
(Я) не возражáю.
(야)　네　바즈라좌유

(Я) не прóтив (этого).
(야)　네　쁘로찌프 (에또보)

용의가 있습니다.
Я готóв.
야 가또프

> 💡 부탁에 대한 답변으로 사용한다.

찬성입니다.
Я не прочь!
야　네 쁘로치

Я за!
야 자

 비강제적인 동의의 표현이다.

동의합니다.
Согласен(-а).
사글라센(사글라스나)

네.
Да.
다

물론입니다.
Конечно.
까네츠노

 희망, 동의를 묻는 질문에 대한 답변이다.

컨퍼런스에서 보고서 발표하는 것에 동의하는 거지?
- Ты согласен выступить с докладом на конференции?
  뜨이 사글라센 브이스뚜삐찌 즈다끌라돔 나깐페렌찌이
- Согласен, конечно.
  사글라센 까네츠노

당연하지!
Ещё бы!
잇쇼 브이

 희망사항을 묻는 질문에 대한 감정이 담긴 답변이다.

이 연극 보러 가고 싶니?
- Ты хочешь попасть на этот спектакль?
  뜨이 호체쉬 빠빠스찌 나에또뜨 스뻭따끌

물론이지!
- Ещё бы!
  잇쇼 브이

그러기로 하자!
Договорились!
다가바릴리시

결정!
Решено!
레쉐노

> 💡 합의를 보았을 때의 표현이다.

그렇게 해야겠지요.
Так и быть.
딱끄 이 브이찌

··· 해야겠지요.
Придётся + 동사원형(дать).
쁘리죳쨔 다찌

> 💡 양보의 뉘앙스와 원치 않는 동의의 뉘앙스를 띤다.

···할 수밖에 없지.
Что ж делать, придётся + 동사원형(сделать).
쉬또 쉬 젤라찌 쁘리죳쨔 즈젤라찌

원하든, 원하지 않던 간에 해야겠지.
Хочешь, не хочешь, а надо.
호체쉬 네 호체쉬 아 나도

> 💡 양보의 뉘앙스를 띤다.

어쩌겠어.
Ну что ж (пойдём, сделаю).
누 쉬도 쉬 (빠이죰, 즈젤라유)

그러지, 뭐.
Пожалуй.
빠좔루이

No할 이유가 있겠어?
А почему бы и нет?
아 빠체무 브이 이 니에뜨

> 💡 비강제적인 동의의 표현이며, 양보의 뉘앙스를 가진다.

부탁과 초청 거절 (Отказ в ответ на просьбу, приглашение)

할 수 없습니다. / 안되겠습니다.

(Я) не могу́.
(야) 네 마구

Нет, (я) не могу́.
니에뜨 (야) 네 마구

(Я)ника́к не могу́.
(야) 니깍끄 네 마구

 사과의 표현을 동반하기도 한다.

죄송하지만, 안되겠습니다.
- Извини́те, я не могу́.
  이즈비니쩨 야 네 마구

죄송하지만, 도저히 할 수가 없습니다.
- Прости́те, но я ника́к не могу́.
  쁘라스찌쩨 노 야 니깍끄 네 마구

유감스럽지만, 할 수 없습니다.
К сожале́нию, (я) не могу́.
꼬사잘레니유 (야) 네 마구

К несча́стью, (я) не могу́.
꼬네샤스찌유 (야) 네 마구

 유감의 뉘앙스를 띤 정중한 거절의 표현이다.

매우 하고 싶지만 / 거절하는 것이 편치 않지만, 할 수 없습니다.

Охо́тно бы,
아호뜨노 브이

С удово́льствием бы,
수다볼스뜨비엠 브이

Я бы с удово́льствием,
야 브이 수다볼스뜨비엠

С ра́достью (бы),   + но не могу́.
스라도스찌유 (브이)   노 네 마구

(Я) о́чень хочу́,
(야) 오첸 하추

(Я) о́чень хоте́л(-а) бы,
(야) 오첸 하쩰(라) 브이

Мне бы о́чень хоте́лось,
므녜 브이 오첸 하쩰로시
(Мне) жаль,
(므녜) 좔
Мне неудо́бно отказа́ться,
므녜 네우도브노 앗까자쨔

내키지 않습니다.
Не хо́чется.
녜 호쳇쨔
Что́-то (мне) не хо́чется.
쉬또도 (므녜) 녜 호쳇쨔

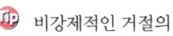 비강제적인 거절의 표현이다.

도와줄 수 없습니다.
Я не могу́ помо́чь.
야 네 마구 빠모치

도와줄 힘이 없습니다.
Я не в си́лах помо́чь.
야 네 프실라흐 빠모치
Я бесси́лен(-льна) помо́чь.
야 베실렌 (베실나) 빠모치
Не в мои́х си́лах помо́чь.
녜 브마이흐 실라흐 빠모치

 도움 요청에 대한 거절의 답변이다.

동의할 수 없습니다.
(Я) не могу́ согласи́ться.
(야) 네 마구 사글라싯쨔

거절해야만 합니다.
Я до́лжен(-жна́) отказа́ться.
야 돌(달즈나) 앗까자쨔
(Я) вы́нужден(-а) (вам) отказа́ть.
(야) 브이누(브이누쥐나) 앗까자찌

 공식적인 뉘앙스를 띤 거절의 표현이다.

…를 거절해야만 합니다.
(Я) до́лжен(-жна́) отказа́ться + 동사원형(прийти́)
(야) 돌 (달쥐나) 앗까자쨔 쁘리이찌

(Я) вы́нужден(-а) отказа́ться + от 생격 (от ва́шего предложе́ния).
(야) 브이누 (브이누쥐나) 앗까자쨔 아뜨바쉐보 쁘레들라줴니야

 당위성의 뉘앙스를 띤 거절의 표현이다.

어떤 경우에라도 안 됩니다!
Ни в ко́ем слу́чае!
니프꼬엠 슬루치에

어떤 상황에서도 안 됩니다!
Ни при каки́х обстоя́тельствах!
니쁘리 깍끼흐 압스따야쩰스뜨바흐

단호히 거절합니다!
Реши́тельно отка́зываюсь!
레쉬쩰노 앗까즈이바유시

안 돼요, 안 돼요, 또 다시 말해도 안 됩니다!
Нет, нет и ещё раз нет!
니에뜨 니에뜨 이 잇쇼 라스 니에뜨

절대로!
Ни за что!
니 자 쉬또

이건 말도 안 됩니다!
(Об э́том) не мо́жет быть и ре́чи!
(아베똠) 네 모줴뜨 브이찌 이 레치

절대로 이건 안 됩니다!
Э́то абсолю́тно исключено́!
에따 압솔류뜨노 이스끌류첸노

 강한 거절로 감정적인 표현이다.

넌 뭐야!
Что ты!
쉬또 뜨이

 놀라움의 뉘앙스를 갖는다.

불확실한 답변 (Неопределённый ответ)

아마도 가능할 겁니다.

Мо́жет быть.
모줴뜨 브이찌

Возмо́жно.
바즈모즈노

Вероя́тно.
베라야뜨노

Наве́рное.
나베르노에

모르겠습니다. / 모르겠습니다, 할 수 있을지...

Не зна́ю.
네 즈나유

Не зна́ю, смогу́ ли (приду́ ли).
네 즈나유 스마구 리 (쁘리두 리)

아마도, …할 수 있을 것입니다.

Возмо́жно,
바즈모쥐노

Мо́жет быть,
모줴뜨 브이찌

Вероя́тно,   + 동사 인칭형(помогу́, зайду́).
베라야뜨노   빠마구   자이두

Наве́рное,
나베르노에

По-ви́димому,
빠비지모무

Скоре́е всего́,
스까레에 프세보

Вряд ли,
브랴뜨 리

아마도 … 할 수 없을 것 같습니다.

Возмо́жно,   + не 동사 인칭형(не смогу́, не приду́).
바즈모쥐노   네   (네 스마구 네 쁘리두)

Мо́жет быть,
모줴뜨 브이찌

할 수 없을 까봐 두렵습니다.
Боюсь, что не смогу (буду занят).
바유시 쉬도 네 스마구 (부두 자냐뜨)

할 수 없을까봐 걱정입니다.
Опасаюсь, что не могу.
아빠사유시 쉬또 네 마구

할 수 없을 것으로 생각됩니다.
Думаю, что не могу.
두마유 쉬또 네 마구

생각해 봐야겠습니다. (좀 더 지켜봐야겠습니다).
(Я) подумаю (посмотрю).
(야) 빠두마유 (빠스마뜨류)

Надо подумать (посмотреть).
나도 빠두마찌 (빠스마뜨례찌)

당장 답변을(결정을, 동의를) 할 수 없습니다.
(Я) сразу не могу ответить (решить, согласиться).
(야) 스라주 네 마구 아뜨베찌찌 (레쉬찌, 사글라싯쨔)

약속 못합니다.
(Я) не обещаю.
(야) 네 아베샤유

약속할 수 없습니다.
(Ничего) не могу пока обещать.
(니체보) 네 마구 빠까 아베샤찌

힘써 보겠습니다.
(Я) постараюсь.
(야) 빠스따라유시

07 동의와 반대
(Согласие и несогласие с мнением собеседника)

러시아인은 우리나라 사람과 달리 자신의 의견을 명확하게 표현하는 편이다. 그러나 서구인들에 비해서는 애매모호하거나, 부정확하게 돌려서 자기 의견을 피력하기도 한다.

동의와 긍정적인 답변
반대와 부정적인 답변

동의와 긍정적인 답변 (Основные выражения приветствия)

네.
Да.
다

물론입니다.
Конéчно.
까네츠노

물론 그렇습니다.
Конéчно, да.
까네츠노 다

그렇게 하겠습니다.
Разумéется, да.
라주몟쨔 다

무조건 네입니다.
Безуслóвно, да.
베주슬로브노 다

 의견에 대한 동의, 질문에 대한 긍정적인 답변이다.

맞습니다.
Прáвильно.
쁘라빌노

Ве́рно.
베르노

사실입니다.
Действи́тельно.
제이스뜨비쩰노

절대 맞습니다.
(Э́то) соверше́нно (абсолю́тно) пра́вильно.
(에따) 사베르쉔노 (압살류뜨노) 쁘라빌노

(Э́то) соверше́нно ве́рно.
(에따) 사베르쉔노 베르노

물론 맞습니다.
Коне́чно пра́вильно (ве́рно).
까네츠노 쁘라빌노 (베르노)

Разуме́ется пра́вильно (ве́рно).
라주몟쨔 쁘라빌노 (베르노)

무조건 맞습니다.
Безусло́вно пра́вильно (ве́рно).
베주슬로브노 쁘라빌노 (베르노)

사실 맞습니다.
Пра́вда пра́вильно (ве́рно).
쁘라브다 쁘라빌노 (베르노)

 의견의 옳음에 대한 확인 표현이다.

당신이 옳습니다.
Вы (ты) пра́вы (прав, -а).
브이(뜨이) 쁘라브이 (쁘라프, 쁘라바)

당신이 절대 옳습니다.
Вы (ты) абсолю́тно (соверше́нно) пра́вы (прав, -а).
브이(뜨이) 압살류뜨노 (사베르쉔노) 쁘라브이 (쁘라프, 쁘라바)

다른 의견은 있을 수 없지요!
Ина́че и быть не мо́жет!
이나체 이 브이찌 네 모줴뜨

다른 의견이 있을 수 있나요?
А как же ина́че?
아 깍끄 줴 이나체

바로 그렇습니다.
Э́то са́мо собо́й разуме́ется.
에따 사모 사보이 라주몟쨔

절대 부정할 수 없습니다.
Э́того нельзя́ отрица́ть.
에또보 넬리쟈 아뜨리짜찌

동의하지 않을 수 없습니다.
С э́тим нельзя́ (невозмо́жно) не согласи́ться.
스에찜 넬리쟈 (네바즈모쥐노) 네 사글라싯쨔

어떻게 동의하지 않을 수 있나요?
Ра́зве мо́жно с ва́ми (тобо́й) не согласи́тья!
라즈베 모쥐노 스바미 (따보이) 네 사글라싯쨔

반대할 수가 없지요.
Про́тив э́того не возрази́шь.
쁘로찌프 에또보 네 바즈라지쉬

아무 말도 하지 마세요.
Ничего́ не ска́жешь.
니체보 네 스까줴쉬

> **Tip** 의견의 옳음에 대한 강한 확인 표현이다.

당신 의견에 동의합니다.
Я согла́сен (согла́сна) с ва́ми (тобо́й).
야 사글라센 (사글라스나) 스바미 (따보이)

이 의견에 동의합니다.
Я согла́сен (согла́сна) с э́тим.
야 사글라센 (사글라스나) 스에찜

당신에게 전적으로 동의합니다.
(Я) соверше́нно (абсолю́тно) согла́сен (согла́сна) с ва́ми (тобо́й).
(야) 사베르쉔노 (압살류뜨노) 사글라센 (사글라스나) 스바미 (따보이)

당신과 의견이 같습니다.
(Я) разделя́ю ва́ше (твоё) мне́ние.
(야) 라즈젤랴유 바쉐 (뜨바요) 므네니에

당신과 견해가 같습니다.
(Я) разделя́ю ва́шу (твою́) то́чку зре́ния.
(야) 라즈젤랴유 바슈 (뜨바유) 또츠꾸 즈레니야

같은 의견을 고수합니다.
(Я) приде́рживаюсь тако́го же (того́ же) мне́ния.
(야) 쁘리졔르쥐바유시 딱꼬보 줴 (따보 줴) 므네니야

반대하지 않습니다.
(Я) не возража́ю.
(야) 녜 바즈라좌유

(Я) не про́тив.
(야) 녜 쁘로찌프

(Я) не про́тив э́того.
(야) 녜 쁘로찌프 에또보

그럴 거라고 확신합니다.
(Я) уве́рен(-а), что э́то так.
(야) 우베롄(나) 쉬또 에따 딱

옳다고 생각합니다.
(Я) ду́маю, что э́то пра́вильно.
(야) 두마유 쉬또 에따 쁘라빌노

(Я) полага́ю, что э́то ве́рно.
(야) 빨라가유 쉬또 에따 볘르노

당신이 옳은 것 같습니다.
Мне ка́жется, что вы (ты) пра́вы (прав, -а).
므녜 까쨔 쉬또 브이 (뜨이) 쁘라브이(쁘라프, 쁘라바)

그렇습니다.
Э́то так.
에따 딱끄

(이것이) 사실 그렇습니다.
(Э́то) действи́тельно так.
(에따) 졔이스뜨비쩰노 딱끄

그래요.
Так.
딱끄

> 💡 의견에 대한 동의의 표현이다.

어느 정도는 당신이 옳습니다.
В како́й-то ме́ре вы пра́вы.
프깍꼬이 또 메레 브이 쁘라브이

В како́й-то ме́ре э́то так (ве́рно).
프깍꼬이 또 메레 에따 딱끄 (베르노)

어느 정도는 당신이 올바르게 말씀하십니다.
В како́й-то ме́ре то, что вы (ты) говори́те (говори́шь), ве́рно.
프깍꼬이 또 메레 또 쉬또 브이 (뜨이) 가바리쩨 (가바리쉬) 베르노

💡 의견에 대한 부분적인 동의이다.

그렇다 합시다.
Допусти́м.
다뿌스찜

당신 생각대로 해보세요.
Пусть бу́дет по-ва́шему.
뿌스찌 부제뜨 빠바쉐무

당신 의견에 동의하려고 합니다.
(Я) попро́бую согласи́ться с ва́ми (тобо́й).
(야) 빠쁘로부유 사글라싯쨔 스바미 (따보이)
(Я) попыта́юсь согласи́ться с ва́ми (тобо́й).
(야) 빠쁘이따유시 사글라싯쨔 스바미 (따보이)
Предположи́м, что я с ва́ми (тобо́й) согла́сен (согла́сна).
쁘레드빨라짐 쉬또 야 스바미 (따보이) 사글라센 (사글라스나)
Допусти́м, что я с ва́ми (тобо́й) согла́сен (согла́сна).
다뿌스찜 쉬또 야 스바미 (따보이) 사글라센 (사글라스나)

💡 상대편 의견에 대한 임시적인 양보의 표현이다.

반대와 부정적인 답변 (Неогла́сие с чьим-ли́бо мне́нием и отрица́тельный отве́т на вопро́с)

아뇨.
Нет.
니에뜨

물론 아닙니다.
Коне́чно нет.
까네츠노 니에뜨
Разуме́ется нет.
라주몟쨔 니에뜨

전혀 아닙니다.

Совсе́м нет.
사프셈   니에뜨

Отню́дь нет.
아뜨뉴찌   니에뜨

무조건 아닙니다.

Безусло́вно нет.
베주슬로브노   니에뜨

 반대와 질문에 대한 부정적인 답변의 표현이다.

아뇨, 그렇지 않습니다.

Нет, не так.
니에뜨 네 딱끄

그게 아닙니다.

Э́то не так.
에따 네 딱끄

이건 절대 그렇지 않습니다.

(Э́то) совсе́м (далеко́, отню́дь, действи́тельно, абсолю́тно) не
(에따)   사프셈   (달레꼬,   아뜨뉴찌,   제이스뜨비쩰노,   압살류뜨노)   네

так.
딱끄

물론 그렇지 않습니다.

Коне́чно, не так.
까네츠노   네 딱끄

Разуме́ется, не так.
라주몟쨔   네 딱끄

 틀린 의견에 대한 확인이다.

옳지 않습니다.

Непра́вильно.
네쁘라빌노

Неве́рно.
네베르노

절대 맞지 않습니다.

(Э́то) соверше́нно (абсолю́тно) неве́рно (непра́вильно).
(에따)   사베르쉔노   (압살류뜨노)   네베르노   (네쁘라빌노)

물론, 틀립니다.
Конéчно, невéрно (непрáвильно).
까네츠노　　네베르노　　(네쁘라빌노)

Разумéется, невéрно (непрáвильно).
라주몌쨔　　　네베르노　　(네쁘라빌노)

무조건 옳지 않습니다.
Безуслóвно, невéрно (непрáвильно).
베주슬로브노　　네베르노　　(네쁘라빌노)

사실이 아닙니다.
Непрáвда.
네쁘라브다

그 반대입니다.
Напрóтив.
나쁘로찌프

> 💡 의견에 대한 반대의 표현이다.

당신이 옳지 않습니다.
Вы (ты) непрáвы (непрáв, непрáва).
브이 (뜨이)　네쁘라브이　(네쁘라프,　네쁘라바)

당신이 절대 옳지 않습니다.
Вы (ты) совершéнно (абсолю́тно, совсéм, далекó) непрáвы
브이 (뜨이)　사베르쉔노　　(압살류뜨노,　사프셈,　달레꼬)　네쁘라브이
(непрáв, непрáва).
(네쁘라프,　네쁘라바)

그럴 리가 없지요!
Не мóжет быть!
네　모줴뜨　브이찌

Этого не мóжет быть!
에또보 네　모줴뜨　브이찌

그와 같지 않지요!
Ничегó подóбного!
니체보　　빠도브노보

그 반대입니다!
Как раз наоборóт!
깍　라스　나아바로뜨

절대 긍정할 수 없습니다.
Этого нельзя утверждать.
에또보 넬리쟈 우뜨베르쥐다찌

> 틀린 의견에 대한 강한 확인의 표현이다.

동의 못합니다.
(Я) не согласен(-сна).
(야) 네 사글라센(사글라스나)

당신 의견에 절대 동의할 수 없습니다.
(Я) совершенно (абсолютно, совсем) не согласен(-сна)
(야) 사베르쉔노 (압살류뜨노, 사프셈) 네 사글라센(사글라스나)
с вами (тобой).
스바미 (따보이)

당신에게 절대 동의할 수 없습니다.
С вами (тобой) нельзя согласиться.
스바미((따보이) 넬리쟈 사글라싯쨔

이 의견에 동의할 수 없습니다.
С этим невозможно согласиться.
스에찜 네바즈모쥐노 사글라싯쨔

어떻게 당신 의견에 동의하겠습니까?
Разве можно с вами (тобой) согласиться!
라즈베 모쥐노 스바미(따보이) 사글라싯쨔

> 의견에 대한 반대의 표현이다.

동의하지 않아도 괜찮을 지요?
(Я) позволю себе не согласиться (с вами, с тобой).
(야) 빠즈발류 시베 네 사글라싯쨔 (스바미, 스따보이)
Разаешите (мне) не согласиться (с вами, с тобой).
라즈레쉬쩨 (므네) 네 사글라싯쨔 (스바미, 스따보이)
Позвольте (мне) не согласиться (с вами, с тобой).
빠즈볼쩨 (므네) 네 사글라싯쨔 (스바미, 스따보이)

반대해도 되겠습니까?
Разрешите (вам, тебе) возразить.
라즈레쉬쩨 (밤, 찌베) 바즈라지찌
Позвольте (вам, тебе) возразить.
빠즈볼쩨 (밤, 찌베) 바즈라지찌

다른 견해를 피력해도 되겠습니까?

Разреши́те вы́сказать ину́ю то́чку зре́ния.
라즈레쉬쩨 브이스까자찌 이누유 또츠꾸 즈레니야

Позво́льте вы́сказать ино́е мне́ние.
빠즈볼쩨 브이스까자찌 이노에 므네니에

> 정중하고 공식적인 반대 표현이다.

그렇지 않다고 확신합니다.

(Я) уве́рен(-а), что э́то не так.
(야) 우베렌(나) 쉬또 에따 네 딱끄

맞지 않다고 생각합니다.

(Я) ду́маю, что э́то неве́рно.
(야) 두마유 쉬또 에따 네베르노

(Я) полага́ю, что э́то непра́вильно.
(야) 빨라가유 쉬또 에따 네쁘라빌노

이것이 틀릴까봐 걱정입니다.

(Я) бою́сь, что э́то неве́рно.
(야) 바유시 쉬또 에따 네베르노

Бою́сь, что вы (ты) непра́вы (непра́в(-а).
바유시 쉬또 브이 (뜨이) 네쁘라브이 (네쁘라프(바)

아닐까봐 걱정입니다.

Бою́сь, что нет.
바유시 쉬또 니에뜨

그렇지 않은 것 같습니다.

Мне ка́жется, что э́то не так.
므네 까줴쨔 쉬또 에따 네 딱끄

그렇다는 확신이 안 듭니다.

(Я) не уве́рен(-а), что э́то так.
(야) 네 우베렌(나) 쉬또 에따 딱끄

이것이 옳다고 생각하지 않습니다.

(Я) не ду́маю, что э́то пра́вильно.
(야) 네 두마유 쉬또 에따 쁘라빌노

이건 말하지 않는 게 낫겠어요.

Я бы э́того не сказа́л(-а).
야 브이 에또보 네 스까잘(라)

> 비동의의 표현이다.

이를 믿지 못하겠습니다.
(Я) не ве́рю э́тому (вам, тебе́).
(야) 네 베류 에또무 (밤, 찌베)

당신 말 한 마디도 믿지 못합니다.
(Я) не ве́рю ни одному́ ва́шему (твоему́) сло́ву.
(야) 네 베류 니 아드노무 바쉐무 (뜨바에무) 슬로부

이것을 믿기 어렵습니다.
В э́то тру́дно пове́рить.
브에따 뜨루드노 빠베리찌

Э́тому тру́дно пове́рить.
에또무 뜨루드노 빠베리찌

 상대편 의견에 대한 불신의 표현이다.

그럴 리가!
Вряд ли.
브랴뜨 리

이건 가능하지 않을 듯합니다(옳지 않은 듯합니다).
Вряд ли э́то возмо́жно (пра́вильно).
브랴뜨 리 에따 바즈모쥐노 (쁘라빌노)

가능성이 희박한데요.
Э́то маловероя́тно.
에따 말라베라야뜨노

그렇다는(옳다는, 가능하다는) 확신이 들지 않습니다.
Я не уве́рен, что э́то так (пра́вильно, возмо́жно).
야 네 우베렌 쉬또 에따 딱 (쁘라빌노, 바즈모쥐노)

당신 말이 옳은 지 확신하지 못합니다.
Я не уве́рен в пра́вильности ва́ших слов.
야 네 우베렌 프쁘라빌노스찌 바쉬흐 슬로프

이에 대해 확신 있게 말할 수 없습니다.
Об э́том нельзя́ сказа́ть с уве́ренностью.
아브에똠 넬리쟈 스까자찌 수베렌노스찌유

(그렇다고) 말하기 어렵습니다.
Тру́дно сказа́ть (так ли э́то).
뜨루드노 스까자찌 (딱 리 에따)

 피력한 의견의 옳음에 대한 의심 표현이다.

08 사과 (Извинение)

사과의 표현으로는 Извините, Простите가 가장 보편적으로 사용되며, 그에 대한 답변으로는 Ничего, Пожалуйста가 자주 사용된다.

사과의 표현
사과에 대한 답변

사과의 표현 (Выражения извинения)

미안합니다.

Извини(-те).
이즈비니(쩨)

Извини(-те), пожáлуйста.
이즈비니(쩨)   빠좔루이스따

 작은 잘못에 대한 사과의 표현이다.

죄송합니다.

Прости(-те).
쁘라스찌(쩨)

Прости(-те), пожáлуйста.
쁘라스찌(쩨)   빠좔루이스따

 작거나 큰 잘못에 대한 사과의 표현이다.

내 탓입니다.

Виновáт(-а).
비나바뜨(따)

> 💡 작은 잘못에 대한 사과의 표현이다.
> 자주 노년층 사람들이 사용한다.

…에 대해서 죄송합니다.

지각해서 죄송합니다.

걱정을 끼쳐드려 죄송합니다.

갑자기 와서 죄송합니다.

실수에 대해 사과합니다.

Извини́(-те) + за 대격 (опозда́ние, беспоко́йство,
이즈비니(쩨)　　　자　　　　아빠즈다니에,　　베스빠꼬이스뜨보,

　　　　　　　　　　неожи́данный прихо́д,
　　　　　　　　　　네아쥐단느이　쁘리호뜨,

Прости́(-те)　　　оши́бки)
쁘라스찌(쩨)　　　　아쉬쁘끼

> 💡 사과의 이유는 за + 대격을 사용한다.

당신께 걱정을 끼쳐 드려 죄송합니다.

Извини́(-те) за то, что я беспоко́ю вас (тебя́).
이즈비니(쩨)　자　또　쉬또 야　베스빠꼬유　바스　(찌뱌)

너무 일찍 (늦게) 전화해서 죄송합니다.

Прости́(-те) за то, что я звоню́ так ра́но (по́здно).
쁘라스찌(쩨)　자　또　쉬또 야　즈바뉴　딱　라노　　(뽀즈노)

> 💡 사과의 이유를 절로 나타낼 때는 за то, что 주어+동사를 사용한다.

용서를 구합니다.

Прошу́ проще́ния.
쁘라슈　　쁘라쉐니야

걱정을 끼쳐 드린 것에 대해 용서를 구합니다.

Прошу́ проще́ния за беспоко́йство.
쁘라슈　　쁘라쉐니야　자　베스빠꼬이스뜨보

Прошу́ проще́ния за то, что я беспоко́ю вас.
쁘라슈　　쁘라쉐니야　자　또　쉬또 야　베스빠꼬유　바스

(깊은) 사과를 드립니다.

Приношу́ (свои́, глубо́кие) извине́ния.
쁘리나슈　(스바이,　글루보끼에)　이즈비네니야

사과

무례함에 대해 용서를 구합니다.
Прошу́ извине́ния за неве́жливость.
쁘라슈   이즈비녜니야 자   녜볘즐리보스찌

> 💡 노년층 사람들이 자주 사용한다.

당신께 사과를 드려야만 합니다.
Я до́лжен(-а) извини́ться пе́ред ва́ми.
야   돌(젠달쥐나)   이즈비닛쨔   뻬레드바미

(당신의) 용서를 구하고 싶습니다.
Я хочу́ попроси́ть проще́ния (у вас).
야 하추   빠쁘라시찌   쁘라쉐니야 (우바스)

사과를 드리지 않을 수 없습니다.
Я не могу́ не принести́ извине́ния (вам).
야 녜 마구 녜   쁘리녜스찌   이즈비녜니야   (밤)

> 💡 공식적인 뉘앙스를 띤다.

당신께 사과를 드리게 해주십시오.
Позво́льте извини́ться пе́ред ва́ми.
빠즈볼쩨   이즈비닛쨔   뻬레드바미

Разреши́те попроси́ть проще́ния у вас.
라즈레쉬쩨   빠쁘라시찌   쁘라쉐니야 우바스

Позво́льте принести́ извине́ния (вам).
빠즈볼쩨   쁘리녜스찌   이즈비녜니야   (밤)

> 💡 공식적인 뉘앙스를 띤 정중한 표현이다.

가능하다면, 용서해주십시오.
Е́сли (вы) мо́жете (ты мо́жешь), прости́те (прости́).
예슬리 (브이)   모줴쩨   (뜨이   모줴쉬)   쁘라스찌쩨   (쁘라스찌)

Е́сли (вы) мо́жете (ты мо́жешь), извини́те (извини́).
예슬리 (브이)   모줴쩨   (뜨이   모줴쉬)   이즈비니쩨   (이즈비니)

가능하다면, 화 내지 말아 주십시오.
Е́сли (вы) мо́жете (ты мо́жешь), не серди́тесь (серди́сь).
예슬리 (브이)   모줴쩨   (뜨이   모줴쉬) 녜   세르지쩨시   (세르지시)

> 💡 정중한 사과의 표현이며, 용서 받는 것에 대한 의심의 뉘앙스를 띤다.

제게 화 내지 마세요.
Не серди́(те)сь (на меня́).
네 세르지(쩨)시 (나 미냐)

모임에 참석하지 않은 것에 화 내지 마세요.
Не серди́(те)сь на то, что мы не бы́ли на собра́нии.
네 세르지(쩨)시 나 또 쉬또 므이 네 브일리 나사브라니이

늦은 것에 대해 화내지 마세요.
Не серди́(те)сь за то, что я опозда́л(-а).
네 세르지(쩨)시 자 또 쉬또 야 아빠즈달(라)

> 주로 извини́те, прости́те 등의 사과표현을 동반한다.

당신을 화나게 하고 싶지 않습니다.
Я не хочу́ вас (тебя́) оби́деть.
야 네 하추 바스 (찌뱌) 아비제찌
Мне бы не хоте́лось вас (тебя́) оби́деть.
므녜 브이 네 하쩰로시 바스 (찌뱌) 아비제찌

당신 앞에 제가 죄인입니다.
(Я) винова́т(-а) пе́ред ва́ми (тобо́й).
(야) 비나바뜨(따) 뻬레드바미 (따보이)

> 주로 извини́те, прости́те 등의 사과표현을 동반한다.

많은 걱정을 끼쳤습니다.
(Я) причини́л(-ла) (вам, тебе́) сто́лько забо́т (хлопо́т, беспоко́йства).
(야) 쁘리치닐(라)   (밤, 찌베) 스똘꼬 자보뜨 (흘라뽀뜨 베스빠꼬이스뜨바)

당신을 힘들게 했을까봐 걱정입니다.
Бою́сь, что я утоми́л(-а) вас (тебя́).
바유시 쉬또 야 우따밀(라) 바스 (찌뱌)

나를 대신해서 안똔에게 사과해줘.
Извини́сь (извини́тесь) за меня́ пе́ред Анто́ном.
이즈비니시 (이즈비니쩨시) 자미냐 뻬레드 안또놈

> 💡 다른 사람을 통해 사과할 때 사용하는 표현이다.

사과에 대한 답변 (Ответы на извинение)

괜찮습니다.

Пожа́луйста.
빠좔루이스따

Ничего́.
니체보

Не сто́ит (извине́ния).
네 스또이뜨 (이즈비녜니야)

> 💡 가장 자주 사용되는 표현이다.

별 말씀을!

Ну что вы!
누 쉬또 브이

Да что вы!
다 쉬또 브이

> 💡 완곡한 표현이다.

별 일 아닙니다.

Э́то (таки́е) пустяки́!
에따 (딱끼에) 뿌스찌야끼

Э́то ме́лочь!
에따 멜로치

Каки́е пустяки́!
깍끼에 뿌스찌야끼

Кака́я ме́лочь!
깍까야 멜로치

Ничего́ стра́шного!
니체보 스뜨라쉬노보

> 💡 작은 잘못에 대한 사과의 말을 들었을 때 하는 답변이다.

위로 & 애도
(Утешение и соболезнование)

일반적인 위로, 애도의 표현(Мне жаль вас)부터 공식적인 뉘앙스를 띤 Примите мои сочувствия의 표현까지 섬세한 뉘앙스를 살려서 러시아어로 위로, 애도의 말을 건넬 수 있어야 한다. 그와 함께 Не падайте духом, Не теряйте выдержки 등의 숙어표현까지 익혀야 한다.

위로의 표현
애도의 표현

위로의 표현 (Утешение)

공감합니다.
Я вам (тебе́) сочу́вствую.
야 밤 (찌베) 사춥스뜨부유
Прими́(-те) мои сочу́вствия.
쁘리미(쩨) 마이 사춥스뜨비야

 공식적인 뉘앙스를 띤 동정의 표현이다.

당신이 안 되었습니다.
Мне жаль (жа́лко) вас (тебя́).
므녜 좔 (좔꼬) 바스 (찌뱌)
Мне так (о́чень) жаль вас!
므녜 딱그 (오첸) 좔 바스
Как мне жа́лко вас!
깍끄 므녜 좔꼬 바스

이런 일이 일어나 유감입니다.
Мне жа́лко, что так случи́лось.
므녜 좔꼬 쉬또 딱그 슬루칠로시

동정의 표현이다.

당신을 이해합니다.
Я вас (тебя́) понима́ю.
야 바스 (찌뱌) 빠니마유

Я так вас понима́ю!
야 딱끄 바스 빠니마유

Как я вас понима́ю!
깍끄 야 바스 빠니마유

진정하세요.
Успоко́йтесь (успоко́йся).
우스빠꼬이쩨시 (우스빠꼬이샤)

흥분하지 마세요.
Не волну́йтесь (не волну́йся).
네 발누이쩨시 (네 발누이샤)

걱정하지 마세요.
Не беспоко́йтесь (не беспоко́йся).
네 베스빠꼬이쩨시 (네 베스빠꼬이샤)

동요하지 마세요.
Не расстра́ивайтесь (не расстра́ивайся).
네 라스뜨라이바이쩨시 (네 라스뜨라이바이샤)

실망하지 마세요.
Не огорча́йтесь (не огорча́йся).
네 아가르차이쩨시 (네 아가르차이샤)

참으세요.
Потерпи́(-те).
빠쩨르삐(쩨)

 충고를 곁들인 위로의 표현이다.

이 일은 잊어버리세요.
Забу́дь(-те) об э́том (о случи́вшемся).
자부찌(자부지쩨) 아브에똠 (아슬루치프쉠샤)

일어난 일은 생각하지 마세요.
Не ду́май(-те) о том. что случи́лось.
네 두마이(쩨) 아똠 쉬또 슬루칠로시

이 일을 다시 떠올리지 마세요.
Не вспомина́й(-те) э́того.
네　　프스빠미나이(쩨)　　에또보

Не вспомина́й(-те) об э́том.
네　　프스빠미나이(쩨)　　아브에똠

일어난 일을 다시 떠올리지 마세요.
Не вспомина́й(-те) того́, что случи́лось.
네　　프스빠미나이(쩨)　　따보　쉬또　슬루칠로시

> 충고를 곁들인 위로의 표현이다.

잘 버티세요.
Возьми́(-те) себя́ в ру́ки.
바지미(쩨)　　시뱌　브루끼

Держи́(-те) себя́ в рука́х.
제르쥐(쩨)　　시뱌　브루까흐

정신을 놓으면 안 됩니다.
Не па́дай(-те) ду́хом.
네　　빠다이(쩨)　　두홈

Не теря́й(-те) вы́держки (прису́тствия ду́ха).
네　쩨랴이(쩨)　브이제르쉬끼　(쁘리수뜨스뜨비야　두하)

힘내세요.
Собери́(-те)сь с си́лами.
사베리(쩨)시　　실-라미

모든 것을 기억에서 지우세요.
Вы́брось(-те) всё из головы́?.
브이브로시(쩨)　프쇼　이즈갈라브이

가슴에 담아두지 마세요.
Не принима́й(-те) э́то бли́зко к се́рдцу.
네　쁘리니마이(쩨)　에따　블리스꼬　끄세르쭈

마음 쓰지 마세요.
Не поддава́йтесь(-ся) настрое́нию.
네　빠다바이쩨시 (빠다바이샤)　나스뜨라예니유

신경 쓰지 마세요.
Не обраща́й(-те) внима́ния на э́то.
네　아브라샤이(쩨)　브니마니야　나에따

Не уделя́й(-те) внима́ния э́тому.
네　우젤랴이(쩨)　브니마니야　에또무

이것에 대해 생각해선 안 됩니다.
Надо не думать об э́том.
나도 네 두마찌 아브에똠

흥분해선 안 됩니다.
Не на́до волнова́ться.
네 나도 발나바짜

걱정해선 안 됩니다.
Не на́до беспоко́иться.
네 나도 베스빠꼬잇쨔

정신을 놓아선 안 됩니다.
Не на́до сдава́ться.
네 나도 즈다밧쨔
Не на́до теря́ть вы́держки.
네 나도 쩨랴찌 브이제르쉬끼
Не на́до па́дать ду́хом.
네 나도 빠다찌 두홈

이것을 잊어야 합니다.
На́до забы́ть э́то (об э́том).
나도 자브이찌 에따 (아브에똠)

기억에서 지워야 합니다.
На́до вы́бросить э́то из головы́?.
나도 브이브로시찌 에따 이즈갈라브이

잘 버티셔야 합니다.
На́до взять себя́ в ру́ки.
나도 브쟈찌 시뱌 브루끼

잘 되길 바라야 합니다.
На́до наде́яться на лу́чшее.
나도 나제얏쨔 나루치쉐

모든 게 잘 될 겁니다.
Всё бу́дет хорошо́.
프쇼 부제뜨 하라쇼

모든 게 제대로 될 겁니다.
Всё бу́дет в поря́дке.
프쇼 부제뜨 프빠랴뜨께

모든 게 잘 끝날 것입니다.
Всё (э́то) ко́нчится хорошо́.
프쇼 (에따) 꼰칫쨔 하라쇼

모든 게 지나갈 것입니다.
Всё (это) обойдётся.
프쇼 (에따) 아바이죳쨔

Всё (это) пройдёт.
프쇼 (에따) 쁘라이죠뜨

모든 게 바뀔 것입니다.
Всё (это) изменится.
프쇼 (에따) 이즈메닛쨔

 확신을 담은 위로의 표현이다.

모든 게 다 그렇지요.
Всё бывает.
프쇼 브이바에뜨

살다보면 있는 일입니다.
Всякое бывает (в жизни).
프샤꼬에 브이바에뜨 (브쥐즈니)

 동정을 담은 위로의 표현이다.

당신 탓 아닙니다.
Вы (ты) не виноваты(-ват, -а).
브이(뜨이) 네 비나바뜨이 (–바뜨,–바따)

당신 탓만 아닙니다.
Не только вы (ты) виноваты(-ват, -а).
네 똘꼬 브이(뜨이) 비나바뜨이 (–바뜨,–바따)

이건 당신 탓 아닙니다.
Это не ваша (твоя) вина.
에따 네 바샤(뜨바야) 비나

Вы (ты) тут ни при чём.
브이 (뜨이) 뚜뜨 니 쁘리춈

 동정심을 담은 위로의 표현이다.

애도의 표현 (Соболезнование)

진심으로 애도합니다.
Я вам (тебе́) и́скренне соболе́зную.
야 밤 (찌베) 이스끄렌네 사발례즈누유

애도의 마음을 보냅니다.
Я приношу́ вам (тебе́) своё(-и) соболе́знование(-я).
야 쁘리나슈 밤 (찌베) 스바요(이) 사발례즈나바니에(야)

저의 진심 어린 애도의 마음을 받아 주십시오.
Прими́(-те) моё глубо́кое (и́скреннее) соболе́знование.
쁘리미(쩨) 마요 글루보꼬에 (이스끄렌네) 사발례즈나바니에

당신의 슬픔(상실, 불행)에 대한 저의 애도의 마음을 받아 주십시오.
Прими́(-те) моё соболе́знование по по́воду пости́гшего вас(тебя́) го́ря (утра́ты, несча́стья).
쁘리미(쩨) 마요 사발례즈나바니에 빠빠보두 빠스찌그쉐보
바스(찌뱌) 고랴 우뜨라뜨이, 네샤스찌야

저의 진심 어린 애도의 마음을 표현하게 해주십시오.
Разреши́те (позво́льте) вы́разить вам моё и́скреннее соболе́знование.
라즈레쉬쩨 (빠즈볼쩨) 브이라지찌 밤 마요 이스끄렌네
사발례즈나바니에

Разреши́те (позво́льте) принести́ вам моё глубо́кое соболе́знование.
라즈레쉬쩨 (빠즈볼쩨) 쁘리네스찌 밤 마요 글루보꼬에
사발례즈나바니에

당신과 함께 슬퍼합니다.
Я скорблю́ (горю́ю) вме́сте с ва́ми (тобо́й).
야 스까르블류 (가류유) 브몌스쩨 스바미 (따보이)

당신의 깊은 슬픔을 함께 합니다.
Я разделя́ю (понима́ю) ва́шу (твою́) глубо́кую скорбь (го́ре, несча́стье, печа́ль).
야 라즈젤랴유 (빠니마유) 바슈 (뜨바유) 글루보꾸유 스꼬르피
(고레, 네샤스찌에, 뻬찰)

당신이 겪은 슬픔에 충격 받았습니다.
Я пода́влен(-а) (потрясён, потрясена́) го́рем, кото́рое обру́шилось на вас (тебя́).
야 빠다블롄(나) (빠뜨랴숀, 빠뜨랴세나) 고롐 까또로에
아브루쉴로시 나바스(찌뱌)

당신은 중대한 것을 잃었습니다.
Вы (ты) понесли́ (понёс, понесла́) тяжёлую утра́ту.
브이(뜨이) 빠녜슬리 (빠뇨스, 빠녜슬라) 찌죨루유 우뜨라뚜

당신은 가까운 사람을 잃었습니다.
Вы (ты) утра́тили (утра́тил, -а) бли́зкого челове́ка.
브이 (뜨이) 우뜨라찔리 (우뜨라찔, –라) 블리스꼬보 칠라볘까

큰 상실을 하셨습니다.
Вас (тебя́) пости́гла утра́та.
바스 (찌뱌) 빠스찌글라 우뜨라따

큰 슬픔을 입었습니다.
У вас (тебя́) большо́е го́ре.
우바스 (찌뱌) 발쇼에 고레

돌이킬 수 없는 불행한 일이 생겼습니다.
У вас (тебя́) непоправи́мое несча́стье.
우바스 (짜뱌) 네빠쁘라비모에 네샤스찌에

얼마나 큰 슬픈 일이 당신에게 일어났는지!
Како́е большо́е го́ре обру́шилось на вас!
깍고에 발쇼에 고레 아브루쉴로시 나바스

얼마나 큰 불행한 일이 당신에게 일어났는지!
Како́е непоправи́мое несча́стье обру́шиолсь на вас!
깍꼬에 네빠쁘라비모에 네샤스찌에 아브루쉴로시 나바스

위로의 말이 도움이 될런지요.
Слова́ утеше́ния бесполе́зны.
슬라바 우쪠쉐니야 베스빨례즈느이

용기 내세요.
Бу́дьте (будь) му́жественны (му́жествен, -на).
부지쩨 (부찌) 무줴스뜨벤느이 (무줴스뜨벤, –벤나)

강해지세요.
Бу́дьте (будь) сто́йки (сто́ек, сто́йка).
부지쩨 (부찌) 스또이끼 (스또에그, 스또이까)

진정하세요.
Уте́шьтесь (уте́шься)!
우쪠쉬쩨시 (우쪠쉬샤)

위로 & 애도

축하와 기원
(Поздравление и пожелание)

생일, 탄생, 명절, 입학, 졸업, 취업, 성공에 대한 축하인사와 축하와 함께 사용되는 덕담을 익힌다.

축하
기원
건배

축하 (Поздравление)

(진심으로) 생일 축하합니다.
(От всей души, от всего сердца) поздравляю(-ем)
(아뜨프세이 두쉬, 아뜨 프세보 세르짜)   빠즈드라블랴유 (-엠)
с днём рождения.
　　즈드뇸라즈제니야

명절 축하합니다.
(От всей души, от всего сердца) поздравляю(-ем) с праздником.
(아뜨프세이 두쉬, 아뜨 프세보   세르짜)   빠즈드라블랴유 (-엠)   스쁘라즈니꼼

새해 축하합니다.
(От всей души, от всего сердца) поздравляю(-ем) с Новым годом.
(아뜨프세이 두쉬, 아뜨 프세보   세르짜)   빠즈드라블랴유 (-엠)   스노브임   고돔

기념일을 축하합니다.
(От всей души, от всего сердца) поздравляю(-ем) с юбилеем.
(아뜨프세이 두쉬, 아뜨 프세보   세르짜)   빠즈드라블랴유 (-엠)   슈빌레엠

 자주 사용되는 표현이다.

명절 축하합니다!
С праздником!
　스쁘라즈니꼼

새해 축하합니다!
С Но́вым го́дом!
스노브임 고돔

메리 크리스마스!
С Рождество́м!
스라즈제스뜨봄

생일 축하합니다!
С днём рожде́ния!
즈드뇸 라즈제니야

제 축하를 받아 주십시오.
Прими́те мои́ поздравле́ния.
쁘리미쩨 마이 빠즈드라블레니야

> 공식적인 뉘앙스를 띤다.

당신을 환영하고 축하합니다.
Приве́тствую и поздравля́ю вас.
쁘리베뜨스뜨부유 이 빠즈드라블랴유 바스

> 보통 연설에서 자주 사용하는 공식적인 표현이다.

(당신께) 축하인사를 보냅니다.
Шлю (вам, тебе́) (свои́) поздравле́ния.
쉴류 (밤, 찌베) (스바이) 빠즈드라블레니야

> 보통 편지에서 사용한다.

축하드리고 싶습니다.
Я хочу́ поздра́вить вас (тебя́).
야 하추 빠즈드라비찌 바스 (찌뱌)
Мне хо́чется поздра́вить вас (тебя́).
므녜 호쳿쨔 빠즈드라비찌 바스 (찌뱌)

> 보통 편지에서 사용한다.

축하인사를 드리게 해주십시오.
Разреши́те поздра́вить вас.
라즈레쉬쩨 빠즈드라비찌 바스

Позво́льте поздра́вить вас.
　　빠즈볼쪠　　　빠즈드라비찌　　　바스

> 💡 공식적인 뉘앙스를 띤다.

당신 아내에게 제 축하를 전해 주십시오.
Переда́йте мои поздравле́ния ва́шей же́не.
　뻬레다이쩨　　　마이　　빠즈드라블레니야　　　바쉐이　　쮀네

> 💡 제 3자에 대한 축하인사이다.

기원 (Пожелания)

(진심으로) 행복을 기원합니다.
(От всей души́, от всего́ се́рдца) жела́ю(-ем) (вам, тебе́) сча́стья.
　(아뜨프세이　　두쉬,　아뜨프세보　　세르짜)　쮈라유 (-엠)　　(밤,　찌베) 샤스찌야

(진심으로) 성공을 기원합니다.
(От всей души́, от всего́ се́рдца) жела́ю(-ем) (вам, тебе́) успе́хов.
　(아뜨프세이　　두쉬,　아뜨프세보　　세르짜)　쮈라유 (-엠)　　(밤,　찌베) 우스뻬호프

(진심으로) 건강을 기원합니다.
(От всей души́, от всего́ се́рдца) жела́ю(-ем) (вам, тебе́) здоро́вья.
　(아뜨프세이　　두쉬,　아뜨프세보　　세르짜)　쮈라유 (-엠)　　(밤,　찌베) 즈다로비야

(진심으로) 조속한 쾌유를 기원합니다.
(От всей души́, от всего́ се́рдца) жела́ю(-ем) (вам, тебе́)
　(아뜨프세이　　두쉬,　아뜨프세보　　세르짜)　쮈라유 (-엠)　　(밤,　찌베)
скоре́йшего выздоровле́ния.
　스까레이쉐보　　　브이즈드라블레니야

(진심으로) 아프지 않기를 바랍니다.
(От всей души́, от всего́ се́рдца) жела́ю(-ем) (вам, тебе́) не боле́ть
　(아뜨프세이　　두쉬,　아뜨프세보　　세르짜)　쮈라유 (-엠)　　(밤,　찌베) 네 발례찌

(진심으로) 쾌차하기를 바랍니다.
(От всей души́, от всего́ се́рдца) жела́ю(-ем) (вам, тебе́)
　(아뜨프세이　　두쉬,　아뜨프세보　　세르짜)　쮈라유 (-엠)　　(밤,　찌베)
вы́здороветь.
　브이즈다로베찌

(진심으로) 합격하기를 바랍니다.
(От всей души, от всего сердца) желаю(-ем) (вам, тебе) сдать
(아뜨프세이 두쉬, 아뜨프세보 세르짜) 쥘라유 (-옘) (밤, 찌베) 즈다찌

экзамен.
에그자몐

 자주 사용되는 표현이다.

성공을 바랍니다!
Успехов вам (тебе)!
우스뻬호프 (찌베)

Удачи!
우다치

행복을 바랍니다!
Счастья!
샤스찌야

안녕히 다녀오세요!
Счастливого пути!
쉬슬리보보 뿌찌

 길을 떠날 때 하는 덕담이다.

아프지 마세요.
Не болей(-те).
네 발례이(쩨)

쾌차하세요.
Выздоравливай(-те).
브이즈다라블리바이(쩨)

Поправляйся(-тесь).
빠쁘라블랴이샤(빠쁘라블랴이쩨시)

 환자에게 하는 덕담이다.

저의 진심 어린 기원의 인사를 받아주십시오.
Примите мои (тёплые, горячие, искренние) пожелания
쁘리미쩨 마이 (쬬쁠르이에, 가랴치에, 이스끄롄니에) 빠쥘라니야

 공식적인 뉘앙스를 띤다.

성공을/ 행복을 기원하도록 해주십시오.
Разреши́те пожела́ть (вам) успе́хов.
라즈레쉬쩨   빠젤라찌   (밤)   우스뻬호프
Позво́льте пожела́ть (вам) сча́стья.
빠즈볼쩨   빠젤라찌   (밤)   샤스찌야

> 💡 공식적인 뉘앙스를 띤다.

편안한 밤 되세요!
Споко́йной но́чи!
스빠꼬이노이   노치

좋은 꿈꾸세요!
Прия́тного сна!
쁘리야뜨노보   스나

> 💡 밤에 하는 덕담이다.

맛있게 드세요!
Прия́тного аппети́та!
쁘리야뜨노보   아뻬찌따

> 💡 식사 전 식탁에서 하는 덕담이다.

잘 해내! (시험 잘 봐!)
Ни пу́ха ни пера́!
니   뿌하   니   뻬라

> 💡 시험과 같이 어려운 일을 앞두었을 때 힘내라는 완곡한 유머러스한 덕담이다.

건배

건강을 위하여!
За (ва́ше, твоё) здоро́вье!
자   (바쉐,   뜨바요)   즈다로비에

성공을 위하여!
За (ва́ши, твои́) упе́хи!
자   (바쉬,   뜨바이) 우스뻬히

행복을 위하여!
За счáстье!
자샤스찌에

명절을 위하여!
За прáздник!
자쁘라즈드니끄

여주인을 위하여!
За хозя́йку дóма!
자하쟈이꾸 도마

손님을 위하여!
За гóстей!
자고스쩨이

당신을 위하여!
За вас!
자바스

신혼부부를 위하여!
За новобрáчных!
자노바브라츠느이흐

우리 우정을 위해 건배를 제안합니다.
Я предлагáю тост за нáшу дрýжбу.
야 쁘레들라가유 또스뜨 자나슈 드루쥐부

협력강화를 위해 건배를 제안하고 싶습니다.
Я хочý предложи́ть тост за укреплéние сотрýдничества.
야 하추 쁘레들라쥐찌 또스뜨 자우끄레쁠레니에 사뜨루드니체스뜨바

우리 만남을 위해 건배를 제안하고 싶습니다.
Мне хóчется предложи́ть тост за нáшу встрéчу.
므네 호쳇쨔 쁘레들라쥐찌 또스뜨 자나슈 프스뜨례추

우리를 위해 건배합시다.
Давáйте вы́пьем за нас.
다바이쩨 브이삐엠 자나스

성공을 위해 건배합시다.
Я поднимáю бокáл за успéхи.
야 빠드니마유 바깔 자우스뻬히

 감사

러시아인은 서구인에 비해서는 감사인사를 적게 하는 편이지만, 우리나라 사람들보다는 작은 도움에 대해서도 감사의 인사를 잊지 않는다. Спасибо와 Большое спасибо가 가장 많이 사용되는 감사의 표현이며, Не за что. Не стоит, Пожалуйста라고 일반적으로 답변한다. 공식적인 감사의 표현, 감정을 담은 감사의 표현 등 다양한 감사의 표현을 익혀야 한다.

감사의 표현
감사에 대한 답변

감사의 표현

감사합니다.
Спаси́бо.
스빠시바

대단히 감사합니다.
Большо́е спаси́бо.
발쇼에   스빠시바

 가장 많이 사용하는 감사의 표현이다.

도와주셔서 감사합니다.
Спаси́бо (вам, тебе́) за по́мощь.
스빠시바   (밤, 찌베)   자뽀모쉬
Спаси́бо за то, что вы помогли́ мне.
스빠시바 자 또 쉬또 브이 빠마글리 므녜

신경 써주셔서 감사합니다.
Спаси́бо за внима́ние.
스빠시바   자 브니마니에

💡 감사의 이유는 за + 대격 또는 за то, что ...절을 사용해서 표현한다.

도움 감사합니다.
Благодарю́ (вас, тебя́) за по́мощь.
블라가다류 (바스, 찌뱌) 자뽀모쉬

지원 감사합니다.
Благодарю́ (вас, тебя́) за подде́ржку.
블라가다류 (바스, 찌뱌) 자빠제르쉬꾸

도움 주셔서 감사합니다.
Благодарю́ (вас, тебя́) за то, что вы оказа́ли мне по́мощь.
블라가다류 (바스, 찌뱌) 자 또 쉬또 브이 아까잘리 므녜 뽀모쉬

기회를 주셔서 감사합니다.
Благодарю́ (вас, тебя́) за то, что вы да́ли мне шанс.
블라가다류 (바스, 찌뱌) 자 또 쉬또 브이 달리 므녜 샨스

충고 (대단히) 감사합니다.
Я вам (тебе́) (о́чень) благода́рен(-рна) за сове́т.
야 밤 (찌베) (오첸) 블라가다렌(–르나) 자사볘뜨

도와주셔서 감사합니다.
Я вам (тебе́) (о́чень) благода́рен(-рна) за по́мощь.
야 밤 (찌베) (오첸) 블라가다렌(–르나) 자뽀모쉬

Я вам (тебе́) благода́рен(-рна) за то, что вы помогли́ мне.
야 밤 (찌베) 블라가다렌(–르나) 자 또 쉬또 브이 빠마글리 므녜

축하해주셔서 (대단히) 감사합니다.

Я вам (о́чень) призна́телен(-льна) за поздравле́ние
야 밤 (오첸) 쁘리즈나쪨렌 (–쪨나) 자빠즈드라블레니에

    (кра́йне)   за по́мощь.
    (끄라이네)   자뽀모쉬

    (глубо́ко)
    (글루보꼬)

    (чрезвычайно)
    (츠레즈브이차이노)

 노년층 사람들이 자주 사용하는 표현이다.

제게 유용한 충고를 해주신 것에 대해 감사합니다.
Я вам призна́телен(-льна) за то, что вы да́ли мне поле́зный сове́т.
야 밤 쁘리즈나쪨렌(–쪨나) 자 또 쉬또 브이 달리 므녜 빨레즈느이 사볘뜨

따뜻한 환대에 대한 제 감사의 마음을 받아 주십시오.
Примите мою благодарность (признательность) за тёплое
쁘리미쩨 마유 블라가다르노스찌(쁘리즈나쩰노스찌) 자쬬쁠로에
гостеприимство.
가스쩨쁘리임스뜨보

우리 대표단을 따뜻하게 맞아주신 것에 대한 제 감사의 마음을 받아 주십시오.
Примите мою благодарность (признательность) за то,
쁘리미쩨 마유 블라가다르노스찌 (쁘리즈나쩰노스찌) 자또
что вы тёпло принимали нашу делегацию.
쉬또 브이 쬬쁠로 쁘리니말리 나슈 젤레가찌유

도와주셔서 신세 많이 졌습니다.
Я вам многим обязан(-а) за помощь.
야 밤 므노김 아뱌잔(-나) 자뽀모쉬
Я вам многим обязан(-а) за то, что вы помогли мне.
야 밤 므노김 아뱌잔(-나) 자또 쉬또 브이 빠마글리 므녜

> **Tip** 커다란 신세를 졌을 때 하는 감사인사이다.

도와주신 것에 대해 감사드릴 말이 없습니다.
У меня нет слов, чтобы отблагодарить вас за помощь.
우미냐 니에뜨 슬로프 쉬또브이 앗블라가다리찌 바스 자뽀모쉬

성원에 대해 감사의 마음을 표현할 말이 없습니다.
Нет слов, чтобы выразить (вам) (мою) благодарность за
니에뜨 슬로프 쉬또브이 브이라지찌 (밤) (마유) 블라가다르노스찌 자
поддержку.
빠제르쉬꾸

도와주신 것에 대한 감사를 표현할 말이 부족합니다.
Не хватает слов, чтобы отблагодарить вас за то, что вы помогли
네 흐바따에뜨 슬로프 쉬또브이 앗블라가다리찌 바스 자또 쉬또 브이 빠마글리
мне.
므녜

성원해주신 것에 대한 감사를 표현할 말이 부족합니다.
Не хватает слов, чтобы выразить (вам) (мою) благодарность
네 흐바따에뜨 슬로프 쉬또브이
за то, что вы поддержали меня.
자또 쉬또 브이 빠제르좔리 미냐

> **Tip** 강한 정도의 감사의 표현이다.

얼마나 감사한지!

Как я вам (тебе́) благода́рен(-рна)!
깍끄 야 밤 (찌베) 블라가다옌 (-르나)

제가 얼마나 감사하고 있는지 모르실 겁니다.

Вы не представля́ете, как я вам (тебе́) призна́телен(-льна)
브이 네 쁘레쯔스따블랴에쩨 깍끄 야 밤 (찌베) 쁘리즈나쩰렌 (-쩰나)

Е́сли бы вы зна́ли (ты знал, зна́ла), как я вам (тебе́) обя́зан(-а)
예슬리 브이 브이 즈날리 (뜨이 즈날, 즈날라) 깍끄 야 밤 (찌베) 아뱌잔(나)

> 감정이 담긴 높은 정도의 감사의 표현이다.

한없이 고마워하고 있습니다.

Моя́ благода́рность (призна́тельность) не зна́ет грани́ц.
마야 블라가다르노스찌 (쁘리즈나쩰노스찌) 네 즈나에뜨 그라니쯔

> 감정적으로 채색된 표현이다.

도와주신 것에 대해 감사드리고 싶습니다.(감사드려야 합니다)

Я хочу́ поблагодари́ть за по́мощь.
야 하추 빠블라가다리찌 자뽀모쉬

Мне хо́чется за то, что вы помогли́ мне.
므녜 호쳇쨔 자또 쉬또 브이 빠마글리 므녜

Я хоте́л(-а) бы
야 하쩰(라)

Я до́лжен(-на)
야 돌줸(달쥐나)

> 공식적인 뉘앙스를 띤다.

도와주신 것에 대해 감사를 표현하게 해주십시오.

Разреши́те вы́разить вам благода́рность за по́мощь.
라즈레쉬쩨 브이라지찌 밤 블라가다르노스찌 자뽀모쉬

Позво́льте вы́разить вам благода́рность за то, что вы помогли́
빠즈볼쩨 브이라지찌 밤 블라가다르노스찌 자또 쉬또 브이 빠마글리

мне.
므녜

> 공식적이고 정중한 표현이다.

당신은 매우 친절하십니다.
Вы очень (так) любезны.
브이   오첸   (딱끄)   류베즈느이

당신은 사려가 깊습니다.
Вы очень (так) внимательны.
브이   오첸   (딱끄)   브니마쩰느이

당신은 통찰력이 있습니다.
Вы очень (так) предусмотрительны.
브이   오첸   (딱끄)   쁘레두스마뜨리쩰느이

 칭찬을 동반한 감사의 표현이다. Спасибо 등의 감사의 인사를 함께 한다.
주로 중장년층의 사람들이 사용한다.

당신의 관심(친절)에 감동받았습니다.
Я тронут(-а) вашим вниманием (вашей любезностью).
야   뜨로누뜨(따)   바쉼   브니마니엠   (바쉐이   류베르노스찌유)

당신의 친절(관심, 통찰력)이 저를 감동시킵니다.
Ваша любезность (внимание, предусмотрительность) меня трогает.
바샤   류베르노스찌   (브니마니에   쁘레두스마뜨리쩰노스찌)   미냐
뜨로가에뜨

당신의 친절(관심)에 신세 많이 졌습니다.
Ваша любезность (внимание) меня ко многому обязывает.
바샤   류베르노스찌   (브니마니에)   미냐   까므로고무   아뱌즈이바에뜨

 칭찬을 동반한 감사의 표현이다. Спасибо 등의 감사의 인사를 함께 한다.
주로 중장년층의 사람들이 사용한다.

당신은 매우 자애롭습니다.
Это очень мило с вашей (твоей) стороны.
에따   오첸   밀로   스바쉐이   (뜨바에이)   사따로느이

 칭찬을 동반한 감사의 표현이다.

당신이 저를 구했습니다 (살렸습니다).
Вы меня выручили (ты выручил).
브이   미냐   브이루칠리   (뜨이   브이루칠)

미리 감사드립니다.

Зара́нее благодарю́ вас (тебя́)...
   자라네에   블라가다류   바스 (찌뱌)

Зара́нее (вам) благода́рен(-рна)...
   자라네에 (밤)   블라가다렌 (-르나)

> 💡 도움 요청한 후 앞으로 받을 도움에 미리 감사하는 표현이다.

저를(라리사를, 이반 세르게비치를) 대신해서 감사드려 주세요.

Поблагодари́(-те) за меня́ (Лари́су, Ива́на Серге́евича)
빠블라가다리(쩨)   자   미냐   (라리수,   이바나   세르게에비차)

> 💡 제 3자를 통한 감사인사 전달 표현이다.

감사 인사에 대한 답변

천만에요!

Пожа́луйста!
   빠좔루이스따

Не за что!
   네 자 쉬또

Не сто́ит!
   네   스또이뜨

> 💡 가장 많이 사용되는 표현이다.

감사할 필요 없습니다.

Не сто́ит благодари́ть.
   네 스또이뜨   블라가다리찌

Не на́до благодари́ть.
   네   나도   블라가다리찌

Не ну́жно благодари́ть.
   네   누쥐노   블라가다리찌

감사받을 일 아닙니다.

Не сто́ит благода́рности.
   네   스또이뜨   블라가다르노스찌

> 💡 공식적인 뉘앙스를 띤다.

언제든지 당신 부탁이라면!
Всегда́ к ва́шим услу́гам.
프시그다   끄바쉼   우슬루감

> 💡 공식적인 표현이며 주로 장년층이 사용하는 말이다.

당신을 도울 수 있어서 매우 기뻤습니다.
Мне бы́ло о́чень прия́тно помо́чь вам (тебе́).
므녜 브일로   오쳰   쁘리야뜨노   빠모치   밤 (찌베)

> 💡 감사에 대한 답변으로 친절함을 강조한다.

제가 감사를 드려야지요.
Э́то я до́лжен(-жна́) вас (тебя́) благода́рить.
에따 야   돌줸 (달쥐나)   바스 (찌뱌)   블라가다리찌

> 💡 서로 도와준 경우에 상대편 감사 말에 대한 답변이다.

잘 먹을게요!
На здоро́вье!
나즈다로비에

> 💡 식사초대 감사에 대한 답변이다.

무슨 말씀을!
Ну что вы (ты)!
누   쉬또 브이 (뜨이)

별일도 아닌데, 무슨 말씀을!
Ну что вы (ты), каки́е пустяки́ (каки́е ме́лочи)!
누   쉬또 브이 (드이)   깍끼에   뿌스찌야끼   (깍끼에 멜로치)

> 💡 완곡한 답변으로 자신의 공이 작음을 강조할 때 사용한다.

12 칭찬
(Комплимент)

칭찬은 고래도 춤추게 한다. 러시아인들과 좋은 관계를 갖고 싶다면 먼저 그들의 좋은점을 찾아 진심으로 칭찬해야 한다.
칭찬과 찬사의 러시아 표현을 소개한다.

칭찬과 찬사의 표현
칭찬에 대한 답변

칭찬과 찬사의 표현 (Комплимент и одобрение)

당신은 아름답습니다.
Вы (ты) красивы (красив, красива).
브이 (뜨이) 끄라시브이 (끄라시프, 끄라시바)

당신은 훌륭합니다.
Вы (ты) прекрасны (прекрасен, прекрасна).
브이 (뜨이) 쁘레끄라스느이 (쁘레끄라센, 쁘레끄라스나)

당신은 매력적입니다.
Вы (ты) обаятельны (обаятелен, обаятельна).
브이 (뜨이) 아바야쩰느이 (아바야쩰렌, 아바야쩰나)

당신은 지혜롭습니다.
Вы (ты) умны (умён, умна).
브이 (뜨이) 움느이 (우묜, 움나)

당신이 이렇게 아름다울 수가!
Вы такая (-ой) красивая(-ый)!
브이 딱까야 (-꼬이) 끄라시바야 (-브이)

얼마나 아름다운지!
Какая(-ой) красивая (-ый)!
깍까야 (-꼬이) 끄라시바야 (-브이)

당신은 훌륭한 전문가입니다.
Вы (ты) хоро́ший специали́ст.
브이(뜨이)   하로쉬이   스뻬찌알리스뜨

당신은 훌륭한 음악가입니다.
Вы (ты) хоро́ший музыка́нт.
브이 (뜨이)   하로쉬이   무즈이깐뜨

당신은 훌륭한 선생님입니다.
Вы (ты) хоро́ший учи́тель.
브이 (뜨이)   하로쉬이   우치쩰

당신은 훌륭한 사람입니다.
Вы (ты) хоро́ший челове́к.
브이 (뜨이)   하로쉬이   칠라볘끄

당신은 자기 집 손님을 융숭하게 대접합니다.
Вы (ты) гостеприи́мный(-ая) хозя́ин(хозя́йка).
브이 (뜨이)   가스쪠쁘림느이 (-나야)   하쟈인 (하쟈이까)

당신은 지혜로운 사람입니다.
Вы (ты) у́мный челове́к.
브이 (뜨이)   움느이   칠라볘끄

당신은 선한 사람입니다.
Вы (ты) до́брый челове́к.
브이 (뜨이)   도브르이   칠라볘끄

당신은 동정심이 많은 사람입니다.
Вы (ты) отзы́вчивый челове́к.
브이 (뜨이)   앗즈이츠치브이   칠라볘끄

당신은 세심한 사람입니다.
Вы (ты) чу́ткий челове́к.
브이 (뜨이)   추뜨끼   칠라볘끄

당신은 아주 훌륭한 전문가입니다.
Вы тако́й (о́чень) хоро́ший специали́ст!
브이   (뜨이)   (오첸)   하로쉬   스뻬찌알리스뜨

정말 착한 사람이구나!
Како́й до́брый челове́к!
브이 (뜨이) 도브르이 칠라볘끄

좋아 보입니다.
Вы (ты) хорошо́ вы́глядите(-ишь).
브이 (뜨이)   하로쇼   브이글랴지쩨 (-지쉬)

아주 좋아 보입니다.
Вы (ты) прекра́сно вы́глядите(-ишь).
브이 (뜨이) 쁘레끄라스노 브이글랴지쩨(-지쉬)

젊어 보입니다.
Вы (ты) мо́лодо вы́глядите(-ишь).
브이 (뜨이) 몰로도 브이글랴지쩨(-지쉬)

정말 좋아 보이네요!
Вы так (о́чень) хорошо́ вы́глядите!
브이 딱끄 (오첸) 하라쇼 브이글랴지쩨
Как вы хорошо́ вы́глядите!
깍끄 브이 하라쇼 브이글랴지쩨

변하지 않으셨어요.
Вы (ты) не меня́етесь (не меня́ешься)!
브이 (뜨이) 네 메냐에쩨시 (네 메냐에쉬샤)
Вы (ты) не измени́лись (не измени́лся, не измени́лась).
브이 (뜨이) 네 이즈메닐리시 (네 이즈메닐샤, 네 이즈메닐라시)

늙지 않으셨어요.
Вы (ты) не старе́ете (-ешь).
브이(뜨이) 네 스따례에쩨(-에쉬)

여전하시군요!
А вы (ты) всё тако́й(-а́я) же!
아 브이 (드이) 프쇼 딱꼬이(까야) 줴

더 젊어지셨어요!
А вы (ты) всё молоде́ете (-ешь)!
아 브이 (뜨이) 프쇼 말라졔에쩨 (-에쉬)

세월이 당신을 비켜가는군요!
Вре́мя вас (тебя́) щади́т (не берёт)!
브레먀 바스 (찌뱌) 샤쥐뜨 (네 베료뜨)

노래를 잘 (아주 잘) 하시네요.
Вы (ты) хорошо́ (прекра́сно) поёте(-ёшь).
브이(뜨이) 하라쇼 (쁘레끄라스노) 빠요쩨 (-요쉬)

춤을 잘 (아주 잘) 추시네요.
Вы (ты) хорошо́ (прекра́сно) танцу́ете(-ешь).
브이 (뜨이) 하라쇼 (쁘레끄라스노) 딴쭈에쩨 (-에쉬)

기타 연주를 잘 (아주 잘) 하시네요.
Вы (ты) хорошо́ (прекра́сно) игра́ете(-ешь) на гитаре́.
브이 (뜨이) 하라쇼 (쁘레끄라스노) 이그라에쩨 (-에쉬) 나 기따레

미소가 아름답습니다.
У вас (тебя) краси́вая улы́бка.
우바스 (찌뱌) 끄라시바야 울르이쁘까

체격이 좋습니다.
У вас (тебя) хоро́шая фигу́ра.
우바스 (찌뱌) 하로샤야 피구라

눈이 아름답습니다.
У вас (тебя) краси́вые глаза́.
우바스 (찌뱌) 끄라시브이에 글라자

머릿결이 좋습니다.
У вас (тебя) хоро́шие во́лосы.
우바스 (찌뱌) 하로쉬에 볼로스이

손이 아름답습니다.
У вас (тебя) краси́вые ру́ки.
우바스 (찌뱌) 끄라시브이에 루끼

용모 단정합니다.
У вас (тебя) хоро́ший вид.
우바스 (찌뱌) 하로쉬 비드

건강한 용모입니다.
У вас (тебя) здоро́вый вид.
우바스 (찌뱌) 즈다로브이 비드

신선한 용모입니다.
У вас (тебя) све́жий вид.
우바스 (찌뱌) 스베쥐 비드

성격이 좋습니다.
У вас (тебя) хоро́ший хара́ктер.
우바스 (찌뱌) 하로쉬 하락쩨르

성격이 부드럽습니다.
У вас (тебя) мя́гкий хара́ктер.
우바스 (찌뱌) 먀흐끼 하락쩨르

강인한 성격입니다.
У вас (тебя) волево́й хара́ктер.
우바스 (찌뱌) 발레보이 하락쩨르

당신 머리는 비상합니다.
У вас (тебя) о́стрый ум.
우바스 (찌뱌) 오스뜨르이 움

당신 머리는 명민합니다.
У вас (тебя́) то́нкий ум.
우바스　(찌뱌)　똔끼　움

당신 머리는 샤프합니다.
У вас (тебя́) крити́ческий ум.
우바스　(찌뱌)　끄리찌체스끼　움

유머 감각이 좋습니다.
У вас (тебя́) хоро́шее чу́вство ю́мора.
우바스　(찌뱌)　하로쉐　춉스뜨보 유모라

유머 감각이 있습니다.
У вас (тебя́) есть чу́вство ю́мора.
우바스　(찌뱌)　예스찌　춉스뜨보 유모라

미소가 당신을 젊게 보이게 합니다. (아름답게 합니다.)
Вас (тебя́) молоди́т(краси́т) улы́бка.
바스(찌뱌)　말라지뜨 (끄라시뜨)　울르이쁘까

짧은 머리가 당신을 젊게 보이게 합니다. (아름답게 합니다.)
Вас (тебя́) молоди́т(краси́т) коро́ткая стри́жка.
바스　(찌뱌)　말라지뜨 (끄라시뜨)　까로뜨까야　스뜨리쉬까

이 모자가 당신을 젊게 보이게 합니다. (아름답게 합니다.)
Вас (тебя́) молоди́т(краси́т) э́та шля́пка.
바스　(찌뱌)　말라지뜨 (끄라시뜨)　에따　쉴랴빠

나이대로 보이지 않습니다. / 나이대로 볼 수 없습니다.
Вам (тебе́) не дашь ва́ших (твои́х) лет.
밤　(찌베)　네 다쉬　바쉬흐　(뜨바이흐)　례뜨
Вам (тебе́) нельзя́ дать ва́ших (твои́х) лет.
밤　(찌베)　넬리쟈　다찌　바쉬흐　(뜨바이흐)　례뜨
Вам (тебе́) невозмо́жно дать ва́ших (твои́х) лет.
밤　(찌베)　네바즈모쥐노　다찌　바쉬흐　(뜨바이흐)　례뜨

이 옷이 잘 어울립니다.
Вам (тебе́) идёт э́то пла́тье.
밤　(찌베)　이죠뜨 에따 쁘라찌에

이 머리가 잘 어울립니다.
Вам (тебе́) идёт э́та причёска.
밤　(찌베)　이죠뜨 에따 쁘리쵸스까

이 색깔이 잘 어울립니다.

Вам (тебé) идёт э́тот цвет.
밤　　(찌베)　이죠뜨　에또뜨 쯔베뜨

옷는 게 어울립니다.

Вам (тебé) идёт улы́баться.
밤　　(찌베)　이죠뜨　울르이바쨔

머리를 짧게 자른 것이 어울립니다.

Вам (тебé) идёт ко́ротко стри́чься.
밤　　(찌베)　이죠뜨　꼬로뜨꼬　스뜨리치샤

밝은 톤으로 옷을 입는 게 어울립니다.

Вам (тебé) идёт одева́ться в све́тлые то́на.
밤　　(찌베)　이죠뜨　아제밧쨔　프스베뜰르이에 또나

이 블라우스가 얼굴에 잘 어울립니다.

Вам (тебé) к лицу́ э́та блу́зка.
밤　　(찌베)　끄리쭈　에따　블루스까

이 색깔이 얼굴에 잘 어울립니다.

Вам (тебé) к лицу́ э́тот цвет.
밤　　(찌베)　끄리쭈　에또뜨 쯔베뜨

옷을 아름답게 입으셨군요.

Вы (ты) одéты (одéт, -а) краси́во.
브이(뜨이)　아제뜨이(아제뜨, -따)　끄라시보

당신은 옷을 우아하게 입습니다.

Вы (ты) одева́етесь(одева́ешься) элега́нтно.
브이(뜨이)　아제바에쩨시(아제바에쉬샤)　엘에간뜨노

당신은 옷을 유행에 맞춰 입습니다.

Вы (ты) одева́етесь(одева́ешься) мо́дно.
브이(뜨이)　　아제바에쩨시(아제바에쉬샤)　모드노

Вы (ты) одева́етесь(одева́ешься) по мо́де.
브이(뜨이)　　아제바에쩨시(아제바에쉬샤)　빠모제

당신은 옷 입는 감각이 있습니다.

Вы (ты) одева́етесь(одева́ешься) со вку́сом.
브이(뜨이)　　아제바에쩨시(아제바에쉬샤)　사프꾸솜

유행에 맞춰 옷을 잘 입으셨군요!

Вы так (о́чень) мо́дно одéты!
브이 딱끄　(오첸)　모드노　아제뜨이

아주 감각 있게 옷을 입으셨어요!
Вы одéты с тáким вкýсом!
브이 아제뜨이 스딱낌 프꾸솜

아주 패셔너블하게 옷을 입으셨어요!
Как вы мóдно одевáетесь!
깍끄 브이 모드노 아제바에쩨시

옷을 정말 센스있게 입으셨군요!
С кáким вкýсом вы одевáетесь!
스깍낌 프꾸솜 브이 아제바에쩨시

당신과 사귀게 되어 재미있습니다.
С вáми (тобóй) интерéсно общáться.
스바미 (따보이) 인쩨레스노 압샤쨔

당신과 대화하는 것이 유쾌합니다.
С вáми (тобóй) приятно разговáривать.
스바미 (따보이) 쁘리야뜨노 라즈가바리바찌

당신과 말하는 것이 흥미롭습니다.
С вáми (тобóй) интерéсно говорить.
스바미 (따보이) 인쩨레스노 가바리찌

당신과 거래를 하는 것이 유쾌합니다.
С вáми (тобóй) приятно имéть дéло.
스바미 (따보이) 쁘리야뜨노 이몌찌 졜로

당신을 만나서 유쾌합니다.
С вáми (тобóй) приятно встречáться.
스바미 (따보이) 쁘리야뜨노 프스뜨레차쨔

당신 성격은 세상 살기에 편한 성격입니다!
С вáшим (твоим) харáктером легкó жить!
스바쉼 (뜨바임) 하락쩨롬 레흐꼬 쥐찌

아이가 너무 예쁘군요!
(Какóй) у вас (тебя) прелéстный ребёнок!
(깍꼬이) 우바스 (찌뱌) 쁘렐레스느이 레뵤녹

남편이 정말 멋지세요!
(Какóй) у вас (тебя) прекрáсный муж!
(깍꼬이) 우바스 (찌뱌) 쁘레끄라스느이 무쉬

부모님이 젊으시네요. (좋으시네요.)!
(Какие) у вас (тебя) молодые (дóбрые) родители!
깍끼에 우바스 (찌뱌) 말라드이에 (도브르이에) 라지쪨리 행동 잘 하셨습니다.
Вы (ты) хорошó поступи́ли(-л, -ла).
브이(뜨이)　　하라쇼　　빠스뚜삘리(-뻴,_삘라)

올바르게 하셨어요.
Вы (ты) пра́вильно сдéлали(-л, -ла).
브이(뜨이)　　쁘라빌노　　즈젤랄리(-랄,_랄라)

바른 말씀 하셨어요.
Вы (ты) пра́вильно сказа́ли (-л, -ла).
브이(뜨이)　쁘라빌노　스까잘리(-잘,_잘라)

좋습니다!
Хорошó!
하라쇼

멋집니다!
Чудéсно!
추제스노

아주 잘 했어요!
Прекра́сно!
쁘레끄라스노

신통하다! 장하다!
Молодéц!
말라졔쯔

똑똑해!
У́мник! / У́мница!
움니끄　　　움니쨔

칭찬에 대한 답변

감사합니다.
Спаси́бо.
스빠시바

칭찬 감사합니다.
Спаси́бо за комплимéнт.
스빠시바　　자깜쁠리몐뜨

과찬이세요.
Э́то тóлько комплимéнт.
에따　　똘꼬　　깜쁠리몐뜨

칭찬을 해주시는 군요.
Вы мне де́лаете комплиме́нт.
브이 므녜 젤라에쩨 깜쁠리멘뜨

듣기 좋으라고 하시는 말씀이죠.
Вы (ты) мне льсти́те (льстишь).
브이(뜨이) 므녜 리스찌쩨 (리스찌쉬)

무슨 말씀을!
Ну что вы (ты)!
누 쉬또 브이(뜨이)

제가 당신에게 하려던 이야긴데요!
Я то же до́лжен (должна́) сказа́ть о вас .
야 또 줴 돌줸 (달쥐나) 스까자찌 아바스

Я то же могу́ сказа́ть о вас (тебе́).
야 또 줴 마구 스까자찌 아바스 (찌베)

당신 마음에 들어서 기쁩니다.
Я рад(-a), что вам (тебе́) понра́вился...
야 라뜨(라다) 쉬또 밤 (찌베) 빠느라빌샤

비난과 질책
(Неодобрение и упрёк)

러시아인과의 만남에서 대화가 칭찬일색으로만 흐를 수는 없다. 비난하고 질책할 일에 대해서는 자신의 감정을 솔직하게 표현할 수 있어야 한다. 단, 아주 친한 사이가 아닌 경우에는 완곡한 표현을 사용해야 한다. 비난과 질책의 표현과 그에 대한 변명의 표현을 소개한다.

비난과 질책의 표현
비난과 질책에 대한 변명

비난과 질책의 표현 (Выражения неодобрения и упрёка)

좋아 보이지 않습니다.
Ты (вы) не совсе́м хорошо́ вы́глядишь (-ите).
쁘이 (브이) 네 사프셈 하라쇼 브이글랴지쉬(-지쩨)

안 좋아 보입니다.
Ты (вы) нева́жно вы́глядишь (-ите).
쁘이 (브이) 네바쥐노 브이글랴지쉬(-지쩨)

Ты (вы) пло́хо вы́глядишь (-ите).
쁘이 (브이) 쁠로호 브이글랴지쉬(-지쩨)

아주 안 좋아 보입니다.
Ты (вы) так (о́чень) пло́хо вы́глядишь!
쁘이 (브이) 딱 (오첸) 쁠로호 브이글랴지쉬

아주 안 좋아 보이네요!
Как ты пло́хо вы́глядишь!
깍 쁘이 쁠로호 브이글랴지쉬

약간 (많이) 변하셨네요.
Ты (вы) немно́го (си́льно) измени́лся (-лась, -лись).
쁘이(브이) 네므노고 (실노) 이즈메닐샤 (-닐라시,-닐리시)

약간 (많이) 늙으셨네요.
Ты (вы) немно́го (си́льно) постаре́л(-а, -и).
뜨이(브이) 네므노고 (실노) 빠스따렐(-라, -리)

약간 (많이) 마르셨네요.
Ты (вы) немно́го (си́льно) похуде́л(-а, -и).
뜨이(브이) 네므노고 (실노) 빠후젤(-라, -리)

약간 (많이) 수척해지셨네요.
Ты (вы) немно́го (си́льно) побледне́л(-а, -и).
뜨이(브이) 네므노고 (실노) 빠블레드넬(-라, -리)

이렇게 (아주) 변하다니!
Ты так (о́чень) измени́лся!
뜨이 딱끄 (오첸) 이즈메닐샤

얼마나 변했는지!
Как ты измени́лся!
깍끄 뜨이 이즈메닐샤

너무 말이 많네요.
Ты (вы) сли́шком мно́го говори́шь(-ите).
뜨이 (브이) 슬리쉬꼼 므노고 가바리쉬(-리쩨)

말 수가 (너무) 많이 적네요!
Ты так (о́чень) мно́го говори́шь!
뜨이 딱끄 (오첸) 므노고 가바리쉬

어쩜 말이 이렇게 많을 수가!
Как ты мно́го говори́шь!
깍끄 뜨이 므노고 가바리쉬

교양이 없네요.
Ты (вы) невоспи́танный(-ая).
뜨이 (브이) 네바스삐딴느이(-나야)

예의가 없네요.
Ты (вы) неве́жливый.
뜨이 (브이) 네베즐리브이

이렇게 (아주) 교양이 없다니!
Ты тако́й(-а́я) (о́чень) невоспи́танный(-ая)!
뜨이 딱꼬이(-까야) (오첸) 네바스삐딴느이(-나야)

정말 교양이 없구나!
Како́й (-ая) ты невоспи́танный(-ая)!
깍꼬이(-까야) 뜨이 네바스삐딴느이(-나야)

안색이 안 좋아요.
У тебя́ (вас) нева́жный цвет лица́.
우찌뱌 (바스) 네바쥐느이 쯔베뜨 리짜

용모가 단정치 못하군요.
У тебя́ (вас) плохо́й вид.
우찌뱌 (바스) 쁠라호이 비뜨

성격이 나쁘군요.
У тебя́ (вас) плохо́й хара́ктер.
우찌뱌 (바스) 쁠라호이 하락쩨르

붙임성이 없는 성격이군요.
У тебя́ (вас) неужи́вчивый хара́ктер.
우찌뱌 (바스) 네우쥐프치브이 하락쩨르

성격이 더럽군요.
У тебя́ (вас) скве́рный хара́ктер.
우찌뱌 (바스) 스끄베르느이 하락쩨르

취향이 낮군요.
У тебя́ (вас) плохо́й вкус.
우찌뱌 (바스) 쁠라호이 프꾸스

유머 감각이 없네요.
У тебя́ (вас) нет чу́вства ю́мора.
우찌뱌 (바스) 니에뜨 춥스뜨바 유모라

이 옷이 어울리지 않습니다.
Тебе́ (вам) не идёт э́то пла́тье.
찌베 (밤) 네 이죠뜨 에따 쁠라찌에

이 색깔이 어울리지 않아요.
Тебе́ (вам) не идёт э́тот цвет.
찌베 (밤) 네 이죠뜨 에또뜨 쯔베뜨

이 옷은 당신 얼굴에 어울리지 않아요.
Тебе́ (вам) не к лицу́ э́то пла́тье.
찌베 (밤) 네 이죠뜨 에따 쁠라찌에

머리 짧은 게 얼굴에 어울리지 않습니다.
Тебе́ (вам) не к лицу́ ко́ротко стри́чься.
찌베 (밤) 네 끄리쭈 꼬로뜨꼬 스뜨리치샤

당신과 대화하기 힘듭니다.
С тобо́й (ва́ми) тру́дно разгова́ривать.
스따보이 (바미) 뜨루드노 라즈가바리바찌

당신과 일하기 힘듭니다.
С тобо́й(ва́ми) тру́дно рабо́тать.
스따보이 (바미) 뜨루드노 라보따찌

당신과 거래하기 힘듭니다.
С тобо́й(ва́ми) тру́дно име́ть де́ло.
스따보이 (바미) 뜨루드노 이몌찌 젤로

당신 성격으로는 세상 살기 어렵겠어요!
С твои́м (ва́шим) хара́ктером нелегко́ жить!
스뜨바임 (바쉼) 하락쩨롬 네레흐꼬 쥐찌

С твои́м (ва́шим) хара́ктером тру́дно жить!
스뜨바임 (바쉼) 하락쩨롬 뜨루드노 쥐찌

왜 오지 않은 거야!
Что же ты не пришёл(-ла́)!
쉬또 줴 뜨이 네 쁘리숄 (–쉴라)

왜 하지 않은 거야!
Что же ты не сде́лал(-а)!
쉬또 줴 뜨이 네 즈젤랄 (–라)

왜 가져오지 않은 거야!
Что же ты не принёс(-ла́)!
쉬또 줴 뜨이 네 쁘리뇨스(–네슬라)

무슨 꼴이야!
Како́й вид!
깍꼬이 비뜨

무슨 행동이야!
Како́е поведе́ние!
깍꼬에 빠베제니에

무슨 매너야!
Каки́е мане́ры!
깍끼에 마네르이

나쁜 행동을 했어요.
Ты (вы) пло́хо поступи́л(-а, -и).
뜨이(브이) 쁠로호 빠스뚜삘(–라,–리)

올바르지 못하게 했어요.
Ты (вы) непра́вильно сде́лал(-а,-и).
뜨이(브이) 네쁘라빌노 즈젤랄(–라,–리)

행실이 나쁩니다.
Ты (вы) плóхо поступáешь(-ете).
뜨이(브이)　뿔로호　　빠스뚜빠에쉬(-에쩨)

잘못 하고 있습니다.
Ты (вы) плóхо дéлаешь(-ете),
뜨이(브이)　뿔로호　　젤라에쉬(-에쩨)

정말 잘못 행동 했군요!
Ты так (óчень) плóхо поступи́л!
뜨이 딱끄　(오첸)　뿔로호　　빠스뚜삘
Как ты плóхо поступи́л!
깍끄 뜨이 뿔로호　　빠스뚜삘

그렇게 행동하는 것은 좋지 않습니다.
Нехорошó так поступáть.
네하라쇼　　딱끄　빠스뚜빠찌

그렇게 하는 것은 옳지 않습니다.
Непрáвильно так дéлать.
네쁘라빌노　　딱끄　젤라찌

그렇게 말하는 것은 나쁩니다.
Плóхо так говори́ть.
뿔로호　딱끄　가바리찌

당신이 그렇게 행동하는 것은 좋지 않습니다.
Нехорошó что ты (вы) так поступáешь(-ете).
네하라쇼　쉬또　뜨이(브이)　딱끄　빠스뚜빠에쉬(-에쩨)

당신이 그렇게 말하는 것은 나쁩니다.
Плóхо что ты (вы) так говори́шь(-ите).
뿔로호　쉬또　뜨이(브이)　딱끄　가바리쉬(-리쩨)

당신이 그렇게 생각하는 것은 옳지 않습니다.
Непрáвильно что ты (вы) так дýмаешь(-ете).
네쁘라빌노　쉬또　뜨이(브이)　딱끄　두마에쉬(-에쩨)

당신이 그렇게 하는 것은 좋지 않습니다.
Нехорошó что ты (вы) так дéлаешь(-ете).
네하라쇼　쉬또　뜨이(브이)　딱끄　젤라에쉬(-에쩨)

당신이 나를 곤란하게 만들었어요.
Ты (вы) подвёл(-велá, -и́) меня́.
뜨이(브이)　　빠드볼(-벨라, -벨리)　미냐

당신이 나를 그릇된 입장에 놓이게 했어요.
Ты (вы) поста́вил(-а, -и) меня́ в ло́жное (нело́вкое) положе́ние.
뜨이(브이)　 빠스따빌(-라, -리)　 미냐　 블로쥐노에　 (네로프꼬에)　 빨라줴니에

당신이 나를 모욕했어요.
Ты (вы) оби́дел(-а, -и) меня́.
뜨이(브이)　 아비젤(-라, -리)　 미냐

당신은 나를 헷갈리게 했어요.
Ты (вы) расстро́ил(-а, -и) меня́.
뜨이(브이)　 라스뜨로일(-라,-리)　 미냐

당신은 나를 슬프게 하네요.
Ты (вы) огорчи́л(-а, -и) меня́.
뜨이(브이)　 아가르칠(-라, -리)　 미냐

난 당신에게 화가 납니다.
Я оби́жден(-а) на тебя́ (вас).
야　 아비젠(-나)　 나찌뱌 (바스)
Я серди́т(-а) на тебя́ (вас).
야　 세르지뜨(-따)　 나찌뱌 (바스)

당신 행동에 낙담했습니다.
Я огорчён(огорчена́) твои́м (ва́шим) поведе́нием.
야　 아가르촌　 (아가르체나)　 뜨바임　 (바쉼)　 빠베제니엠

당신에게 화가 났습니다.
Я на тебя́ (вас) оби́делся (оби́делась).
야　 나찌뱌　 (바스)　 아비젤샤　 (아비젤라시)
Я на тебя́ (вас) рассерди́лся (рассерди́лась).
야　 나찌뱌　 (바스)　 라세르질샤　 (라세르질라시)

당신에게 주의를 줘야만 합니다.
Я до́лжен(-а́) сде́лать замеча́ние тебе́ (вам).
야　 돌젠 (달쥐나)　 즈젤라찌　 자메차니에　 찌베 (밤)

당신을 비난해야겠습니다.
Я хочу́ упрекну́ть тебя́ (вас).
야　 하추　 우쁘레끄누찌　 찌뱌 (바스)

야단을 안 칠 수가 없네요.
Я не могу́ не руга́ть тебя́ (вас).
야　 네　 마구　 네　 루가찌　 찌뱌 (바스)

어떻게 그런 행동을 할 수가 있나요?
Как ты (вы) мóжешь(-ете) так поступáть!
깍끄 뜨이(브이) 모줴쉬(–에쩨) 딱끄 빠스뚜빠찌

어떻게 그런 일을 했나요?
Как ты (вы) мог(-лá, -лú) так дéлать!
깍끄 뜨이(브이) 모끄(마글라, 마글리) 딱끄 젤라찌

어떻게 그런 말을 할 수 있나요?
Как ты (вы) посмéл(-а, -и) так говорúть!
깍끄 뜨이(브이) 빠스멜(–라, –리) 딱끄 가바리찌

어떻게 감히 그런 생각을 하나요?
Как ты (вы) смéешь(-ете) так дýмать!
깍끄 뜨이(브이) 모줴쉬(–에쩨) 딱끄 두마찌

정말 부끄럽지도 않나요?
Как тебé (вам) не сты́дно!
깍끄 찌베 (밤) 네 스뜨이드노

그런 행동을 하다니 정말 부끄럽지도 않나요?
Как тебé (вам) не сты́дно так поступáть.
깍끄 찌베 (밤) 네 스뜨이드노 딱끄 빠스뚜빠찌

그런 일을 하다니 정말 부끄럽지도 않나요?
Как тебé (вам) не сты́дно так дéлать.
깍끄 찌베 (밤) 네 스뜨이드노 딱끄 젤라찌

그런 말을 하다니 정말 부끄럽지도 않나요?
Как тебé (вам) не сты́дно так говорúть.
깍끄 찌베 (밤) 네 스뜨이드노 딱끄 가바리찌

왜 그런 일을 했니?
Зачéм ты сдéлал(-а) э́то
자쳄 뜨이 즈젤랄(–라) 에따

왜 그런 말을 했니?
Зачéм ты скáзал(-а) тaḱ
자쳄 뜨이 스까잘(–라) 딱끄

왜 그런 행동을 했니?
Зачéм ты поступúл(-а) тaḱ
자쳄 뜨이 빠스뚜삘(라) 딱끄

비난과 질책에 대한 변명 (Оправдания в ответ на упрёки)

당신을 화나게 할 생각은 아니었습니다.
Я не ду́мал(-а) тебя́ (вас) оби́деть.
야 네 두말(-라) 찌뱌 (바스) 아비제찌
Я не хоте́л(-а) тебя́ (вас) оби́деть.
야 네 두말(-라) 찌뱌 (바스) 아비제찌

> 💡 뉘앙스를 담을 것

그렇게 한 것은 우연입니다(고의가 아니었습니다).
Я случа́йно (не наро́чно) э́то сде́лал(-а).
야 슬루차이노 (네 나로츠노) 에따 즈젤랄(-라)

> 💡 비강제성을 띤 변명

유쾌하지 않습니다.
Мне неприя́тно (доса́дно).
므녜 네쁘리야뜨노 (다사드노)

아주 기분이 좋지 않습니다.
Мне так (о́чень) неприя́тно!
므녜 딱끄 (오첸) 네쁘리야뜨노

정말 불쾌하군요!
Как мне неприя́тно!
깍끄 므녜 네쁘리야뜨노

고치려고 노력하겠습니다.
Я постара́юсь испра́виться.
야 빠스따라유시 이스쁘라빗쨔

금연하려고 노력하겠습니다.
Я постара́юсь не кури́ть.
야 빠스따라유시 네 꾸리찌

(더 이상) 이것을 안 하려고 노력하겠습니다.
Я постара́юсь не де́лать э́того (бо́льше).
야 빠스따라유시 네 젤라찌 에또보 (볼쉐)

화를 내지 마세요.

Не серди́сь (не серди́тесь).
네 세르지시 (네   세르지쩨시)

Не оби́жайся (не оби́жайтесь).
네 아비좌이샤 (네   아비좌이쩨시)

아뇨, 이건 당신이 옳지 않습니다.

Нет, э́то ты (вы) не прав(-а, -ы).
니에뜨 에따 뜨이(브이) 네 쁘라프(-바,-브이)

당신 자신의 잘못입니다.

Ты (вы) сам(-а,-и) винова́т(-а, -ы).
뜨이(브이) 삼 (사마, 사므이) 비나바뜨 (-따,-뜨이)

바로 당신이 잘못했습니다.

Э́то ты (вы) винова́т(-а, -ы).
에따 뜨이(브이) 비나바뜨 (-따,-뜨이)

이건 제 잘못이 아니고, 당신 잘못입니다.

Э́то не я, а ты (вы) винова́т (-а, -ы).
에따 네 야 아 뜨이(브이) 비나바뜨 (-따,-뜨이)

당신이 무엇 때문에 저를 야단하는 지 이해가 안갑니다.

Не пойму́, за что ты (вы) меня́ руга́ешь(-ете).
네 빠이무 자쉬또 뜨이(브이) 미냐 루가에쉬 (-에쩨)

당신이 무슨 일로 저를 비난하는지 모르겠습니다.

Не зна́ю, в чём ты (вы) меня́ упрека́ешь(-ете).
네 즈나유 프촘 뜨이(브이) 미냐 우쁘레까에쉬(-에쩨)

영문을 모르겠습니다.

Не могу́ поня́ть, в чём де́ло.
네 마구 빠냐찌 프촘 젤로

기가 막혀서....

С недоуме́нием
스네다우메니엠

참 속상하군요!

Кака́я доса́да!
깍까야 다사다

정말 불쾌합니다!

Кака́я неприя́тность!
깍까야 네쁘리야뜨노스찌

제 잘못으로 속상하게!
С доса́дой за свою́ оши́бку
즈다사도이 자 스바유 아쉬쁘꾸

Part I 비난과 질책

Part II

Living Russian

- **01** 공항
- **02** 숙박
- **03** 만남
- **04** 외모와 성격
- **05** 일과
- **06** 집
- **07** 비자
- **08** 식당
- **09** 교통
- **10** 은행서비스
- **11** 쇼핑
- **12** 계절 & 날씨
- **13** 이발 & 미용
- **14** 예술 & 취미생활
- **15** 건강
- **16** 비즈니스
- **17** 스포츠
- **18** 문화 & 종교
- **19** 통신
- **20** 필수질문 ABC

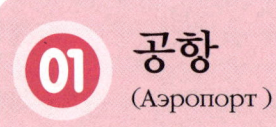 공항
(Аэропорт)

러시아 공항에 도착하는 순간부터 언어문제 때문에 불편함을 겪게 된다. 검역, 여권검사, 세관검사에 이르는 입국심사원들이 하는 말부터 그에 대한 답변에 이르기 까지 러시아 입국 시 필요한 회화 표현을 소개한다.

검역 (Карантин)

예방접종 증명서를 보여 주십시오.
Покажи́те, пожа́луйста, сертифика́т о приви́вках.
빠까쥐쩨 빠좔루이스따 세르찌피까뜨 아쁘리비프카흐

여기 있습니다.
Пожа́луйста.
빠좔루이스따

에이즈 검사는 받으셨나요?
А вы прошли́ прове́рку на СПИД?
아 브이 쁘라쉴리 쁘라베르꾸 나스삐드

네, 여기 에이즈 검사증입니다.
Да, вот моё свиде́тельство на СПИД.
다 보뜨 마요 스비제쩰스뜨보 나스삐드

다 좋습니다. 여권 검사대로 가십시오.
Всё в поря́дке. Пройди́те в па́спортный контро́ль.
프쇼 프빠랴뜨께 쁘라이지쩨 프빠스뽀르뜨느이 깐뜨롤

여권검사 (Паспортный контроль)

안녕하세요?
Здра́вствуйте!
즈드라스부이쩨

여권을 보여 주십시오.
Разреши́те ваш па́спорт?
라즈레쉬쩨 바쉬 빠스뽀르뜨

Покажи́те, пожа́луйста, ваш па́спорт.
빠까쥐쩨　빠좔루이스따　바쉬　빠스뽀르뜨

Ваш па́спорт, пожа́луйста.
바쉬　빠스뽀르뜨　빠좔루이스따

비자가 있습니까?

У вас есть ви́за?
우바스　예스찌　비자

여행 목적이 무엇입니까?

Какова́ цель ва́шей пое́здки?
깍꼬바　쩰　바쉐이　빠예스뜨끼

출장 여행입니다.

Я прие́хал(-а) в командиро́вку
야　쁘리예할(라)　프까만지로프꾸

유학 왔습니다.

Я прие́хал(-а) на учёбу.
야　쁘리예할(라)　나우쵸부

연수 왔습니다.

Я прие́хал(-а) на стажиро́вку.
야　쁘리예할(라)　나스따쥐로프꾸

우리나라에 처음 오신 겁니까?

Вы впервы́е а на́шей стране́?
브이 프뻬르브이에　브나쉐이　스뜨라네

네, 처음입니다.

Да, впервы́е.
다　프뻬르브이에

아니요, 왔었습니다. 이 번 여행이 두 번째입니다.

Нет, уже́ был(-а). Эта пое́здка второ́й раз.
니에뜨 우줴　브일(라)　에따　빠에스뜨까 프따로이　라스

우리나라에 며칠 머무르실 건가요?

Ско́лько дней вы бу́дете в на́шей стране́?
스꼴꼬　드네이　브이 부제쩨　브나쉐이　스뜨라네

우리나라에 얼마나 머무르실 건가요?

Как до́лго бу́дете в на́шей стране́?
깍　돌고　부제쩨　브나쉐이　스뜨라네

약 일주일요.

Приме́рно неде́лю.
쁘리몌르노　녜젤류

다 잘 되었습니다. 여권 받으십시오. 편안한 여행되시길! 통과하십시오.
Всё в порядке, возьмите ваш паспорт, пожалуйста, и счастливо!
프쇼   프빠랴뜨께   바지미쩨   바쉬   빠스뽀르뜨   빠좔루이스따   이 쉬슬리보
Проходите.
쁘라하지쩨

감사합니다.
Спасибо.
스빠시바

세관검사 (Таможенный контроль)

세관신고 물품이 있습니까?
У вас есть товары, которые надо записать в декларацию?
우바스 예스찌 따바르이 까또르이예 나다 자삐사찌 브제끌라라찌유
У вас есть вещь, подлежащие внесению в таможенную
우바스 예스찌 베쉬 빠들레좌쉬에 브네세니유 프따모 누유
декларацию?
제끌라라찌유

아뇨, 신고할 물건 없습니다.
Нет, мне нечего указывать в декларации.
니에뜨 므녜 녜체보 우까즈이바찌 브제끌라라찌
Мне нечего декларировать.
므녜 녜체보 제끌라리로바찌

저는 신고를 할 게 있습니다.
Мне нужно что-то задекларировать.
므녜 누즈노 쉬또-또 자제끌라리로바찌

이것은 신고를 해야 하나요?
Это нужно декларировать?
에따 누즈노 제끌라리로바찌

당신 수하물을 보여 주십시오.
Покажите, пожалуйста, ваш багаж.
빠까쥐쩨 빠좔루이스따 바쉬 바가쉬

이게 제 수하물입니다.
Вот мой багаж.
보뜨 모이 바가쉬

수하물이 몇 개입니까?
Сколько у вас багажа?
스꼴꼬 우바스 바가좌

전부 세 개입니다.
Всего́ у меня́ три ме́ста.
프세보 우미냐 뜨리 몌스따

이 손가방에는 무엇이 들어 있나요?
Что у вас в э́той су́мке?
쉬또 우바스 브에또이 숨꼐

개인 소지품만 들어 있습니다.
Здесь у меня́ то́лько ве́щи ли́чного по́льзования.
즈제시 우미냐 똘꼬 볘쉬 리츠노보 뽈조바니야

검사를 위해 가방을 열어 주십시오.
Откро́йте, пожа́луйста, су́мку для осмо́тра.
아뜨끄로이쪠 빠좔루이스따 숨꾸 들랴 아스모뜨라

그러지요.
Хорошо́.
하라쇼

관세 부가 물건을 소지하고 있습니까?
У вас есть ве́щи, облага́емые по́шлиной?
우바스 예스찌 볘쉬 아블라가에므이에 뽀쉴리노이

아뇨, 기념품과 담배 한 보루가 있습니다.
Нет, у меня́ с собо́й сувени́ры и блок сигаре́т.
니에뜨 우미냐 사보이 수베니르이 이 블로끄 시가례뜨

친구들을 위한 선물입니다.
Э́то пода́рки для друзе́й.
에따 빠다르끼 들랴드루제이

외환 소지하고 있습니까?
А у вас есть валю́та?
아 우바스 예스찌 발류따

네, 있습니다.
Да, есть.
다 예스찌

어떤 화폐입니까?
В каки́х купю́рах?
프깍끼흐 꾸쀼라흐

미 달러입니다.
В америка́нских до́лларах.
바메리깐스끼흐 돌라라흐

얼마나 소지하고 있습니까?
Ско́лько у вас до́лларов?
스꼴꼬 우바스 돌라로프

2천 달러입니다.

Две ты́сячи до́лларов.
드베 쯔이시치 돌라로프

이것에 대한 관세를 물어야 하나요?

На́до плати́ть по́шлину за э́то?
나다 쁠라찌찌 뽀쉴리누 자에따

모든 게 제대로입니다. 검사 끝났습니다. 가십시오.

Всё в поря́дке. Досмо́тр око́нчен. Пройди́те, пожа́луйста.
프쇼 프빠랴뜨께 다스모뜨르 아꼰첸 쁘라이지쩨 빠좔루이스따

감사합니다.

Спаси́бо.
스빠시바

편안한 여행 되시길!

Счастли́вого пути́!
쉬슬리보보 뿌찌

안녕히 계세요.

До свида́ния.
다 스비다니야

응용회화

Диало́г 1 Па́спортный контро́ль

Контролёр: Разреши́те ваш па́спорт.
Гос. Ким: Пожа́луйста, вот мой па́спорт.
Контролёр: Какова́ цель ва́шей пое́здки?
Гос. Ким: Я прие́хал в командиро́вку.
Контролёр: По чьему́ приглаше́нию?
Гос. Ким: По приглаше́нию МГУ.
Контролёр: Вы впервы́е в на́шей стране́?
Гос. Ким: Да, впервы́е.
Контролёр: Как до́лго вы пробу́дете в на́шей стране́?
Гос. Ким: Неде́лю.
Контролёр: Хорошо́! Всё в поря́дке, возьми́те ваш па́спорт, пожа́луйста. Проходи́те.
Гос. Ким: Спаси́бо.

심사원 : 여권 주십시오.

김선생 : 여기 있습니다.

심사원 : 여행 목적이 무엇입니까?
김선생 : 출장 왔습니다.
심사원 : 어디 초청인가요?
김선생 : 모스크바 국립대학교 초청입니다.
심사원 : 첫 방문인가요?
김선생 : 네, 처음입니다.
심사원 : 얼마나 머물 예정인가요?
김선생 : 일주일요.
심사원 : 됐습니다. 통과하십시오.
김선생 : 감사합니다.

Диалог 2 Тамо́женный контро́ль

Контролёр: Пожа́луйста, тамо́женная деклара́ция и па́спорт.
Гос. Ким: Вот здесь.
Контролёр: У вас есть ве́щи деклари́ровать?
Гос. Ким: Мне не́чего деклари́ровать.
Контролёр: Покажи́те, пожа́луйста, ваш бага́ж.
Гос. Ким: Вот мой бага́ж.
Контролёр: Что у вас в э́той су́мке?
Гос. Ким: Здесь у меня́ то́лько ве́щи ли́чного по́льзования.
Контролёр: Откро́йте, пожа́луйста, су́мку для осмо́тра.
Гос. Ким: Хорошо́.
Контролёр: А у вас есть валю́та?
Гос. Ким: Да, есть. 1000 до́лларов.
Контролёр: Всё в поря́дке. Досмо́тр око́нчен. Пройди́те, пожа́луйста.
Гос. Ким: Спа́сибо.

심사원 : 세관신고서와 여권 주십시오.
김선생 : 여기 있습니다.
심사원 : 신고할 물건 있습니까?
김선생 : 아뇨, 없습니다.
심사원 : 당신 짐을 보여주세요.

김선생 : 여기 제 짐입니다.
심사원 : 이 가방에 무엇이 있습니까?
김선생 : 여기엔 제 개인 소지품이 들어 있습니다.
심사원 : 검사를 위해 가방을 열어 보세요.
김선생 : 알겠습니다.
심사원 : 외화를 소지하고 있습니까?
김선생 : 네, 1000달러 소지하고 있습니다.
심사원 : 됐습니다. 검사 끝났습니다. 통과하십시오.
김선생 : 감사합니다.

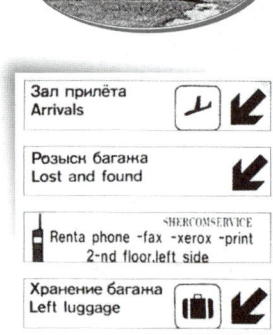

숙박
(Гостиница)

러시아 도착해서 편안한 여행은 편안안 숙소에서 시작된다.
숙박시설에 대한 정보 묻기, 호텔 예약, 체크인, 각종 호텔서비스 문의, 불편사항 항의, 체크아웃에 이르기 까지 숙박과 관련된 필수회화 표현을 소개한다.

숙박시설 정보 (Информация о гостинице)

어디에 보딩 하우스가 있나요?
Где пансионáт?
그지에 쁜시오나뜨

어디에 캠핑 장소가 있나요?
Где кéмпинг?
그지에 껨삥끄

어디에 호텔이 있나요?
Где гостúница?
그지에 가스찌니짜

어디에 모텔이 있나요?
Где мотéль?
그지에 마뗄

어디에 (빌릴) 방이 있나요?
Где кóмната (для съёма)?
그지에 꼼나따 (들랴시요마)

어디에 유스 호스텔이 있나요?
Где хóстел?
그지에 호스뗄

어디에 대학 기숙사가 있나요?
Где студéнческое общежúтие?
그지에 스뚜젠체스꼬에 압쉐쥐찌에

그런데 여기에 캠핑 장소가 있나요?
А здесь есть кéмпинг?
아 즈제시 예스찌 껨삥끄

그런데 여기에 유스 호스텔이 있나요?
А здесь есть хóстел?
아 즈제시 예스찌 호스뗄

그런데 여기에 대학 기숙사가 있나요?
А здесь есть студéнческое общежи́тие?
아 즈제시 예스찌 스뚜젠체스꼬에 압쉐쥐찌에

어디 싼 곳을 추천해 주시겠어요?
Вы мóжете порекомендовáть чтó-нибудь дешёвое?
브이 모줴쩨 빠레꼬멘다바찌 쉬또 니부찌 제쇼보에

어디 럭셔리한 곳을 추천해 주시겠어요?
Вы мóжете порекомендовáть чтó-нибудь роскóшное?
브이 모줴쩨 빠레꼬멘다바찌 쉬또 니부찌 라스꼬쉬노에

여기서 가까운 곳을 추천해 주시겠어요?
Вы мóжете порекомендовáть чтó-нибудь бли́зко отсюда?
브이 모줴쩨 빠레꼬멘다바찌 쉬또 니부찌 블리스꼬 아쭈슈다

어디 로맨틱한 곳을 추천해 주시겠어요?
Вы мóжете порекомендовáть чтó-нибудь романти́чное?
브이 모줴쩨 빠레꼬멘다바찌 쉬또 니부찌 라만찌츠노에

좋은 호텔을 추천해 주시겠습니까?
Не могли́ ли вы порекомендовáть хорóшую гости́ницу?
녜 마글리 리 브이 빠레꼬멘다바찌 하로슈유 가스찌니쭈

싼 호텔을 추천해 주시겠습니까?
Не могли́ ли вы порекомендовáть дешёвую гости́ницу?
녜 마글리 리 브이 빠레꼬멘다바찌 제쇼부유 가스찌니쭈

민박집을 추천해 주시겠습니까?
Не могли́ ли вы порекомендовáть чáстный пансиóн?
녜 마글리 리 브이 빠레꼬멘다바찌 차스느이 빤시온

어디 일반 가정에서 방을 렌트할 수 있을까요?
Где мóжно снять кóмнату в чáстной кварти́ре?
그지에 모즈노 스냐찌 꼼나뚜 프차스노이 끄바르찌레

시내에서 가깝습니까?
Э́то бли́зко от цéнтра?
에따 블리스꼬 아쯘뜨라

해변에서 가깝습니까?
Э́то бли́зко от пля́жа?
에따 블리스꼬 아뜨쁠랴좌

그곳은 조용합니까?
Там ти́хо?
땀 찌하

Signs

СВОБОДНЫЕ МЕСТА 빈방 있음

МЕСТ НЕТ 빈방 없음

ВАННАЯ 욕실 완비

객실 전화 예약 (Бронирование по телефону)

여보세요! 객실을 예약하려 하는데요.

Алло! Я хочу́ заказа́ть но́мер.
  알로 야 하추 자까자찌 노메르

빈 방이 있습니까?

У вас есть свобо́дный но́мер?
우바스 예스찌 스비보드느이 노메르

네, 있습니다.

Да, есть.
 다 예스찌

언제 숙박을 원하십니까?

Когда́ вы хоти́те но́мер?
 까그다 브이 하찌쩨 노메르

내일입니다.

Я хочу́ но́мер на за́втра.
 야 하추 노메르 나자프뜨라

어떤 객실을 원하십니까?

Како́й но́мер вы хоти́те?
 깍꼬이 노메르 브이 하찌쩨

1인실이요.

Но́мер на одного́.
  노메르 나아드노보

유감스럽게도, 2인실 밖에 없습니다.

К сожале́нию, у нас то́лько большо́й но́мер на двои́х.
  끄사좔레니유 우나스 똘꼬 발쇼이 노메르 나드바이흐

2인실은 객실 요금이 얼마 인가요?

Скажи́те, пожа́луйста, ско́лько сто́ит но́мер на двои́х?
 스까쥐쩨 빠좔루이스따 스꼴꼬 스또이뜨 노메르 나드바이흐

하루 120달러입니다.

Сто два́дцать до́лларов в день.
 스또 드바짜찌 돌라로프 브젠

좋습니다. 이반 안드레예프의 이름으로 2인실 예약해주십시오.

Хорошо́. Закажи́те, пожа́луйста, но́мер на двои́х на и́мя Ива́на Андре́ева.
하라쇼   자까쥐쩨   빠좔루이스따   노메르   나드바이흐   나이미야   이반나 안드례에바

고객님의 객실이 예약되었습니다.

Ваш но́мер зака́зан.
바쉬   노메르   자까잔

고객님의 전화번호를 말씀해주십시오.

Скажи́те, пожа́луйста, ваш но́мер телефо́на.
스까쥐쩨   빠좔루이스따   바쉬   노메르   쩰레폰나

제 전화번호는 932-20-56입니다.

Мой телефо́н - 932- 20-56
모이   쩰레폰   제뱌찌 뜨리 드바 – 드바 놀 – 빠찌 쉐스찌

감사합니다. 내일 호텔에서 뵙겠습니다.

Спаси́бо. За́втра уви́димся в на́шей гости́нице.
스빠시바   자프뜨라   우비짐샤   브나쉐이   가스찌니쩨

호텔 리셉션 데스크 & 체크인 (Регистрация)

저는 1일실을 예약했습니다.

Я заказа́л(заброни́ровал) одмоме́стный но́мер.
야   자까잘 (자브라니로발)   아드노몌스뜨느이   노메르

제 성은 김입니다.

Моя́ фами́лия Ким.
마야   파밀리야   김

오늘 빈 방 있습니까?

Скажи́те, пожа́луйста, у вас есть свобо́дныей но́мер на сего́дня?
스까쥐쩨   빠좔루이스따   우바스 예스찌   스바보드느이   노메르   나시보드냐

하루 밤 묵을 방 있나요?

Скажи́те, пожа́луйста, у вас есть свобо́дныей но́мер на одну́ ночь?
스까쥐쩨   빠좔루이스따   우바스 예스찌   스바보드느이   노메르   나아드누   노치

이틀 밤 묵을 방 있나요?

Скажи́те, пожа́луйста, у вас есть свобо́дныей но́мер на две но́чи?
스까쥐쩨   빠좔루이스따   우바스 예스찌   스바보드느이   노메르   나드베   노치

일주일 머무를 방 있나요?
Скажи́те, пожа́луйста, у вас есть свобо́дныей но́мер на неде́лю?
스까쥐쩨 빠잘루이스따 우바스 예스찌 스바보드느이 노메르 나네젤류

유감스럽게도 방이 없습니다.
К сожале́нию, нет.
끄사잘례니유 니에뜨

네, 있습니다. 1인실과 2인실 중 어떤 방을 원하십니까?
Да есть. Како́й но́мер вам ну́жен - на одного́ и́ли на двои́х?
다 예스찌 깍꼬이 노메르 밤 누젠 나아드노보 일리 나드바이흐

있습니다. 어떤 방을 원하십니까?
Есть, како́й но́мер вы хоти́те?
예스찌 깍꼬이 노메르 브이 하찌쩨

저는 1인실을 원합니다.
Я бы хоте́л(-а) одноме́стный но́мер.
야 브이 하쩰(라) 아드노몌스느이 노메르

저는 2인실을 원합니다.
Я бы хоте́л(-а) двухме́стный но́мер.
야 브이 하쩰(라) 드부흐몌스느이 노메르

저는 조용한 방을 원합니다.
Я бы хоте́л(-а) ти́хий но́мер.
야 브이 하쩰(라) 찌히 노메르

저는 샤워 시설이 갖추어진 방을 원합니다.
Я бы хоте́л(-а) но́мер с ду́шем.
야 브이 하쩰(라) 노메르 즈두쉠

저는 욕실이 구비된 방을 원합니다.
Я бы хоте́л(-а) но́мер с ва́нной.
야 브이 하쩰(라) 노메르 스반노이

저는 발코니가 있는 방을 원합니다.
Я бы хоте́л(-а) но́мер с балко́ном.
야 브이 하쩰(라) 노메르 즈발꼬놈

저는 창이 정원으로 나있는 방을 원합니다.
Я бы хоте́л(-а) но́мер с окно́м во двор.
야 브이 하쩰(라) 노메르 사끄놈 바드보르

저는 바다 전경이 보이는 방을 원합니다.
Я бы хоте́л(-а) но́мер с ви́дом на мо́ре.
야 브이 하쩰(라) 노메르 스비돔 나모레

저는 호수 전경이 보이는 방을 원합니다.
Я бы хоте́л(-а) но́мер с ви́дом на о́зеро.
야 브이 하쩰(라) 노메르 스비돔 나오제로

우리 호텔 전 객실은 편의시설을 완비하고 있습니다.
У нас все номерá с удóбствами.
우나스 프셰 나메라 수돕스뜨바미

저는 무선인터넷이 되는 1인실을 원합니다.
Мне нýжен одномéстный нóмер, и желáтельно с беспровóдным Интернéтом.
므녜 누젠 아드노몌스느이 노메르 이 젤라쩰노 즈베스쁘라보드늼 인떼르넷똠

알겠습니다. 우리 호텔 모든 객실은 무선 인터넷이 설치되어 있습니다.
Хорошó. У нас все номерá с беспровóдным Интернéтом.
하라쇼 우나스 프셰 나메라 즈베스쁘라보드늼 인떼르넷똠

얼마나 투숙하실 겁니까?
Как дóлго вы пробýдете здесь?
깍 돌고 브이 쁘라부제쩨 즈제시

하루 만요.
Тóлько сýтки.
똘꼬 수뜨끼

2주일이요.
Две недéли.
드베 네젤리

이틀입니다.
Скорéе всегó два дня.
스까례에 프세보 드바 드냐
Я собирáюсь пробы́ть здесь два дня.
야 사비라유시 쁘라브이찌 즈제시 드바 드냐

바다 전망이 보이는 객실을 부탁했는데요.
И ещё я проси́л бы нóмер с ви́дом на мóре.
이 이쇼 야 쁘라실 브이 노메르 스비돔 나모례

바다가 보이는 방이 있나요?
Есть ли нóмер с ви́дом на мóре?
예스찌 리 노메르 스비돔 나모례

네. 지금 성수기가 아니라 바다가 보이는 방이 있습니다.
Хорошó. Сейчáс не сезóн, у нас есть нóмер с ви́дом на мóре.
하라쇼 시차스 네 세존 우나스 예스찌 노메르 스비돔 나모례

방을 볼 수 있을까요?
Мóжно посмотрéть нóмер?
모즈노 빠스마뜨례찌 노메르

다른 방도 볼 수 있을까요?

А мо́жно посмотре́ть друго́й но́мер?
아 모즈노 빠스마뜨례찌 드루고이 노메르

다른 방 있습니까?

У вас есть други́е номера́?
우바스 예스찌 드루기에 나메라

이 방으로 하겠습니다.

Я беру́ э́тот но́мер.
야 베루 에또뜨 노메르

방에 침대 하나를 더 넣어 줄 수 있겠습니까?

Не могли́ ли вы поста́вить в но́мер другу́ю крова́ть?
네 마글리 리 브이 빠스따비찌 브노메르 드루구유 끄라바찌

객실요금은 얼마입니까?

Ско́лько сто́ит но́мер?
스꼴꼬 스또잇 노메르

1인실은 객실 요금이 어떻게 됩니까?

Ско́лько сто́ит одноме́стный но́мер?
스꼴꼬 스또잇 아드노메스느이 노메르

하루 밤 얼마 입니까?

Ско́лько сто́ит за ночь?
스꼴꼬 스또잇 자노치

2인실은 얼마 입니까?

Ско́лько сто́ит за двои́х?
스꼴꼬 스또잇 자드바이흐

일주일 숙박비는 얼마 입니까?

Ско́лько сто́ит за неде́лю?
스꼴꼬 스또잇 자네젤류

조식이 포함된 객실 요금은 얼마 입니까?

Ско́лько сто́ит но́мер с за́втраком?
스꼴꼬 스또잇 노메르 자프뜨라꼼

조식과 석식이 포함된 객실 요금은 얼마 입니까?

Ско́лько сто́ит но́мер с за́втраком и у́жином?
스꼴꼬 스또잇 노메르 자프뜨라꼼 이 우쥐놈

세 끼 식사가 모두 제공되는 객실 요금은 얼마 입니까?

Ско́лько сто́ит но́мер с по́лным пансио́ном?
스꼴꼬 스또잇 노메르 스뽈느임 빠시오놈

하루 숙박비가 150불입니다.

150 до́лларов в су́тки.
스또 삐찌지샤뜨 돌라로프 프수뜨끼

매우 비쌉니다.
Цена́ о́чень высо́кая.
쩨나 오첸 브이소까야

어떻게 결재하시겠습니까? 현금인가요? 신용카드인가요? 여행자 수표인가요?
Как бу́дете плати́ть? Нали́чными, креди́тной ка́рточкой и́ли доро́жным че́ком?
깍 부제쩨 쁠라찌찌 날리츠느이미 끄레지뜨노이 까르또츠꼬이 일리 다로즈느임 체꼼

신용카드로 결재하겠습니다.
Я заплачу́ креди́тной ка́рточкой.
야 자쁠라추 끄레지뜨노이 까르또츠꼬이

선금을 내야 하나요?
Ну́жно плати́ть ава́нс?
누즈노 쁠라찌찌 아반스

미리 결재해야 하나요?
Ну́жно плати́ть вперёд?
누즈노 쁠라찌찌 프뻬료뜨

신용카드로 결재해도 되나요?
Мо́жно расплати́ться креди́тной ка́рточкой?
모즈노 라스쁠라찌짜 끄레찌뜨노이 까르또츠꼬이

직불카드로 결재해도 되나요?
Мо́жно расплати́ться деби́тной ка́рточкой?
모즈노 라스쁠라찌짜 제비뜨노이 까르또츠꼬이

여행자 수표로 계산해도 되나요?
Мо́жно расплати́ться доро́жным че́ком?
모즈노 라스쁠라찌짜 다로즈느임 체꼼

좋습니다. 영수증 받으시지요.
Хорошо́, пожа́луйста. Вот квита́нция.
하라쇼 빠좔루이스따 보뜨 끄비딴찌야

숙박부를 기재해주십시오.
Заполните, пожа́луйста, листо́к для приезжа́ющих.
자뽈니쩨 빠좔루이스따 리스똑 들랴쁘리에좌유쉬흐

Заполните, пожа́луйста, регистрацио́нный лист.
자뽈니쩨 빠좔루이스따 레기스뜨라찌온느이 리스뜨

여권을 주십시오.
Ваш па́спорт, пожа́луйста.
바쉬 빠스뽀르뜨 빠좔루이스따

신분증을 주십시오.
Ва́ше удостовере́ние ли́чности, пожа́луйста.
바쉐   우다스따베례니에   리츠노스찌   빠좔루이스따

그런데 열쇠는 언제 받을 수 있나요?
А когда́ мо́жно получи́ть ключ?
아 까그다   모즈노   빨루치찌   끌류치

지금 바로 드립니다. 여기 객실 열쇠입니다.
Пря́мо сейча́с. Вот ключ от но́мера.
쁘랴모   시차스   보뜨 끌류치   아뜨노메라

객실 열쇠입니다.
Вот ключ от но́мера.
보뜨 끌류치   아뜨노메라

당신의 방은 3층에 있습니다.
Ва́ша ко́мната на тре́тьем эта́же.
바샤   꼼나따   나뜨례찌엠   에따줴

엘리베이터를 이용하십시오.
Мо́жете подня́ться на ли́фте.
모줴쩨   빠드냐쨔   나리프쩨

제 짐을 방에 갖다 주십시오.
Прошу́ принести́ мой бага́ж в но́мер.
쁘라슈   쁘리네스찌 모이 바가쉬   브노메르

어디에 주차할 수 있습니까?
Где мо́жно поста́вить маши́ну?
그지에   모즈노   빠스따비찌   마쉬누

우리 호텔 차고에요.
В на́шем гараже́.
브나쉠   가라줴

우리 호텔 주차장에요.
в на́шей стоя́нке.
브나쉐이   스따얀께

서비스 문의 (Про́сьбы и вопро́сы)

언제 조식이 시작되나요?
Когда́ начина́ется за́втрак?
까그다   나치나옛쨔   자프뜨라끄

언제 중식이 제공되나요?
Когда́ подаётся обе́д?
까그다   빠다욧짜   아베드

언제 석식이 제공되나요?
Когда́ подаётся у́жин?
까그다   빠다욧짜   우쥔

어디에 식당이 있습니까?
Где столо́вая?
그지에 스딸로바야

어디에서 조식이 제공되나요?
Где подаётся за́втрак?
그지에   빠다욧짜   자프뜨라끄

수건을 갖다 주십시오.
Принеси́те, пожа́луйста, полоте́нце.
쁘리네시쩨   빠좔루이스따   빨라쩬쩨

비누를 갖다 주십시오.
Принеси́те, пожа́луйста, кусо́к мы́ла.
쁘리네시쩨   빠좔루이스따   꾸소끄 므일라

담요 한 장 더 갖다 주십시오.
Принеси́те, пожа́луйста, (ещё) одно́ одея́ло.
쁘리네시쩨   빠좔루이스따   (잇쇼) 아드노 아제얄로

24호입니다.
Но́мер два́дцать четы́ре, пожа́луйста!
노메르   드바짜찌   체뜨이레   빠좔루이스따

제 앞으로 메모가 남겨져 있나요?
На моё и́мя есть корреспонде́нция?
나마요   이먀 예스찌   까레스판젠찌야

여기 어디 마실 곳이 있나요?
Где здесь мо́жно попи́ть?
그지에 즈제시 모즈노   빠삐찌

여기 어디서 자동차를 렌트할 수 있나요?
Где здесь мо́жно взять напрока́т маши́ну?
그지에 즈제시 모즈노 브쟈찌 나쁘라까뜨   마쉬누

여기 어디서 전화통화 할 수 있나요?
Где здесь мо́жно позвони́ть по телефо́ну?
그지에 즈제시 모즈노   빠즈바니찌   빠첼레폰누

귀중품을 보관해 주시겠습니까?
Мо́жно отда́ть вам це́нные ве́щи на хране́ние в сейф?
모즈노   앗다찌 밤 쩬느에   볘쉬   나흐라네니에   프세이프

짐을 여기에 놔둬도 되나요?
Мо́жно здесь оста́вить бага́ж?
모즈노　　즈제시　　아스따비찌　　바가쉬

온수는 하루 종일 나옵니까?
Горя́чая вода́ быва́ет це́лый день?
가랴차야　　바다　　브아바에드　　쩰르이　　젠

부엌을 사용해도 됩니까?
Мо́жно воспо́льзоваться ку́хней?
모즈노　　　바스뽈조바짜　　　쿠흐네이

세탁장을 사용해도 됩니까?
Мо́жно воспо́льзоваться пра́чечной?
모즈노　　　바스뽈조바짜　　　쁘라체츠노이

전화를 사용해도 됩니까?
Мо́жно воспо́льзоваться телефо́ном?
모즈노　　　바스뽈조바짜　　　쩰레폰놈

엘리베이터가 있습니까?
У вас есть лифт?
우바스 예스찌 리프트

세탁장이 있습니까?
У вас есть пра́чечная?
우바스 예스찌　쁘라체츠나야

금고가 있습니까?
У вас есть сейф?
우바스 예스찌 세이프

위성 TV가 있습니까?
У вас есть спу́тниковое телеви́дение?
우바스 예스찌　　스쁘뜨꼬보에　　쩰레비제니에

욕조가 있습니까?
У вас есть бассе́йн?
우바스 예스찌　바세인

여기서 환전할 수 있습니까?
Здесь мо́жно поменя́ть де́ньги?
즈제시　　모즈노　　빠메냐찌　　젠기

관광을 할 수 있나요?
Здесь мо́жно присоедини́ться к экску́рсии?
즈제시　　모즈노　　쁘리사에지니짜　　꼑스꾸르시이

저한테 메시지 없나요?
Мне передава́ли?
므녜　　뻬레다발리

메시지 좀 전달 해주시겠어요?
Вы мóжете передáть комý-то?
브이   모줴쩨   뻬레다찌   까무또

방에 열쇠를 놔두고 왔습니다.
Я забы́л(-а) ключ в нóмере.
야   자브일(라)   끌류치   브노메레

불편사항 (Жалобы)

방이 너무 환합니다.
В кóмнате óчень я́рко.
프꼼나쩨   오첸   야르꼬

방이 춥습니다.
В кóмнате хóлодно.
프꼼나쩨   홀로드노

방이 어둡습니다.
В кóмнате темнó.
프꼼나쩨   쩸노

방이 시끄럽습니다.
В кóмнате шýмно.
프꼼나쩨   슘노

방이 좁습니다.
В кóмнате тéсно.
프꼼나쩨   쩨스노

오늘 제 방이 청소가 안 되어 있습니다.
Сегóдня мой нóмер не при́бран.
시보드냐   모이   노메르   네   쁘리브란

이 베개가 더럽습니다.
Э́та подýшка гря́зная.
에따   빠두쉬까   그랴즈나야

에어콘이 작동하지 않습니다.
Кондиционéр не рабóтает.
깐지찌오네르   네   라보따에뜨

난방이 되지 않습니다.
Отоплéние не рабóтает.
아따쁠레니에   네   라보따에뜨

화장실이 고장 났습니다.
Туалет не работает.
뚜알레뜨 네 라보따에뜨

수도가 샙니다.
Кран течёт.
끄란 쩨쵸뜨

온수가 나오지 않습니다.
Нет горячей воды.
니에뜨 가랴체이 바드이

변기가 막혔습니다.
Туалет засорён.
뚜알레뜨 자사룐

배수구가 막혔습니다.
Раковина засорена.
라꼬비나 자사레나

수리 소음 땜에 잠을 잘 수가 없습니다.
Ремонт мешает мне (нам) спать.
레몬뜨 메샤에뜨 므녜 (남) 스빠찌

방을 바꾸고 싶습니다.
Я хотел(-а) бы поменять номер.
야 하쩰(라) 브이 빠메냐찌 노메르

호텔 종업원과의 대화 (Разговор с администратором)

301호가 어디인지 말씀해주세요.
Скажите, пожалуйста, где триста первый номер?
스까쥐쩨 빠좔루이스따 그지에 뜨리스따 뻬르브이 노메르

제가 모셔다 드리겠습니다.
Я провожу вас.
야 쁘라바쥬 바스

여기 왼쪽 첫 번째 문입니다.
Это первая дверь налево.
에따 뻬르바야 드베리 날례보

여기가 고객님 방입니다.
Вот ваш номер.
보뜨 바쉬 노메르

여기가 욕실입니다.
Это ва́нная.
에따 반나야

전화와 컴퓨터는 책상에 있습니다.
Телефо́н, компью́тер на столе́.
쩰레폰   깜퓨쩨르   나스딸레

필요한 것이 있으시면, 프런트로 전화하세요.
Е́сли вам бу́дет что́-нибудь ну́жно, позвони́те администра́тору.
예슬리 밤 부제뜨 쉬또니부찌 누즈노 빠즈바니쩨   아드미니스뜨라또루

알겠습니다. 고맙습니다.
Хорошо́, спаси́бо.
하라쇼   스빠시바

양복과 와이셔츠를 다림질해야 하는데요.
Мне ну́жно погла́дить костю́м и руба́шки.
므네 누즈노 빠글라지찌 가스쯈 이 루바쉬끼

제가 가져가겠습니다. 1시간 후에 갖다 드리겠습니다.
Я возьму́ их. Всё бу́дет гото́во че́рез час.
야 바지무 리흐 프쇼 부제뜨 가또보 체레스 차스

지금 저는 시내에 나가려 합니다. 누가 저에 대해 물으면, 저녁 9시 이후에 돌아온다고 말씀해 주십시오.
Сейча́с я ухожу́ в го́род. Е́сли кто́-нибудь бу́дет спра́шивать
시차스 야 우하쥬 브고로드 예슬리 끄또니부찌 부제뜨 스쁘라쉬바찌
меня́, скажи́те, что я бу́ду ве́чером по́сле девяти́ часо́в.
미냐 스까쥐쩨 쉬또 야 부두 베체롬   뽀슬레 제뱌찌 치소프

알겠습니다. 그렇게 전하겠습니다. 또 다른 시키실 일 없으십니까?
Хорошо́, я переда́м. Бу́дут ещё каки́е-нибудь поруче́ния.
하라쇼 야 뻬레담 부두뜨 잇쇼 깍끼에니부찌   빠루체니야

없습니다. 그게 다인 것 같아요. 감사합니다.
Нет, ка́жется всё. Спаси́бо.
니에뜨 까쥇쨔 프쇼 스빠시바

모닝콜 예약 (Бронирование утреннего звонка)

여기는 301호입니다.
Здесь но́мер три́ста оди́н.
즈제시 노메르 뜨리스따 아진

내일 7시 반에 깨워 주십시오.
Завтра разбудите меня в половине восьмого, пожалуйста.
가

알겠습니다. 내일 아침 7시 반에 깨워 드리겠습니다.
Хорошо. Завтра утром в половине восьмого разбужу вас.
가

체크아웃 (Отьезд)

저는 오늘 저녁 떠납니다.
Я уеду сегодня вечером.
야 우예두   시보드냐   베체롬

내일 아침 열 시에 떠납니다.
Я уеду завтра утром в 10 часов.
야 우예두 자프뜨라   우뜨롬 브제샤찌 치소프

지금 체크아웃 합니다.
Я сейчас уезжаю.
야 시차스   우에좌유

Мы сейчас уезжаем.
므이   시차스   우에좌엠

몇 시까지 체크아웃 해야 하나요?
До которого часа надо освободить номер?
  다까또로보   치사 나다   아스바바지찌   노메르

계산서를 준비해주세요.
Приготовьте счёт, пожалуйста.
  쁘리가또비쩨   쇼뜨   빠좔루이스따

계산이 잘못 되었습니다.
Меня обсчитали.
 미냐   압쉬딸리

신용카드를 받으시겠습니까?
Вы принимаете кредитные карточки?
브이   쁘리니마에쩨   끄레지뜨느이에   까르또츠끼

택시를 예약해 주십시오.
Закажите для меня такси, пожалуйста.
  자까쥐쩨   들랴미냐   딱시   빠좔루이스따

11시에 택시가 필요합니다.
Мне нужно такси на одиннадцать часов.
므녜   누즈노   딱시   나-진나짜찌   치소프

여기 짐을 놔둬도 됩니까?

Здесь мо́жно оставля́ть бага́ж?
즈제시 모즈노 아스따비찌 바가쉬

제가 선금 맡긴 것을 주십시오.

Да́йте, пожа́луйста, мой ава́нс.
다이쩨 빠좔루이스따 모이 아반스

제 여권을 주십시오.

Да́йте, пожа́луйста, мой па́спорт.
다이쩨 빠좔루이스따 모이 빠스뽀르뜨

제 귀중품을 주십시오.

Да́йте, пожа́луйста, мой це́нности.
다이쩨 빠좔루이스따 마이 쩬노스찌

3일 후 월요일에 돌아오겠습니다.

Я верну́сь че́рез три дня в понеде́льник.
야 베르누시 체레스 뜨리 드냐 프빠네젤니끄

감사합니다. 아주 잘 묵었습니다.

Спаси́бо. Отли́чно провёл(-вела́) вре́мя.
스빠시바 아뜰리츠노 쁘라뵬 (쁘라벨라) 브레먀

모든 것에 대단히 감사합니다. 안녕히 계십시오.

Большо́е спаси́бо. До свида́ния.
발쇼에 스빠시바 다스비다니야

응용회화

Диало́г : В гости́нице "Звезда́"

Гости́ница "Звезда́" нахо́дится недалеко́ от Кра́сной пло́щади. Э́то но́вая ча́стная гости́ница. Она́ небольша́я: в ней всего́ со́рок номеро́в.

Администра́тор: Здра́вствуйте. Вы зака́зывали но́мер?
Майк: Да, заказа́л.
Ната́ша: Вот ко́пия фа́кса, в кото́ром вы подтвержда́ете, что зака́з при́нят.
Администра́тор: Хорошо́. Ваш па́спорт, пожа́луйста.
Ната́ша: Вот он.
Администра́тор: Спаси́бо. Вы смо́жете получи́ть его́ за́втра у́тром.

Майк:	Скажи́те, пожа́луйста, в но́мере есть телеви́зор?
Администра́тор:	Коне́чно. Пять кана́лов рабо́тают на ру́сском языке́. И есть ещё оди́н кана́л, по кото́рому мо́жно смотре́ть переда́чи Си-Эн-Эн. Они́ передаю́т це́лый день по-англи́йски.
Майк :	Зна́ете ли вы, когда́ передаю́т но́вости?
Администра́тор:	Извини́те меня́, то́чно не по́мню. Но вся информа́ция есть в но́мере на ру́сском и на англи́йском языка́х.
Майк:	Спаси́бо. А как здесь мо́жно постира́ть ве́щи? И есть ли тут химчи́стка?
Администра́тор:	Е́сли вы отдади́те нам те ве́щи, кото́рые ну́жно постира́ть и почи́стить, до 12 часо́в дня, они́ бу́дут гото́вы к 8 часа́м утра́ на сле́дующий день.
Мпйк:	Прекра́сно! Что ещё? Чуть не забы́л! Есть ли у вас каки́е-нибудь англи́йские или америка́нские газе́ты?
Администра́тор:	Да, Мы получа́ем англи́йскую "Таймс" и америка́нскую "Нью-Йо́рк Гера́льд Трибью́н". Но они́ прихо́дят к нам два дня по́зже.
Майк:	Как рабо́тает ваш рестора́н? Когда́ он откры́т?
Администра́тор:	У нас нет рестора́на. Но здесь за угло́м , совсе́м бли́зко, есть рестора́н.
Майк:	А где мо́жно поза́втракать?
Администра́тор:	У нас есть буфе́т с лёгкими заку́сками и пи́ццей на второ́м этаже́. Меню́ есть в ва́шем но́мере. Вы мо́жете заказа́ть за́втрак пря́мо в но́мер, е́сли хоти́те.

Майк: Спаси́бо. Вы о́чень помогли́ мне.

호텔 "즈베즈다"는 붉은 광장에서 멀지 않은 곳에 위치하고 있다. 새로운 개인 호텔이다. 객실이 전부 40호인 작은 호텔이다.

호텔직원 : 안녕하세요? 예약하셨나요?
마이크 : 네, 예약했습니다.
여기 예약 접수를 컨폼한 팩스 사본입니다.
호텔직원 : 좋습니다. 여권을 주세요.
마이크 : 여기 있습니다.
호텔직원 : 감사합니다. 내일 아침에 돌려 드리겠습니다.
마이크 : 객실에 TV가 있나요?
호텔직원 : 물론입니다. 러시아어 채널 5개가 있고, CNN 방송을 보실 수 있습니다. 하루 종일 영어로 방송합니다.
마이크 : 뉴스는 언제 방송하는지 아시나요?
호텔직원 : 죄송합니다. 정확히 기억 못합니다. 하지만 러시아어와 영어로 된 모든 정보책자가 객실에 비치되어 있습니다.
마이크 : 감사합니다. 여기서 세탁은 어떻게 하나요?
드라이클리닝 하는 곳이 있나요?
호텔직원 : 세탁할 물건을 정오 전에 맡기시면, 다음 날 아침 8시까지 준비 됩니다.
마이크 : 좋습니다. 그래요. 뭔가 잊어버린 것 같은데! 영국신문이나 미국 신문 없습니까?
호텔직원 : 있습니다. 우리 호텔은 영국신문 "타임즈"와 미국신문 "뉴욕 헤럴드 트리뷴"을 받아 봅니다. 그런데 이틀 늦게 우리 호텔에 배달됩니다.
마이크 : 레스토랑은 어디 있습니까? 언제 여나요?
호텔직원 : 우리 호텔에는 레스토랑이 없습니다. 근처 코너 아주 가까운 곳에 레스토랑이 있습니다.
마이크 : 그러면 어디에서 아침 식사를 하죠?
호텔직원 : 우리 호텔 2층에 가벼운 스낵과 피자 뷔페가 있습니다.
메뉴는 손님 객실에 비치되어 있고요.
원하시면, 아침식사를 룸서비스 받으실 수 있습니다.
마이크 : 감사합니다. 당신이 많은 도움이 되었습니다.

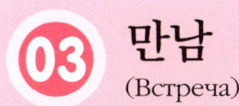 만남 (Встреча)

러시아 사람들은 세계 어느 나라 사람보다 손님 맞이하기를 좋아하고 정을 베풀 줄 아는 민족이다. 러시아 사람들과의 만남이 마음을 따뜻하게 해주고 여행길을 아름답게 해준다. 초면에 만난 사람에게 말 걸기, 인사, 나이, 직업, 가족관계 등 자기소개 표현을 소개한다.

말 걸기 (Обращение к незнакомому)

안녕하세요?
Здра́вствуйте.
즈드라스부이쩨

До́брый день.
도브르이 젠

당신 일은 어떠세요?
Как ва́ши дела́?
깍 바쉬 젤라

매우 반갑습니다.
О́чень прия́тно.
오첸 쁘리야뜨노

저는 여기서 휴가 중입니다.
Я здесь отдыха́ю.
야 즈제시 앗드이하유

저는 사업상 여기 왔습니다.
Я здесь по дела́м.
야 즈제시 빠젤람

뭐 좀 마시겠어요?
Хоти́те что́-нибудь вы́пить?
하찌쩨 쉬또느부찌 브이삐찌

담배 한 대 피우시겠어요?
Хоти́те сигаре́ту?
하찌쩨 시가레뚜

당신 이름은 무엇입니까?
Как вас зовут?
깍 바스 자부뜨

저는 이반입니다.
Меня зовут Иван.
미냐 자부뜨 이반

인사 & 소개 (Знакомство)

당신은 어디 출신입니까?
Вы откуда?
브이 앗꾸다

저는 한국 출신입니다.
Я из Кореи.
야 이스까레이

저는 캐나다 출신입니다.
Я из Канады.
야 이스까나드이

저는 일본 출신입니다.
Я из Японии.
야 이즈이뽀니

저는 중국 출신입니다.
Я из Китая.
야 이스끼따야

저는 미국 출신입니다.
Я из США.
야 이스에스샤아

저는 오스트레일리아 출신입니다.
Я из Австралии.
야 이잡스뜨랄리

저는 프랑스 출신입니다.
Я изо Франции.
야 이자프란찌이

저는 영국 출신입니다.
Я из Англии.
야 이잔글리이

당신은 러시아인입니까?
Вы ру́сский(-ая)?
브이 루스끼(루스까야)

네, 러시아인입니다.
Да, я ру́сский(-ая).
다 야 루스끼(루수까야)

아뇨, 러시아인이 아닙니다.
Нет, я не ру́сский(-ая).
니에뜨 야 네 루스끼(루스까야)

저는 한국인입니다.
Я коре́ец (коре́янка).
야 까레에쯔 (까레얀까)

저는 일본인입니다.
Я япо́нец (япо́нка).
야 이뽀네쯔 (이뽄까)

저는 중국인입니다.
Я кита́ец (кита́янка).
야 끼따에쯔 (끼따얀까)

저는 미국인입니다.
Я америка́нец (америка́нка).
야 아메리까네쯔 (아메리깐까)

저는 영국인입니다.
Я англича́нин (англича́нка).
야 안글리차닌 (안글리찬까)

응용회화

Диало́г :	Знако́мство
Андре́й :	Здра́вствуйте. Я - Андре́й Ива́нович Смирно́в. А вы кто?
Ната́лья :	А меня́ зову́т Ната́лья Петро́вна Ивано́ва. Я ру́сская. А вы ру́сский?
Андре́й :	Нет, я не ру́сский. И не укра́инец, и не тата́рин.
Ната́лья :	Кто вы по национа́льности?
Андре́й :	Я белору́с? Я роди́лся в Ми́нске. А вы отку́да?
Ната́лья :	Я из Новосиби́рска. А сейча́с я живу́

	здесь, в Москве́. Я рабо́таю в ба́нке. А где вы рабо́таете?
Андре́й:	Я? Я рабо́таю в университе́те. Я преподаю́ ру́сский язы́к.
Ната́лья:	Зна́чит, я бухга́лтер, а вы предподава́тель. А кто э́тот молодо́й челове́к?
Андре́й:	Э́то Па́вел. Он мой но́вый студе́нт. Он америка́нец. Он у́чит ру́сский. Па́вел! Иди́те сюда́! Э́то Па́вел. Па́вел, э́то... Ната́лья Петро́вна. Она́ рабо́тает в ба́нке.
Ната́лья:	О́чень прия́тно.
Андре́й:	Я о́чень ра́да познако́миться с ва́ми.

안드레이 : 안녕하세요? 저는 안드레이 이바노비치 스미르노프입니다.
누구십니까?

나딸리야 : 저는 나딸리야 뻬뜨로브나 아바노바입니다. 러시아인입니다.
당신도 러시아인이세요?

안드레이 : 아뇨, 러시아인 아닙니다. 우크라이나인도 아닙니다.
따따르인도 아니고요.

나딸리야 : 국적이 어디세요?

안드레이 : 저는 백러시아인입니다. 민스끄에서 태어났습니다.
당신은 어디 출신이세요?

나딸리야 : 저는 노보시비르스끄 출신입니다. 지금은 여기 모스크바에 살아요.
은행에서 일해요. 당신은 어디에서 일하세요?

안드레이 : 저요? 저는 대학에서 일합니다. 러시아어 강의를 합니다.

나딸리야 : 그러니까, 저는 회계원이고, 당신은 강사군요...
그런데 이 젊은 사람은 누구인가요?

안드레이 : 빠벨입니다. 제 새로운 학생입니다. 미국인입니다. 러시아어를 공부하고 있어요. 빠벨! 이리로 와 보세요! 빠벨입니다. 이 분은 나딸리야 뻬뜨로브나이고, 은행에서 일합니다.

빠벨 : 매우 반갑습니다.

나딸리야 : 만나게 되어 매우 기쁩니다.

나이 (О возрасте)

당신은 몇 살입니까?
Сколько вам (тебé) лет?
스꼴꼬 밤 (쩨베) 리에뜨

저는 20세입니다
Мне 20 лет.
므네 드바짜찌 리에뜨

당신 딸은 몇 살입니까?
Сколько вашей дочке лет?
스꼴꼬 바쉐이 도츠께 리에뜨

당신 아들은 몇 살입니까?
Сколько вашему сыну лет?
스꼴꼬 바쉐무 스이누 리에뜨

두 살입니다.
Ему (Ей) 2 года.
예무 (예이) 드바 고다

다섯 살입니다.
Ему (Ей) 5 лет.
예무 (예이) 빠찌 리에뜨

열한 살입니다.
Ему (Ей) 11 лет.
예무 (예이) 아진나짜찌 리에뜨

당신은 나이보다 젊어 보입니다.
Вы выглядите моложе своих лет.
브이 브이글랴지쩨 말로줴 스바이흐 리에뜨

당신이 저보다 세 살 어립니다.
Вы моложе меня (чем я) на три года.
브이 말로줴 미냐 (쳄 야) 나뜨리 고다

당신이 저보다 세 살 많습니다.
Вы старше меня (чем я) на три года.
브이 스따르쉐 미냐 (쳄 야) 나뜨리 고다

직업 (О профессии)

당신 직업은 무엇입니까?
Кем вы (ты) работаете(-ешь)?
꼠 브이 (뜨이) 라보따에쩨(라보따에쉬)

저는 회계사입니다.
Я бухга́лтер.
야 부흐갈쩨르

저는 비즈니스맨입니다.
Я бизнесме́н.
야 비즈네스멘

저는 교사입니다.
Я учи́тель(-ница).
야 우치쩰 (우치쩰니짜)

저는 컴퓨터 프로그래머입니다.
Я компью́терный программи́ст.
야 깜쀼쩨르느이 쁘라그라미스뜨

저는 엔지니어입니다.
Я инжене́р.
야 인줴네르

저는 대학생입니다.
Я студе́нт(-ка).
야 스뚜젠뜨 (스뚜젠뜨까)

저는 의사입니다.
Я врач.
야 브라치

저는 간호사입니다.
Я медсестра́.
야 메드시스뜨라

저는 기자입니다.
Я журнали́ст(-ка).
야 쥬르날리스뜨 (쥬르날리스뜨까)

저는 통역사입니다.
Я перево́дчик(-чица).
야 뻬레봇치끄 (뻬레봇치짜)

저는 변호사입니다.
Я адвока́т.
야 아드바까뜨

저는 컨설턴트입니다.
Я консу́льтант.
야 깐술딴뜨

당신은 어디에서 일하십니까?
Где вы (ты) рабо́таете(-ешь)?
그지에 브이 (뜨이) 라보따에쩨 (라보따에쉬)

저는 삼성회사에서 일합니다.
Я рабо́таю в компа́нии Самсу́нг.
야 라보따유 프깜빠니 삼성

저는 관공서에서 일합니다.
Я рабо́таю на госуда́рственной слу́жбе.
야 라보다유 나가수다르스뜨벤노이 슬루즈베

저는 은행에서 일합니다.
Я рабо́таю в ба́нке.
야 라보따유 브반께

저는 마케팅 일을 합니다.
Я рабо́таю в марке́тинге.
야 라보따유 브마르께찐게

저는 대학에서 일을 합니다.
Я рабо́таю в университе́те.
야 라보따유 부니베르시쩨쩨

저는 연금수혜자입니다.
Я на пе́нсии.
야 나뻰시이

저는 개인 사업체를 갖고 있습니다.
Я име́ю со́бственныйц би́знес.
야 이몌유 솝스뜨벤느이 비즈네스

저는 실업자입니다.
Я безрабо́тный(-ая).
야 베즈라보뜬니이 (베즈라보뜨나야)

어디에서 공부하십니까?
Где вы у́читесь?
그지에 브이 우치쩨시

저는 학교를 다닙니다.
Я учу́сь в шко́ле.
야 우추시 프쉬꼴레

저는 대학을 다닙니다.
Я учу́сь в университе́те.
야 우추시 부니베르시쩨쩨

저는 단과대학을 다닙니다.
Я учу́сь в институ́те.
야 우추시 브인스찌뚜쩨

저는 대학원을 다닙니다.
Я учу́сь в аспиранту́ре.
야 우추시 바스삐란뚜레

무엇을 공부하십니까?
Что вы изуча́ете?
쉬또 브이 이주치에쩨

저는 러시아어를 공부합니다.
Я изуча́ю ру́сский язы́к.
야 이주차유 루스끼 이즈이끄

저는 인문학을 공부합니다.
Я изуча́ю гуманита́рные нау́ки.
야 이주차유 구마니따르느이에 나우끼

저는 경제를 공부합니다.
Я изуча́ю эконо́мику
야 이주차유 에꼬노미꾸

저는 역사를 공부합니다.
Я изуча́ю исто́рию.
야 이주차유 이스또리유

저는 자연과학을 공부합니다.
Я изуча́ю есте́ственные нау́ки.
야 이주차유 에스쩨스뜨벤느이에 나우끼

저는 수학을 공부합니다.
Я изуча́ю матема́тику.
야 이주차유 마쩨마찌꾸

저는 생물학을 공부합니다.
Я изуча́ю биоло́гию.
야 이주차유 비알로기유

저는 화학을 공부합니다.
Я изучаю хи́мию.
야 이주차유 히미유

저는 생명공학을 공부합니다.
Я изучаю биоинжене́рию.
야 이주차유 비아인줴네리유

응용회화

Андрей:	Еле́на Петро́вна, а вы сра́зу ста́ли преподава́тельницей англи́йского языка́?
Лена:	Нет, не сра́зу. Снача́ла, по́сле оконча́ния университе́та я рабо́тала в реда́кции.
Андрей:	Почему́ вы ушли́ из реда́кции? Вам не

	нра́вилась ва́ша рабо́та?
Ле́на:	Мне нра́вилась моя́ рабо́та. Одна́жды гру́ппа рабо́тников реда́кции попроси́ла меня́ позанима́ться с ни́ми англи́йским языко́м. Так я начала́ преподава́ть. Моя́ но́вая рабо́та увлекла́ меня́. Я поняла́, что преподава́ние мне бо́льше по душе́, и я перешла́ в университе́т.
Андре́й:	И не жале́ете?
Ле́на:	Ниско́лько.

안드레이 : 엘레나 뻬뜨로브나, 당신은 처음부터 영어 강사를 했습니까?
레나 : 아뇨, 처음부터는 아니에요. 대학 졸업 후 처음에는 출판사에서 일했어요.
안드레이 : 왜 출판사를 그만 두셨어요? 일이 마음에 안 들었나요?
레나 : 일은 마음에 들었어요. 어느 날 출판사 직원 그룹이 영어 공부를 함께 하자고 했어요. 그래서 가르치기 시작했지요. 새로운 일이 나를 사로잡기 시작했고, 가르치는 일이 나한테 더 맞는다는 것을 알았지요.
안드레이 : 후회하지 않습니까?
레나 : 전혀요.

가족 관계 (Семе́йные отноше́ния)

(남자에게) 결혼하셨습니까?
Вы жена́ты?
브이 쮀나뜨이

기혼입니다.
Да, я жена́т.
다 야 쮀나뜨

미혼입니다.
Нет, я нежена́т.
니에뜨 야 네쮀나뜨

(여자에게) 결혼하셨습니까?
Вы за́мужем?
브이 자무

기혼입니다.
Да. я за́мужем.
다 야 자무

미혼입니다.
Нет, я не за́мужем.
니에뜨 야 네 자무쥄

별거 중입니다.
Я не живу́ с жено́й(с му́жем).
야 네 쥐부 쥐-노이 (스무쥄)

독신입니다.
Я хо́лост(-á)
야 홀로스뜨(홀라스따)

가족관계가 어떻게 되나요?
Кака́я у вас (тебя́) семья́?
깎까야 우바스 (찌뱌) 세미야

대가족입니다.
У меня́ больша́я семья́.
우미냐 발샤야 세미야

가족이 그다지 많지 않습니다.
У меня́ небольша́я семья́.
우미냐 네발샤야 세미야

소가족입니다.
У меня́ ма́ленькая семья́.
우미냐 말렌까야 세미야

부모님이 생존해 계십니다.
У меня́ есть роди́тели.
우미냐 예스찌 라지쪨리

형(오빠)이 있습니다.
У меня́ ста́рший брат.
우미냐 스따르쉬이 브라뜨

남동생이 있습니다.
У меня́ мла́дший брат.
우미냐 믈라드쉬이 브라뜨

누나(언니)가 있습니다.
У меня́ ста́ршая сестра́.
우미냐 스따르샤야 세스뜨라

여동생이 있습니다.
У меня́ мла́дшая сестра́.
우미냐 믈라드샤야 세스뜨라

자녀가 있습니까?
У вас есть де́ти?
우바스 예스찌 제찌

아이들이 있습니다.
У меня́ есть де́ти.
우미냐 예스찌 제찌

딸이 둘입니다.
У меня́ две до́чери.
우미냐 드베 도체리

아들이 있습니다.
У меня́ сын.
우미냐 스인

아이가 없습니다.
У меня́ нет дете́й.
우미냐 니에뜨 제쩨이

부모님은 자식 둘을 두셨습니다.
У мои́х роди́телей дво́е дете́й.
우마이흐 라지쩰레이 드보에 제쩨이

우리 가족은 세 명입니다.
На́ша семья́ состои́т из трёх челове́к.
나샤 세미야 사스따이뜨 이스뜨료흐 첼라볘끄

우리는 저와 아내, 딸 이렇게 세 식구입니다.
Нас тро́е - жена́, я и дочь.
나스 뜨로에   쮀나   야 이 도치

응용회화

Диало́г 1 : Ско́лько лет ва́шей до́чери?

Та́ня: У вас больша́я семья́?
Ива́н: Нет, нас че́тверо - жена́, я, дочь и сын.
Та́ня: Ско́лько лет ва́шей до́чери?
Ива́н: Ей пятна́дцать лет.
Та́ня: Я не ду́мала, что у вас така́я больша́я дочь.
А ско́лько лет сы́ну?
Ива́н: Де́сять.
Та́ня: На кого́ они́ похо́жи?
Ива́н: Дочь похо́жа на ма́му, а сын на меня́.

따냐 : 당신 집은 대가족인가요?

이반 : 아뇨, 네 식구입니다. 아내와 저, 아들, 딸이 있습니다.

따냐 : 딸이 몇 살이에요?

이반 : 15살이에요.

따냐 : 당신한테 그렇게 큰 딸이 있으리라고는 생각도 못했어요. 아들은 몇 살인가요?

이반 : 10살입니다.

따냐 : 아이들이 누구를 닮았나요?

이반 : 딸은 엄마를, 아들은 저를 닮았어요.

Диалог 2 : Семья

Борис:	Светлана Васильевна, у вас была большая семья?
Светлана:	Да, как сказать. У моих родителей было трое детей - я, брат и сестра. Многие сейчас считают, что семья, где трое детей - большая.
Борис:	Какие у вас были родители?
Светлана:	Очень строгие! Требовательные. Отец любил порядок во всём Он был военным, офицером. Я думаю, что мой отец дал мне очень много.
Борис:	А мать?
Светлана:	Она по профессии учительница, но работала недолго. После рождения моего брата ушла с работы, занималась домом и нами.

보리스 : 스베뜰라나 바실리예브나, 당신 집은 대가족인가요?

스베뜰라나 : 어떻게 말해야 하나? 우리 부모님은 삼남매를 두셨어요. 저와 남동생 그리고 여동생이요 요즘엔 많은 사람들이 자식이 셋이면 대가족이라 생각하더군요.

보리스 : 당신 부모님은 어떤 분이셨지요?

스베뜰라나 : 매우 엄격하셨어요. 요구사항도 많으셨고요.
아버지는 모든 면에서 질서 정연한 것을 좋아하셨어요.
군장교이셨거든요. 아버지가 제게 많은 것을 주었다고 생각해요.

보리스: 어머님은요?
스베뜰라나 : 어머니는 교사였어요. 오래 직장 생활은 하지 않으셨어요. 남동생을 낳으시고 직장을 그만 두시고 가사에 전념하셨어요.

04 외모와 성격
(Внешний вид и черты характера)

외모와 성격은 일상생활에서 대화 테마로 자주 등장한다. 외모에 대한 관심은 우리 나라뿐만 아니라 러시아에서도 날이 갈수록 높아지고 있다. 또한 외형에 대한 관심외 에도 인간의 내면에 대한 관심도 주된 이야기거리이다. 외모와 성격에 대한 표현을 총망라해본다.

외모 (Внешний вид)

그는(그녀는) 서른 살 쯤 되었습니다.
Ему́ (Ей) о́коло тридцати́ лет.
에무 (에이) 오꼴로 뜨리짜찌 레뜨

그는 (그녀는) 서른이 조금 넘었습니다.
Ему́ (Ей) три́дцать с небольши́м.
에무 (에이) 뜨리짜짜 스네발쉼

그는 (그녀는) 서른이 넘지 않았습니다.
Ему́ (Ей) не бо́льше тридцати́ лет.
에무 (에이) 네 볼쉐 뜨리짜찌 레뜨

그는 (그녀는) 서른이 넘었습니다.
Ему́ (Ей) за три́дцать.
에무 (에이) 자 뜨리짜찌

그는 (그녀는) 오십 살 무렵입니다.
Ему́ (Ей) под пятьдеся́т.
에무 (에이) 빠드삐찌제샤뜨

그는 (그녀는) 중년입니다.
Ему́ (Ей) сре́дних лет.
에무 (에이) 스레드니흐 레뜨

그는(그녀는) 키가 큽니다.
Он (Она́) высо́кого ро́ста.
온 (아나) 브이소꼬보 로스따

그는 (그녀는) 중간 키 입니다.
Он (Она́) сре́днего ро́ста.
온 (아나) 스레드네보 로스따

그는 (그녀는) 중간 키 보다 큽니다.
Он (Она) вы́ше сре́днего.
온 (아나) 브이쉐 스레드네보

그는 (그녀는) 키가 작습니다.
Он (Она) ма́ленького ро́ста.
온 (아나) 말렌까보 로스따

그는 (그녀는) 키가 크지 않습니다.
Он (Она) небольшо́го ро́ста.
온 (아나) 네발쇼보 로스따

그는 (그녀는) 나보다 머리 하나 더 큽니다.
Он (Она) на го́лову вы́ше меня́.
온 (아나) 나골로부 브이쉐 미냐

그는 (그녀는) 얼굴이 잘 생겼습니다(예쁩니다).
У него́ (неё) краси́вое лицо́.
우네보 (네요) 끄라시보에 리쪼

그는 (그녀는) 얼굴이 검습니다.
У него́ (неё) сму́глое лицо́.
우네보 (네요) 스무글로에 리쪼

그는 (그녀는) 얼굴이 하얗습니다.
У него́ (неё) бле́дное лицо́.
우네보 (네요) 블레드노에 리쪼

그는 (그녀는) 얼굴색이 좋습니다.
У него́ (неё) хоро́ший цвет лица́.
우네보 (네요) 하로쉬 쯔베뜨 리짜

그의 (그녀의) 얼굴에는 주근깨가 있습니다.
У него́ (неё) лицо́ в весну́шках.
우네보 (네요) 리쪼 베-스누쉬까흐

그의 (그녀의) 코에는 주근깨가 있습니다.
У него́ (неё) весну́шки на носу́.
우네보 (네요) 베스누쉬끼 나나수

그의 (그녀의) 얼굴은 깁니다.
У него́ (неё) дли́нное лицо́.
우네보 (네요) 들린노에 리쪼

그의 (그녀의) 얼굴은 작습니다.
У него́ (неё) у́зкое лицо́.
우네보 (네요) 우스꼬에 리쪼

그의 (그녀의) 얼굴은 큽니다.
У него́ (неё) широ́кое лицо́.
우네보 (네요) 쉬로꼬에 리쪼

그의 (그녀의) 얼굴은 둥급니다.
У него́ (неё) кру́глое лицо́.
우네보 (네요) 끄루글로에 리쪼

그의 (그녀의) 이목구비는 반듯 합니다.
У него́ (неё) пра́вильные черты́ лица́.
우네보 (네요) 쁘라빌느이에 체르뜨이 리짜

그의 (그녀의) 이목구비는 반듯하지 않습니다.
У него́ (неё) непра́вильные черты́ лица́.
우네보 (네요) 네쁘라빌느이에 체르뜨이 리짜

그의 (그녀의) 얼굴은 선이 굵습니다.
У него́ (неё) кру́пные черты́ лица́.
우네보 (네요) 끄루쁘느이에 체르뜨이 리짜

그의 (그녀의) 얼굴은 오목조목 생겼습니다.
У него́ (неё) ме́лкие черты́ лица́.
우네보 (네요) 멜끼에 체르뜨이 리짜

그의 (그녀의) 눈은 파랗습니다.
У него́ (неё) голу́бые глаза́.
우네보 (네요) 갈루브이에 글라자

그의 (그녀의) 눈은 푸른색입니다.
У него́ (неё) си́ние глаза́.
우네보 (네요) 시니에 글라자

그의 (그녀의) 눈은 검은 색입니다.
У него́ (неё) чёрные глаза́.
우네보 (네요) 쵸르느이에 글라자

그의 (그녀의) 눈은 밤색입니다.
У него́ (неё) ка́рие глаза́.
우네보 (네요) 까리에 글라자

그의 (그녀의) 눈은 회색입니다.
У него́ (неё) се́рые глаза́.
우네보 (네요) 셰르이에 글라자

그의 (그녀의) 눈은 초록 색입니다.
У него́ (неё) зеленова́тые глаза́
우네보 (네요) 젤레나바뜨이에 글라자

그의 (그녀의) 눈은 큽니다.
У него́ (неё) больши́е глаза́.
우네보 (네요) 발쉬에 글라자

그의 (그녀의) 눈은 크지 않습니다.
У него́ (неё) небольши́е глаза́.
우네보 (네요) 네발쉬에 글라자

그의 (그녀의) 눈은 작습니다.
У него́ (неё) ма́ленькие глаза́.
우네보 (네요) 말렌끼에 글라자

그의 (그녀의) 눈은 둥급니다.
У него́ (неё) кру́глые глаза́.
우네보 (네요) 끄루글르이에 글라자

그의 (그녀의) 눈은 빛납니다.
У него́ (неё) блестя́щие глаза́.
우네보 (네요) 블레스쨔쉬에 글라자

그의 (그녀의) 눈은 표정이 풍부합니다.
У него́ (неё) вырази́тельные глаза́.
우네보 (네요) 브이라지쩰느이에 글라자

그의 (그녀의) 눈은 진지합니다.
У него́ (неё) серьёзные глаза́.
우네보 (네요) 세료즈느이에 글라자

그의 (그녀의) 눈은 생각에 잠긴 눈입니다.
У него́ (неё) заду́мчивые глаза́.
우네보 (네요) 자둠치브이에 글라자

그의 (그녀의) 눈은 영악해 보입니다.
У него́ (неё) хи́трые глаза́.
우네보 (네요) 히뜨르이에 글라자

그의 (그녀의) 머리는 깁니다.
У него́ (неё) дли́нные во́лосы.
우네보 (네요) 들린느이에 볼로스이

그의 (그녀의) 머리는 짧습니다.
У него́ (неё) коро́ткие во́лосы.
우네보 (네요) 까로뜨끼에 볼로스이

그의 (그녀의) 머리는 직모입니다.
У него́ (неё) прямы́е во́лосы.
우네보 (네요) 쁘랴므이에 볼로스이

그의 (그녀의) 머리는 고수머리입니다.
У него́ (неё) вью́щиеся во́лосы.
우네보 (네요) 비유쉬이에샤 볼로스이

그의 (그녀의) 머리는 곱슬머리입니다.
У него́ (неё) кудря́вые во́лосы.
우네보 (네요) 꾸드랴브이에 볼로스이

У него́ (неё) волни́стые во́лосы.
우네보 (네요) 발니스뜨이에 볼로스이

Part II 외모와 성격

그의 (그녀의) 머리는 윤이 납니다.
У него́ (неё) гла́дкие во́лосы.
우네보 (네요) 글라뜨끼에 볼로스이

그의 (그녀의) 머리는 북슬북슬합니다.
У него́ (неё) пы́шные во́лосы.
우네보 (네요) 쁴이쉬느이에 볼로스이

그의 (그녀의) 머리는 숱이 많습니다.
У него́ (неё) густы́е во́лосы.
우네보 (네요) 구스뜨이에 볼로스이

그의 (그녀의) 머리는 숱이 없습니다.
У него́ (неё) ре́дкие во́лосы.
우네보 (네요) 레뜨끼에 볼로스이

그의 (그녀의) 머리색은 밝습니다.
У него́ (неё) све́тлые во́лосы.
우네보 (네요) 스베뜰르이에 볼로스이

그의 (그녀의) 머리색은 어둡습니다.
У него́ (неё) тёмные во́лосы.
우네보 (네요) 쬼느이에 볼로스이

그의 (그녀의) 머리는 검은 색입니다.
У него́ (неё) чёрные во́лосы.
우네보 (네요) 쵸르느이에 볼로스이

그의 (그녀의) 머리는 회색입니다.
У него́ (неё) седы́е во́лосы.
우네보 (네요) 세드이에 볼로스이

그의 (그녀의) 머리는 붉은 색입니다.
У него́ (неё) ры́жие во́лосы.
우네보 (네요) 르이쥐에 볼로스이

그의 (그녀의) 머리는 밤색입니다.
У него́ (неё) кашта́новые во́лосы.
우네보 (네요) 까쉬따노브이에 볼로스이

그는 (그녀는) 짧은 헤어스타일을 하고 있습니다.
У него́ (неё) коро́ткая стри́жка.
우네보 (네요) 까로뜨까야 스뜨리쉬까

그는 (그녀는) 유행하는 헤어스타일을 하고 있습니다.
У него́ (неё) мо́дная причёска.
우네보 (네요) 모드나야 쁘리쵸스까

그는 (그녀는) 금발입니다.
Он (Она́) блонди́н(ка).
온 (아나) 블론진(까)

그는 대머리입니다.
Он лы́сый.
온 르이스이

그의(그녀의) 시선은 솔직합니다.
У него́ (неё) откры́тый взгляд.
우네보 (네요) 앗끄르이뜨이 브즈글랴뜨

그의(그녀의) 시선은 평온합니다.
У него́ (неё) споко́йный взгляд.
우네보 (네요) 스빠꼬이느이 뜨이 브즈글랴뜨

그의(그녀의) 시선은 밝습니다.
У него́ (неё) я́сный взгляд.
우네보 (네요) 야스느이 브즈글랴뜨

그의(그녀의) 시선은 다정합니다.
У него́ (неё) ла́сковый взгляд.
우네보 (네요) 라스꼬브이 브즈글랴뜨

그의(그녀의) 시선은 수줍습니다.
У него́ (неё) ро́бкий взгляд.
우네보 (네요) 로브끼 브즈글랴뜨

그의(그녀의) 시선은 천진난만합니다.
У него́ (неё) наи́вный взгляд.
우네보 (네요) 나이브느이 브즈글랴뜨

그의(그녀의) 시선은 당돌합니다.
У него́ (неё) сме́лый взгляд.
우네보 (네요) 스멜르이 브즈글랴뜨

그의(그녀의) 시선은 사려 깊습니다.
У него́ (неё) заду́мчивый взгляд.
우네보 (네요) 자둠치브이 브즈글랴뜨

그의(그녀의)눈초리는 뚫어지게 쳐다 봅니다 .
У него́ (неё) при́стальный взгляд.
우네보 (네요) 쁘리스딸느이 브즈글랴뜨

그는 (그녀는) 유쾌한 미소를 짓습니다.
У него́ (неё) ра́достная улы́бка.
우네보 (네요) 라도스나야 울르이쁘까

그는(그녀는) 환한 미소를 짓습니다.
У него́ (неё) весёлая улы́бка.
우네보 (네요) 베숄라야 울르이쁘까

그는 (그녀는) 공손한 미소를 짓습니다.
У него́ (неё) приве́тливая улы́бка.
우네보 (네요) 쁘리볘뜰리바야 울르이쁘까

그는 (그녀는) 우울한 미소를 짓습니다.
У него (неё) грустная улыбка.
우네보 (네요) 그루스나야 울르이쁘까

그는(그녀는) 수줍은 미소를 짓습니다.
У него (неё) застенчивая улыбка.
우네보 (네요) 자스쪤치바야 울르이쁘까

그는(그녀는) 호탕하게 웃습니다.
У него (неё) широкая улыбка.
우네보 (네요) 쉬로까야 울르이쁘까

그는(그녀는) 행복한 미소를 짓습니다.
У него (неё) счастливая улыбка.
우네보 (네요) 샤슬리바야 울르이쁘까

그는 (그녀는) 교활한 미소를 짓습니다.
У него (неё) хитрая улыбка.
우네보 (네요) 히뜨라야 울르이쁘까

그는 (그녀는) 피곤한 모습입니다.
У него (неё) утомлённый вид.
우네보 (네요) 우따믈룐느이 비뜨

У него (неё) усталый вид.
우네보 (네요) 우스딸르이 비뜨

그는 (그녀는) 기진맥진한 모습입니다.
У него (неё) измученный вид.
우네보 (네요) 이즈무첸느이 비뜨

그는 (그녀는) 행복한 모습입니다.
У него (неё) счастливый вид.
우네보 (네요) 샤슬리브이 비뜨

당신은 누구를 닮았습니까?
На кого вы похожи?
나까보 브이 빠호쥐

당신 동생은 누구를 닮았나요?
На кого похож ваш брат?
나까보 빠호쉬 바쉬 브라뜨

당신 여동생은 누구를 닮았나요?
На кого похожа ваша сестра?
나까보 빠호자 바샤 시스뜨라

당신 형제는 서로 닮았나요?
Вы с братом похожи друг на друга?
브이 즈브라똠 빠호쥐 두루끄 나드루가

응용회화

Диалог 1

Люда: Юра, к тебе заходил сегодня какой-то молодой человек.
Он не назвал себя, но сказал, что зайдёт после семи.
Юра: Кто бы это мог?
А как он выглядел?
Люда: На вид я бы дала ему лет двадцать пять.
Среднего роста.
Юра: Худой? Полный?
Люда: Скорее худой.
Юра: Лицо у него смуглое Загорелое?
Люда: Нет, он скорее бледный.
Юра: А какие у него черты лица, волосы?
Люда: У него правильные черты лица, чёрные, густые волосы.
И у него глаза большие, карие.
Юра: А, тогда это мой двоюродный брат.
Он учится в Москве в медицинском институте.
Люда: А я и не знала, что у тебя здесь есть двоюродный брат.
Что же ты до сих пор не познакомил меня с ним?
Юра: Вот сегодня вечером я тебя познакомлю с ним.

류다 : 유라, 오늘 어떤 젊은 남자가 너를 찾아 왔더라.
　　　자기 이름은 밝히지 않고, 7시 이후에 다시 온다고 했어.
유라 : 누가 왔다 갔지? 그 사람이 어떻게 생겼든?
류다 : 외모가 25세 쯤 되어 보였어. 중간 키고.
유라 : 말랐어? 뚱뚱해?
류다 : 마른 편이었어.
유라 : 얼굴은 거무스름했니? 검게 그을었든?
류다 : 아니, 흰 편이었어.
유라 : 얼굴 생김새는 어땠어? 머리카락은?

류다 : 이목구비가 반듯했어. 머리는 검고 숱이 많았어.
눈은 커다랗고 갈색이었고.
유라 : 그렇다면 내 사촌 동생이야. 모스크바에서 의대를 다녀.
류다 : 네 사촌 동생이 모스크바에 있는 줄 몰랐어.
왜 지금까지 한 번도 소개시켜 주지 않니?
유라 : 당장 오늘 저녁에 소개시켜 줄게.

성격 (Черты характера)

그는 (그녀는) 정서적으로 섬세합니다.
Он (Она́) отлича́ется душе́вной то́нкостью.
온 (아나) 아뜰리차엣쨔 두쉐브노이 똔꼬스찌유

그는 (그녀는) 유머 감각이 없지 않습니다.
Он (Она́) не лишён (-на) чу́вства ю́мора.
온 (아나) 네 리숀(리쉔나) 춥스뜨바 유모라

그는 (그녀는) 사람들에 대해 호의적인 태도를 갖고 있습니다.
Ему́ (Ей) сво́йственно доброжела́тельнре отноше́ние к лю́дям.
에무 (에이) 스보이스뜨벤노 다브라젤라쩰노에 아뜨나쉐니에 끄류쟘

그는 (그녀는) 무슨 일에도 참을성이 없습니다.
Он (Она́) нетерпи́м(-а) к чему́-либо.
온 (아나) 네쩨르삠(-삐마) 끄체무리보

그는 (그녀는) 무슨 일에도 무관심합니다.
Он (Она́) равноду́шен(-шна) к чему́-либо.
온 (아나) 라브노두쉔 (-쉬나) 끄체무리보

그는 (그녀는) 이기주의자입니다.
Он (Она́) эгои́ст(ка).
온 (아나) 에가이스뜨(까)

그는 (그녀는) 책임감이 강합니다.
У него́ (неё) си́льно разви́то чу́вство до́лга.
우네보 (네요) 실노 라즈비또 춥스뜨보 돌가

그는 (그녀는) 책임감이 없습니다.
У него́ (неё) нет чу́вства до́лга.
우네보 (네요) 니에뜨 춥스뜨바 돌가

그는 위선주의자입니다.
Он лицеме́р.
온 리쩨메르

그는 (그녀는) 낙관주의자입니다.
Он (Она́) оптими́ст(ка).
온　(아나)　압찌미스뜨(까)

그는 (그녀는) 비관주의자입니다.
Он (Она́) пессими́ст(ка).
온　(아나)　뻬시미스뜨(까)

그는 (그녀는) 참을성이 있습니다(없습니다).
Он (Она́) (не)терпели́вый(-ая).
온　(아나)　(네)쩨르뻴리브이 (-바야)

그는 (그녀는) 명랑합니다.
Он (Она́) весёлый(-ая).
온　(아나)　베숄르이 (-라야)

그는 (그녀는) 겸손합니다.
Он (Она́) скро́мный(-ая).
온　(아나)　스끄롬느이(-나야)

그는 (그녀는) 수줍음을 타는 성격입니다.
Он (Она́) ро́бкий(-ая).
온　(아나)　로쁘끼 (-까야)

그는 (그녀는) 정직합니다.
Он (Она́) че́стный(-ая).
온　(아나)　체스느이 (-나야)

그는 (그녀는) 진지합니다.
Он (Она́) серьёзный(-ая).
온　(아나)　세료즈느이(-나야)

그는 (그녀는) 경솔합니다.
Он (Она́) легкомы́сленный(-ая).
온　(아나)　레흐꼬므이쉴렌느이(-나야)

그는 책임감이 강합니다(없습니다).
Он (Она́) (без)отве́тственный(-ая).
온　(아나)　(베즈) 아뜨베뜨스뜨벤느이 (-나야)

그는 (그녀는) (부)정확한 사람입니다.
Он (Она) (не)аккура́тный(-ая).
온　(아나)　(네) 아꾸라뜨느이(-나야)

그는 (그녀는) (비)양심적입니다.
Он (Она́) (не)добросо́вестный(-ая).
온　(아나)　(네)다브라소베스느이(-나야)

그는 (그녀는) 공정한 (공정하지 못한) 사람입니다.
Он (Она́) (не)справедли́вый(-ая).
온　(아나)　(네)　스쁘라베들리브이(-바야)

그는 (그녀는) 신뢰성이 있는(없는) 사람입니다.
Он (Она́) (не)дове́рчивый(-ая).
온 (아나) (네) 다베르치브이(-바야)

그는 (그녀는) 제대로 교육을 받은 (받지 못한) 사람입니다.
Он (Она́) (не)воспи́танный(-ая).
온 (아나) (네) 바스삐딴느이(-나야)

그는 (그녀는) 공손한(공손하지 못한) 사람입니다.
Он (Она́) (не)ве́жливый(-ая).
온 (아나) (네) 베즐리브이(-바야)

그는 (그녀는) 교양 있는(없는) 사람입니다.
Он (Она́) (не)культу́рный(-ая).
온 (아나) (네) 꿀뚜르느이(-나야)

그는 (그녀는) 개방적인 사람입니다.
Он (Она́) откры́тый(-ая).
온 (아나) 앗끄르이뜨이(-따야)

그는 (그녀는) 폐쇄적인 사람입니다.
Он (Она́) скры́тый(-ая).
온 (아나) 스끄르이뜨이(-따야)

그는 사교성이 없는 사람입니다.
Он (Она́) за́мкнутый(-ая).
온 (아나) 잠끄누뜨이(-따야)

그는 (그녀는) 적극적인 사람입니다.
Он (Она́) акти́вный(-ая).
온 (아나) 악찌브느이(-나야)

그는 (그녀는) 소극적인 사람입니다.
Он (Она́) пасси́вный(-ая).
온 (아나) 빠시브느이(-나야)

그는 (그녀는)열정적인(열정이 없는) 사람입니다.
Он (Она́) (бес)стра́стный(-ая).
온 (아나) (베스) 스뜨라스느이(-나야)

그는 (그녀는) 따뜻한 사람입니다.
Он (Она́) тёплый(-ая).
온 (아나) 쪼쁠르이(-라야)

그는 (그녀는) 차가운 사람입니다.
Он (Она́) холо́дный(-ая).
온 (아나) 할로드느이(-나야)

그는 (그녀는) 선한 사람입니다.
Он (Она́) до́брый(-ая).
온 (아나) 도브르이(-라야)

그는 (그녀는) 악한 사람입니다.
Он (Она́) злой(-а́я).
온 (아나) 즐로이(-라야)

그는 (그녀는) 부지런한 사람입니다.
Он (Она́) трудолюби́вый(-ая).
온 (아나) 뜨루다류비브이(-바야)

그는 (그녀는) 게으른 사람입니다.
Он (Она́) лени́вый(-ая).
온 (아나) 레니브이(-바야)

그는 (그녀는) 과묵한 사람입니다.
Он (Она́) молчали́вый(-ая).
온 (아나) 말찰리브이 (-바야)

그는 (그녀는) 수다스럽습니다.
Он (Она́) разгово́рчивый(-ая).
온 (아나) 라즈가보르치브이 (-바야)

그는 (그녀는) 정력적입니다.
Он (Она́) энерги́чный(-ая).
온 (아나) 에네르기츠느이(-나야)

그는 (그녀는) 고슴도치처럼 날카롭습니다.
Он (Она́) колю́чий(-ая), как ёж.
온 (아나) 깔류치 (-차야) 깍끄 요쉬

그는 (그녀는) 여우처럼 교활합니다.
Он (Она́) хи́трый(-ая), как лиса́.
온 (아나) 히뜨르이(-라야) 깍끄 리사

그는 (그녀는) 토끼처럼 겁쟁이입니다.
Он (Она́) трусли́вый(-ая), как за́яц.
온 (아나) 뜨루슬리브이(-바야) 깍끄 자이쯔

그는 (그녀는) 당나귀처럼 고집이 셉니다.
Он (Она́) упря́мый(-ая), как осёл.
온 (아나) 우쁘랴므이 (-마야) 깍끄 아숄

그는 (그녀는) 사자처럼 용감합니다.
Он (Она́) хра́брый(-ая), как лев.
온 (아나) 흐라브르이 (-라야) 깍끄 레프

그는 (그녀는) 뱀처럼 사악합니다.
Он (Она́) злой(-ая), как змея́.
온 (아나) 깔류치 (-차야) 깍끄 요쉬

응용회화

Диалог

Саша: Ты ви́дела на́шего но́вого инжене́ра?
Наташа: Ви́дела.
Саша: Ну и как?
Наташа: Что как?
Саша: Каки́м он тебе́ показа́лся?
Наташа: Не зна́ю.
Тру́дно суди́ть о челове́ке с пе́рвого взгля́да, но по-мо́ему, ничего́.
Симпати́чный, споко́йный.
Саша: А мне он не понра́вился!
Како́й-то ва́жный, самоуве́ренный, сли́шком го́рдый...
Сего́дня прошёл ми́мо меня́ в коридо́ре и не поздоро́вался
Наташа: Ну, во-пе́рвых, он здесь никого́ ещё не зна́ет, а во-вторы́х, он про́сто пло́хо ви́дит.
Саша: Не зна́ю, мо́жет быть.
Наташа: Как бы то ни́ было, не бу́дем спеши́ть с вы́водами.
Поживём-уви́дим, что он за челове́к.

사샤: 너 새로 입사한 엔지니어 보았니?
나따샤: 보았어.
사샤: 그래, 어떻든?
나따샤: "어떻다니?"가 무슨 뜻이야?
사샤: 어떻게 보이더냐구?
나따샤: 모르겠어. 사람을 한 번 보고 판단하는 것은 어려운 일이야.
하지만 내가 보기에는 괜찮았어. 호감가고 조용한 사람이었어.
사샤: 그런데 왜 나는 그 사람이 왜 마음에 안 들까?
뭔가 교만하고 자기 잘난 맛에 사는 것 같고, 잘난 체하는 것 같았어.
오늘 복도에서 내 옆을 지나가면서 인사도 하지 않았어.
나따샤: 그럴 수 있어. 첫째, 여기서 그가 아는 사람이 없잖아.
둘째, 단순히 못 보았을 수도 있잖아.

사샤 :   모르겠어. 그럴 수도 있겠지.
나따샤 : 성급하게 결론짓지 말자.
        지내다 보면 그가 어떤 사람인지 알 게 될 거야.

일과
(Мой день)

> 날마다 반복되는 일상생활, 자고, 일어나고, 먹고, 일하고, 러시아 사람들도 예외없이 이러한 단조로운 일상생활을 하고 있다. 러시아 보통 사람들의 일과에 대한 표현을 소개한다.

언제 일어나세요?
Когда́ (Во ско́лько) вы встаёте?
까그다 (바스꼴꼬) 브이 프스따요쩨

7시에 일어납니다.
Я встаю́ в семь часо́в.
야 프스따유 프셈 치소프

오늘 몇 시간 잤나요?
Ско́лько вре́мени вы сего́дня спа́ли?
스꼴꼬 브레메니 브이 시보드냐 스빨리

7시간 잤어요.
Я спал(-а) 7 часо́в.
야 스빨(-라) 셈 치소프

아침 운동을 하나요?
Вы де́лаете у́треннюю заря́дку (гимна́стику)?
브이 젤라에쩨 우뜨렌뉴유 자랴뜨꾸 (김나스찌꾸)

네, 아침 운동을 합니다.
Да, я де́лаю у́треннюю заря́дку (гимна́стику).
다 야 젤라유 우뜨렌뉴유 자랴뜨꾸 (김나스찌꾸)

Нет, я не де́лаю у́треннюю заря́дку (гимна́стику).
니에뜨 야 네 젤라유 우뜨렌뉴유 자랴뜨꾸 (김나스찌꾸)

언제 아침 식사하나요?
Когда́ вы за́втракаете?
까그다 브이 자프뜨라까에쩨

아침식사는 7시에 합니다.
Я за́втракаю в 7 часо́в.
야 자프뜨라까유 프셈 치소프

집에서 언제 나오나요?
Когда́ вы выхо́дите из до́ма?
까그다 브이 브이호지쩨 이즈도마

8시에 집에서 나옵니다.
Я выхожу́ из до́ма в 8 часо́в.
야 브이하쥬 이즈도마 브보셈 치소프

업무 시간이 언제 시작됩니까?
Когда́ начина́ется ваш рабо́чий день.
까그다 나치나엣쨔 바쉬 라보치 젠

일을 언제 시작합니까?
Когда́ вы начина́ете рабо́тать?
까그다 브이 나치나엣쩨 라보따찌

업무시간은 9시부터입니다.
Мой рабо́чий день начина́ется в 9 часо́в.
모이 라보치 젠 나치나엣쨔 브제뱌찌 치소프

직장을 걸어서 갑니까, 차를 타고 갑니까?
Вы хо́дите на рабо́ту пешко́м или е́здите?
브이 호지쩨 나라보뚜 뻬쉬꼼 일리 에지쩨

직장까지 차를 타고 갑니다.
Я е́зжу на рабо́ту.
야 에쥬 나라보뚜

수업이 언제 시작됩니까?
Когда́ начина́ются заня́тия?
까그다 나치나윳쨔 자냐찌야

수업은 9시에 시작됩니다.
Заня́тия начина́ются в 9 часо́в.
자냐찌야 나치나엣쨔 브제뱌찌 치소프

수업이 언제 끝납니까?
Когда́ конча́ются заня́тия?
까그다 깐차윳쨔 자냐찌야

수업은 6시에 끝납니다.
Заня́тия конча́ются в 6 часо́в.
자냐찌야 깐차윳쨔 프쉐스찌 치소프

점심 식사를 주로 언제, 어디에서 합니까?
Где и когда́ вы обы́чно обе́даете?
그지에 이 까그다 브이 아브이츠노 아베다에쩨

주로 식당에서, 1시에 점심 식사를 합니다.
Я обы́чно обе́даю в столо́вой в час.
야 아브이츠노 아베다유 프스딸로보이 프차스

점심시간은 얼마나 되나요?
Ско́лько вре́мени продолжа́ется обе́денный переры́в?
스꼴꼬 브레메니 쁘라달좌엣쨔 아베젠느이 뻬레르이프

Обе́денный переры́в продолжа́ется час.
아베젠느이 뻬레르이프 쁘라달좌엣쨔 차스

언제 업무가 끝납니까?
Когда́ вы конча́ете рабо́тать?
까그다 브이 깐차에쩨 라보따찌

업무는 6시에 끝납니다.
Я конча́ю рабо́тать в 6 часо́в.
야 깐차유 라보따찌 프쉐스찌 치소프

언제 집에 돌아가나요?
Когда́ вы прихо́дите домо́й?
까그다 브이 쁘리호지쩨 다모이

Когда́ вы возвраща́етесь домо́й?
까그다 브이 바즈브라샤엣쩨시 다모이

저는 8시에 집에 도착합니다.
Я прихожу́ домо́й в 8 часо́в.
야 쁘리하쥬 다모이 브보셈 치소프

Я возвраща́юсь домо́й в 8 часо́в.
야 바즈브라샤유시 다노이 브보셈 치소프

당신 아들은 언제 학교에서 돌아오나요?
Когда́ ваш сын прихо́дит из шко́лы?
까그다 바쉬 스인 쁘리호지뜨 이스쉬꼴르이

3시에 하교합니다.
Он прихо́дит из шко́лы в 3 часа́.
온 쁘리호지뜨 이스쉬꼴르이 프뜨리 치사

너는 얼마 동안 수업을 준비하니?
Ско́лько вре́мени ты гото́вишь уро́ки?
스꼴꼬 브레메니 뜨이 가또비쉬 우로끼

수업 준비는 두 시간 또는 3시간 합니다.
Я гото́влю уро́ки 2 или 3 часа́.
야 가또블류 우로끼 드바 일리 뜨리 치사

언제 잠자리에 드나요?
Когда́ вы ложи́тесь спать?
까그다 브이 라쥐쩨시 스빠찌

11시에 잡니다.
Я ложу́сь спать в 11 часо́в.
야 라쥬시 스빠찌 바진나짜찌 치소프

아침에 뭐 하나요?
Что ты (вы) де́лаешь (де́лаете) у́тром?
쉬또 뜨이(브이) 젤라에쉬 (젤라에쩨) 우뜨롬

낮에 뭐 하나요?
Что ты (вы) де́лаешь (де́лаете) днём?
쉬또 뜨이(브이) 젤라에쉬 (젤라에쩨)

저녁에 뭐 하나요?
Что ты (вы) де́лаешь (де́лаете) ве́чером?
쉬또 뜨이(브이) 젤라에쉬 (젤라에쩨) 볘체롬

매일 저녁 뭐 하나요?
Что вы де́лаете по вечера́м?
쉬또 브이 젤라에쩨 빠베체람

여가시간에 뭐 하나요?
Что ты (вы) де́лаешь (де́лаете) в свобо́дное вре́мя?
쉬또 뜨이(브이) 젤라에쉬 (젤라에쩨) 프사바보드노에 브례먀

독서합니다.
Я чита́ю кни́ги.
야 치따유 끼니기

영화를 봅니다.
Я смотрю́ фильм.
야 스마뜨류 필름

컴퓨터를 합니다.
Я сижу́ за компью́тером.
야 시쥬 자깜쀼쩨롬

어제 뭐 했어요?
Что ты де́лал(-а) вчера́?
쉬또 뜨이 젤랄(-라) 프체라

집에서 책 읽었어.
Я был(-а́) до́ма и чита́л(-а) кни́ги.
야 브일(-라) 도마 이 치딸(-라) 끄니기

내일 뭐 할 건가요?
Что ты (вы) бу́дешь (бу́дете) де́лать за́втра?
쉬또 뜨이 (브이) 부제쉬 (부제쩨) 젤라찌 자프뜨라

토요일에 뭐 할 건가요?
Что ты (вы) бу́дешь (бу́дете) де́лать в суббо́ту?
쉬또 뜨이 (브이) 부제쉬 (부제쩨) 젤라찌 프수보뚜

일요일에 뭐 할 건가요?
Что ты (вы) бу́дешь (бу́дете) де́лать в воскресе́нье?
쉬또 뜨이 (브이) 부제쉬 (부제쩨) 젤라찌 바스끄레세니에

독서할 겁니다.
Я бу́ду чита́ть кни́ги.
야 부두 치따찌 끄니기

TV 볼 겁니다.
Я бу́ду смотре́ть телеви́зор.
야 부두 스마뜨례찌 젤레비조르

숙제할 겁니다.
Я бу́ду де́лать дома́шние зада́ния.
야 부두 젤라찌 다마쉬니에 자다니야

발레 볼 겁니다.
Я бу́ду смотре́ть бале́т.
야 부두 스마뜨례찌 발례뜨

음악 들을 겁니다.
Я бу́ду слу́шать му́зыку.
야 부두 슬루샤찌 무즈이꾸

음악회 갈 겁니다.
Я пойду́ на конце́рт.
야 빠이두 나깐쩨르뜨

극장 갈 겁니다.
Я пойду́ в теа́тр.
야 빠이두 프찌아뜨르

별 다른 계획이 없습니다.
У меня́ нет никаки́х осо́бых пла́нов.
우미냐 니에뜨 니깍끼흐 아소브이흐 쁠라노프

러시아어 공부 할 겁니다.
(Я) бу́ду занима́ться ру́сским языко́м.
(야) 부두 자니마짜 루스낌 이즈이꼼

새로운 단어를 외우고 텍스트를 읽을 겁니다.
Вы́учу но́вые слова́ и прочита́ю текст.
브이우추 노브이에 슬라바 이 쁘라치따유 쪡스뜨

응용회화

Диалог 1

    Коля: Како́й сего́дня день?
    Нина: Сего́дня четве́рг.
    Коля: Что ты де́лаешь в суббо́ту?
    Нина: У меня́ нет никаки́х пла́нов.

Коля: Давáй пойдём в теáтр.
Нина: Хорошó!

꼴랴 : 오늘이 무슨 요일이니?
니나 : 목요일이야.
꼴랴 : 너 토요일에 뭐 할 거니?
니나 : 아무 계획 없어.
꼴랴 : 극장 가지 않을래.
니나 : 좋아.

Диалог 2

Лиза: Что ты дéлал вчерá вéчером?
Ник: Вчерá вéчером я смотрéл балéт "Жизель". А ты что дéлала вчерá?
Лиза: Я сидéла дóма весь день и читáла кни́ги. Как балéт?
Ник: Прекрáсно.
Лиза: А кто игрáл?
Ник: Плисéцкая.
Лиза: Плисéцкая́ О, тебé повезлó!

리자 : 너 어제 저녁에 뭐 했니?
니끄 : 어제 저녁에 발레 "지젤" 봤어.
    너는 어제 뭐 했는데?
리자 : 하루 종일 집에 있었어. 책도 읽고.
    발레는 어땠어?
니끄 : 아주 좋았어.
리자 : 누가 공연했니?
니끄 : 쁠리세쯔까야.
리자 : 쁠리세쯔까야라고? 너 운이 좋았다!

Диалог 3

Соня: Ви́ктор, что ты бýдешь дéлать сегóдня вéчером?
Виктор: Бýду занимáться.
   Вы́учу нóвые словá и прочитáю э́тот расскáз.

Ты бу́дешь чита́ть сего́дня э́тот расска́з?
Со́ня: Нет, сего́дня чита́ть не бу́ду.
Я занята́, но обяза́тельно его́ прочита́ю за́втра.
Ви́ктор: А ты зна́ешь э́ти стихи́?
Со́ня: Да, я вы́учила их наизу́сть.
Ви́ктор: Э́то о́чень прекра́сные стихи́.
Я то́же обяза́тельно вы́учу их наизу́сть.

소냐 : 빅또르, 너 오늘 저녁에 뭐 할거니?
빅또르 : 공부할거야. 새 단어 외우고 이 단편을 다 읽으려고 해.
너도 오늘 이 단편 다 읽을거니?
소냐 : 아니, 오늘 안 읽을거야. 바뻐서, 하지만 내일은 다 읽을려고.
빅또르 : 그런데 너 이 시 알고 있니?
소냐 : 알고 있어. 그 시 다 암송했어.
빅또르 : 아주 아름다운 시야. 나도 꼭 암송해야지.

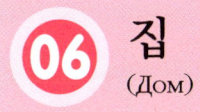
집
(Дом)

러시아 사람들은 주로 단독주택보다 아파트에 주거한다. 아파트 구조, 편의시설, 이사, 집들이, 아파트 렌트 등 러시아 주거생활에 관한 회화 표현을 소개한다.

어디에 사세요?
Где вы(ты) живёте(живёшь)?
그지에 브이(뜨이) 쥐뵤쩨 (쥐뵤쉬)

이전엔 어디에 사셨나요?
Раньше где вы(ты) жили(-л, -ла)?
란쉐 그지에 브이(뜨이) 쥘리 (질, 질라)

당신 집은 몇 층인가요?
Сколько этажей в вашем доме?
스꼴꼬 에따줴이 바–쉠 꼼나쩨

당신 집은 방이 몇 개인가요?
Сколько комнат в вашем доме?
스꼴꼬 꼼나드 바–쉠 도메

당신 방 창문은 어느 쪽으로 나있나요?
Куда выходят окна вашей комнаты?
꾸다 브이호쟈뜨 오끄나 바쉐이 꼼나뜨이

당신 집에는 어떤 편의시설이 있나요?
Какие удобства есть в вашем доме?
깍끼에 우돕스뜨바 예스지 바–쉠 도메

아파트는 모든 편의시설이 갖추어져 있습니다.
Квартира со всеми удобствами.
끄바르찌라 사프세미 우돕스뜨바미

모든 집처럼 가스, 전화, 온수, 전기 등이 있습니다.
Как у всех: газ, телефон, горячая вода, электричесиво...
깍끄 우프세흐 가스 쩰레폰 가랴차야 바다 엘렉뜨리체스뜨보

옆에 사십니까?
Вы живёте рядом?
브이 쥐뵤쩨 랴돔

정말 아름다운 큰 집이군요!
Какой красивый большой дом
깍꼬이   끄라시브이   발쇼이   돔

당신 집은 큽니까?!
У вас квартира большая?
우바스   끄바르찌라   발샤야

큰 편입니다. 방이 4개고 60 평방미터입니다.
Довольно большая: 4 комнаты - 60 квадратных метров.
다볼노   발샤야   체뜨이레 꼼나뜨이 쉐스찌제샤뜨 끄바드라뜨느이흐 메뜨로프

아파트엔 방이 몇 개입니까?
Сколько в квартире комнат?
스꼴꼬   프끄바르찌레   꼼나뜨

윗 층에 방이 3개가 있고, 아래층에는 2개가 있습니다.
Наверху три комнаты и внизу две.
나베르후 뜨리 꼼나뜨이 이 브니주 드베

당신 아파트는 몇 층입니까?
На каком этаже ваша квартира?
나각꼼   에따줴   바샤   끄바르찌라

새 아파트를 샀어요?
Ты купил(-а) новую квартиру?
뜨이   꾸삘(-라)   노부유   끄바르찌루

네, 새 집으로 이사했어요.
Да, мы уже переехали в новый дом.
다 므이 우줴 뻬레예할리 브노브이 돔

집들이를 하려고 합니다.
Мы хотим устроить новоселье.
므이   하찜   우스뜨로이찌   나바셀리에

토요일 저녁 집들이에 오세요.
Приезжай(-те) к нам в субботу вечером на новоселье.
쁘리에좌이(쩨)   끄남   프수보뚜   베체롬   나나바셀리에

응용회화

Диалог 1

    Толя: Зина, где ты живёшь?
    Зина: Я живу в общежитии МГУ, на проспекте Вернадского.
           А где ты живёшь?

Толя: Я оди́н живу́ в це́нтре го́рода.
Мой роди́тели живу́т в Санкт-Петербу́рге.
Твои́ роди́тели живу́т в Сеу́ле?
Зина: Да, в Сеу́ле.
Я о́чень скуча́ю по роди́телям.

똘랴 : 진아, 너는 어디에 사니?

진아 : 나는 베르낫스끼 대로에 있는 모스크바국립대학교 기숙사에 살아.
너는 어디에 사니?

똘랴 : 나는 시내에 혼자 살고 있어.
부모님은 뻬쩨르부르그에 사셔.
네 부모님은 서울에 사시니?

진아 : 응, 서울에 계셔.
부모님이 무척 보고 싶어.

Диалог 2

Лена: Здра́вствуй, Па́вел! Говоря́т, что ты ку́пил но́вую кварти́ру
Павел: Да, мы уже́ перее́хали в но́вый дом.
Приезжа́йте к нам в суббо́ту в новосе́лье
Лена: Спаси́бо. С удово́льствием. Кварти́ра больша́я
Павел: Нет, не о́чень : три ко́мнаты, ну, и коне́чно, ку́хня, ва́нная, убо́рная и пере́дняя.
Лена: А каки́е удо́бства
Павел: Всё: электри́чество, газ, горя́чая вода́, телефо́н, интерне́т...
Лена: А како́й эта́ж?
Павел: Пя́тый.
Лена: Лифт есть?
Павел: Есть. Обяза́тельно приезжа́йте с Ива́ном в суббо́ту.
Лена: Спаси́бо, прие́дем.

레나 : 안녕, 빠벨! 너 아파트 샀다면서?

빠벨 : 응, 벌써 새 집으로 이사했어. 토요일 집들이에 와.

레나 : 고마워. 당연히 가야지. 아파트는 크니?

빠벨 : 아니, 그렇게 크지 않아. 방 세 개, 거실, 부엌, 현관이지 뭐.
레나 : 편의시설은 뭐가 있어?
빠벨 : 다 있어. 전기, 가스, 온수, 전화, 인터넷...
레나 : 그런데 몇 층이야?
빠벨 : 5층이야
레나 : 엘리베이터 있어?
빠벨 : 응, 토요일에 이반하고 꼭 같이 와
레나 : 고마워. 갈게.

Диалог 3

Люда: Са́ша, мне немно́го неудо́бно жить в общежи́тии.
Здесь нет ку́хни, и тру́дно гото́вить обе́д.
Саша: Ты хо́чешь снима́ть кварти́ру?
Люда: Да, я хочу́ перее́хать в кварти́ру.
В кварти́ре, коне́чно, есть ку́хня, ва́нная, больша́я ко́мната.
Саша: По́нял.
А в како́й ра́йон ты хо́чешь перее́хать?
Люда: Ума́ не приложу́.
Ско́лько сто́ит аре́нда кварти́ры?
Саша: Ка́жется, приме́рно 200 до́лларов за ме́сяц.
Люда: Не о́чень до́рого.
Об э́том ещё поду́маю и решу́.

류다 : 사샤! 기숙사에서 지내기가 조금 불편해.
　　　 여기에는 부엌이 없잖아. 그래서 식사준비 하기가 어려워.
사샤 : 아파트 렌트하고 싶니?
류다 : 응, 아파트로 옮기고 싶어.
　　　 아파트에는 물론 부엌도 있고, 목욕탕도 있고, 방도 크잖아.
사샤 : 알겠어.
　　　 그런데 어느 지역으로 이사하고 싶니?
류다 : 생각이 떠오르지 않아.
　　　 아파트 세가 얼마지?
사샤 : 월세가 약 200달러 정도야.
류다 : 그렇게 비싸지 않구나.

좀 더 생각해 보고 결정해야겠어.

Диалог 4

Анна: Поздравля́ю с новосе́льем!
Воло́дя: Спаси́бо. Мы так дово́льны!
Анна: Ви́жу, ви́жу...
Кварти́ра отли́чная!
То́лько как же вы реши́лись уе́хать из це́нтра?
Там всё под руко́й, рабо́та ря́дом...
Воло́дя: А ты зна́ешь, мы и хоте́ли в но́вый райо́н.
В но́вом райо́не свои́ преиму́щества : в ка́ждом микрорайо́не - универса́м, шо́пинг-центр, шко́ла, де́тский сад, банк, по́чта, сло́вом, всё, что ну́жно для жи́зни.
А в це́нтре го́рода - мно́го наро́ду, шум от тра́нспорта, ма́ло зе́лени...
Анна: Ну, ты, я ви́жу, о́чень рад, как говоря́т : на седьмо́м не́бе от сча́стья.
А я всё-таки предпочита́ю центр.
Всю жизнь прожила́ на у́лице Чайко́вского и ни за что перее́ду.

안나 : 집들이 축하해.

발로쟈 : 고마워. 우린 대만족이야.

안나 : 그래 보여. 집이 아주 훌륭해. 그런데 어떻게 시내에서 이사 갈 생각을 했니? 시내에는 모든 것이 바로 코앞에 있잖아. 직장도 옆에 있고.

발로쟈 : 그런데 우리가 신시가지로 이사 오고 싶었던 것 너도 알지.
신시가지는 나름대로 장점을 갖고 있어. 소구역마다 백화점, 쇼핑센터, 학교, 유치원, 은행, 우체국 등, 말하자면, 생활에 필요한 모든 것이 다 있어. 그런데 시내에는 사람은 많고 차량으로 소음도 많고, 나무가 작잖아.

안나 : 그래. 너 무척 기뻐하는 것 같다. 사람들이 말하는 것처럼, 행복해서 하늘에 붕 떠 있는 것처럼 보여. 하지만 난 여전히 시내가 더 좋아. 평생 차이꼽스끼 거리에 살아서, 다른 곳으로 이사하고 싶은 생각이 없어.

러시아 여행을 계획하면 먼저 비자 받는일부터 신경쓰이기 시작한다. 물론 러시아 대사관에서 한국어 통역 서비스가 제공되지만, 러시아 영사와의 비자 인터뷰를 멋지게 소화해내는 것이 러시아 여행을 산뜻하게 시작하는 길이다.

비자를 어디에서 받을 수 있는지 아시나요?
Вы не знаете, где можно получить визу?
브이 네 즈나에쩨 그지에 모즈노 빨루치찌 비주

대사관 영사관에서요.
В консульском отделе посольства.
프 깐술스꼼 앗젤레 빠솔스뜨바

러시아 입국 비자를 여기에서 받을 수 있는 지 말씀해 주세요.
Скажите, пожалуйста, здесь можно получить въездную визу в Россию.
스까쥐쩨 빠좔루이스따 즈제시 모즈노 빨루치찌 브에즈드누유 비주
브라시유

네, 여기에서요.
Да, здесь.
다 즈제시

초청 방문입니까?
Вы едете по приглашению?
브이 예제쩨 빠 쁘리글라쉐니유

네, 물론입니다.
Да, конечно.
다 까네쉬노

초청장을 보여 주세요.
Покажите, пожалуйста, приглашение.
빠까쥐쩨 빠좔루이스따 쁘리글라쉐니에

여기 있습니다.
Вот, пожалуйста.
보뜨 빠좔루이스따

여행 목적이 무엇입니까?
Какова цель вашей поездки?
깍꼬바 쩰 바쉐이 빠에스뜨끼

비즈니스 방문입니다.
Деловая.
젤라바야

연수입니다.
На стажировку.
나 스따취로프꾸

유학입니다.
На учёбу.
나 우쵸부

비자 유효 기간을 얼마나 원하십니까?
На какой срок действия визы вы хотите?
나 깍꼬이 스록 제이스

한 달입니다.
Один месяц.
아진 메샤쯔

모스크바에 3 주 머무를 겁니다.
Я буду находиться в Москве три недели.
야 부두 나하짓쨔 브마스끄베 뜨리 네젤리

비자유효기간을 한 달로 해주겠습니다.
Я напишу вам срок действия визы один месяц.
야 나삐슈 밤 스록 제이스뜨비야 비지 아진 메샤쯔

언제 비자를 받을 수 있나요?
Когда я могу получить визу?
까그다 야 마구 빨루치찌 비주

2 주 후에 찾으러 오세요.
Придите за ней через 2 недели.
쁘리지쩨 자 네이 체레즈 드베 네젤리

복수비자를 받을 수 있나요?
Мне можно получить многократную визу?
므녜 모쥐노 빨루치찌 므노고끄라뜨누유 비주

자주 왕래를 해야 할 것 같습니다.
Мне часто нужно ездить туда и обратно.
므녜 차스또 누즈노 에지찌 뚜다이 아브라뜨노

복수비자를 주겠습니다.
Я вам оформлю многократную визу.
야 밤 아포르믈류 므노고끄라뜨누유 비주

복수비자를 받기 힘듭니다. 단수비자를 주겠습니다.

Вам трудно получить многократную визу.
밤 뜨루드노 빨루치찌 므노고끄라뜨누유 비주

Я вам оформлю однократную визу.
야 밤 아포르믈류 아드노끄라뜨누유 비주

비자 신청서를 받으시고 그곳에 기입하십시오. 초청장과 사진, 여권 사본을 첨부하십시오.

비자는 2 주 후에 나옵니다.

Возьмите бланки визовых анкет и, пожалуйста, заполните их.
바지미쩨 블란끼 비조브흐 안께뜨 이 빠좔루이스따 자볼니쩨 이흐

Приложите к ним фотографии, приглашение и копию паспорта.
쁘릴라쥐쩨 끄님 포따그라피 쁘리글라쉐니에 이 꼬삐유 빠스뽀르따

Ваша виза будет готова через две недели.
바샤 비자 부제뜨 가또바 체레즈 드베 네젤리

언제 비자가 나옵니까?

Когда будет готова виза?
까그다 부제뜨 가또바 비자

비자는 2 주 후에 나올 겁니다.

Ваша виза будет готова через две недели.
바샤 비자 부제뜨 가또바 체레즈 드베 네젤리

비자를 연장하고 싶습니다.

Я хочу продлить визу (срок визы).
야 하추 쁘라들리찌 비주 (스록 비즈이)

여권을 제출하십시오.

Предъявите ваш паспорт.
쁘레드야비쩨 바쥐 빠스뽀르뜨

외국인 비자 등록부로 가세요.

Обратитесь в ОВИР.
아브라찌제시 비오비르

출국비자	виза на выезд
입국비자	виза на въезд
출입국 비자	въезд-выездная виза
통과비자	транзитная виза
단수비자	одноразовая виза
복수비자	многократная виза

응용회화

Диалог 1

Чолсу: Я е́ду в Москву́ в командиро́вку.
Софи́я: Когда́? На како́й срок?
Чолсу: В конце́ сле́дующей. На три неде́ли.
Софи́я: У вас есть въе́здная ви́за в Росси́ю?
Чолсу: Нет. Я то́лько вчера́ получи́л приглаше́ние с росси́йской стороны́.
Софи́я: Вам ну́жно спеши́ть. Скоре́е зайди́те в посо́льство и запо́лните бла́нки ви́зовых анке́т. Приложи́те к ним фотогра́фии, приглаше́ние и ко́пию па́спорта. Е́сли вы запла́тите 100.000 вон за вы́дачу ви́зы, то ва́ша ви́за бу́дет вы́дана че́рез два дня́.

철수 : 모스크바로 출장 갑니다.
소피야 : 언제요? 얼마나 가세요?
철수 : 다음 주말에요. 3주 갑니다.
소피야 : 러시아 비자가 있나요?
철수 : 없어요. 어제서야 러시아에서 초청장을 받았습니다.
소피야 : 서둘러야겠네요. 빨리 대사관에 가서 비자 양식을 작성하세요. 거기에 사진, 초청장, 여권사본을 첨부해야 합니다. 비자 발급비로 10만원을 내면 이틀 만에 비자가 발급됩니다.

Диалог 2

Зи́на: Вы не зна́ете, где мо́жно получи́ть ви́зу?
Прохо́жий: В ко́нсульском отде́ле посо́льства.
Зи́на: Благодарю́.

진아 : 비자를 어디에서 받는지 아세요?
행인 : 대사관 영사과에서요.
진아 : 감사합니다.

Диалог 3

Зи́на: Здра́вствуйте!

비자

	Скажи́те, пожа́луйста, здесь мо́жно получи́ть въездну́ю ви́зу в Москву́?
Ко́нсул:	Да, здесь.
	Вы е́дете по приглаше́нию?
Зи́на:	Да, коне́чно.
Ко́нсул:	Покажи́те.
Зи́на:	Вот пожа́луйста.
Ко́нсул:	Какова́ цель ва́шей пое́здки?
Зи́на:	На стажиро́вку.
Ко́нсул:	На како́й срок вы хоти́те?
Зи́на:	Я хочу́ оди́н ме́сяц.
Ко́нсул:	Хорошо́. Я напишу́ вам срок де́йствия ви́зы оди́н ме́сяц.
	Когда́ вы улета́ете в Москву́?
Зи́на:	Че́рез три неде́ли, то́чнее, 15-ого февраля́.
	А когда́ я могу́ получи́ть ви́зу?
Ко́нсул:	Че́рез 2 неде́ли.
Зи́на:	Спаси́бо большо́е.
Ко́нсул:	Возьми́те бла́нки ви́зовых анке́т и, пожа́луйста, запо́лните их.
	Приложи́те к ним фотогра́фии, приглаше́ние и ко́пию па́спорта.
	Ва́ша ви́за бу́дет гото́ва че́рез две неде́ли.

진아 : 안녕하세요?

　　　여기서 러시아 입국비자를 받나요?

영사 : 네. 여기에요. 초청방문입니까?

진아 : 네, 물론입니다.

영사 : 초청장 보여 주세요.

진아 : 자, 여기 있습니다.

영사 : 여기 있습니다. 당신의 여행 목적은 무엇입니까?

진아 : 연수입니다.

영사 : 비자 유효기간을 얼마나 원하세요?

진아 : 한 달을 원합니다.

영사 : 좋습니다. 비자유효기간을 한 달 주겠습니다.

　　　언제 모스크바로 떠나십니까?

진아 : 3주 후에요. 더 정확하게, 2월 15일에 떠납니다.
언제 비자를 받을 수 있나요?

영사 : 2주 후에요.

진아 : 대단히 감사합니다.

영사 : 비자 신청서를 받으시고 그곳에 기입하십시오. 초청장과 사진, 여권 사본도 첨부하시구요. 당신 비자는 2주 후에 나옵니다.

КОНСУЛЬСКИЙ ОТДЕЛ ПОСОЛЬСТВА РОССИИ В РЕСПУБЛИКЕ КОРЕЯ　　　Форма № 95

QUESTIONNAIRE　　　**В И З О В А Я　А Н К Е Т А**

Place for photograph

ATTENTION Please type or print using ball-point pen. Incorrect information may cause denial of visa, denial of permission to cross the Russia border, or annulment of visa on the Russia territory.

ВНИМАНИЕ! Писать четко, обязательно шари-ковой ручкой или на машинке. Неправильные данные могут повлечь за собой отказ в визе, в пересечении границы России или аннулирование визы на территории России.

№					
1.	Present citizenship (it you had USSR or Russia citizenship when and why you lost it)			Гражданство (если Вы имели гражданство СССР или России то когда и в связи с чем его утратили)	
2	Surname (in capital letters)			Фамилия . . . . Имя, отчество (имена)	
3	First name patronymic (names)				
4	(if changed, your surname, name (names) and patronymic before the change)			Если изменяли, то Ваша фамилия, имя и отчество (имена) до изменения	
5	Day, month, year of birth		6. Sex	Дата рождения	Пол
7	Object of journey to Russia			Цель поездки в Россию	
8	Russian department or organizations to be visited			В какое учреждение	
9	Rout of journey (points of destinations)			Маршрут следования (в пункты)	
10	Date of entry /DMY/	11. Date of departure	/DMY/	Дата начала действия визы	Дата окончания действия визы
12	Passport №			13 Категория, вид и кратность визы	
14	Index and name of the tourist group Индекс, наименование туристской группы				
15	Place of work or study, position, its address telephone number **in Republic of Korea** Место работы или учебы, должность, адрес, номер телефона				
16	Do you have medical coverage valid in Russia? (checks one)		Official Medical Protection Plan Purchased		Other Policy Attached for Approval
17	Permanent address, telephone number in Korea Адрес постоянного местожительства, номер телефона				
18	Place of birth **(applicable for all)** (if born in Russia/USSR/ when and where to emigrated) Место рождения (если Вы родились в СССР или России то куда и когда эмигрировали)				
19	Number of previous trips to Russia Сколько раз были в России			Date or the latest trip Дата Вашей последней поездки	

		Surname Фамилия	First name, patronymic Имя, отчество (имена)	Date of birth Дата рождения	Permanent address Адрес местожительства
20	Children under 16 years travelling with you Дети до 16 лет следу-ющие с Вами				
21	Relatives, in Russia Ваши родственники в России				

I declare that; the data given in the Questionnaire are correct
Я заявляю что все данные, указанные в анкете, является правильными

Date
Дата

Personal signature
Личная подпись

08 식당 (Ресторан)

러시아 식당에 초대받아 갔을 때 러시아 음식 명을 몰라 주문할 때, 진땀나고, 막상 어렵게 주문한 음식이 생각과는 다른 맛일 때 난감하기만 하다. 음식은 그 나라의 문화를 보여주는 대표적인 것으로서 식당 관련 회화와 함께 러시아 음식문화를 이해해야 한다.

러시아 레스토랑 정보, 식당 예약, 음식 주문, 특별식 주문, 식사 중 테이블에서의 대화, 건배, 불편사항, 요구사항, 계산에 이르기까지 식사와 관련된 에센스 표현을 소개한다.

식당 정보 (Информация о ресторане)

여기 어디에 레스토랑이 있나요?
Где здесь ресторáн?
그지에 즈제시   레스따란

여기 어디에 좋은 레스토랑이 있나요?
Где здесь хорóший ресторáн?
그지에 즈제시   하로쉬이   레스따란

여기 어디에 비싸지 않은 레스토랑이 있나요?
Где здесь недорогóй ресторáн?
그지에 즈제시   네다로고이   레스따란

여기 어디에 식당이 있나요?

러시아의 식당 종류
Столóвая 식당
Трактúр 대중음식점
Кафé-ресторáн 카페-레스토랑
Кафé 카페
Кафé-бар 카페 바
Кафетéрий 카페테리아
Кафé-морóженое 아이스크림점
Чáйная 찻집
Буфéт 간이식당
Бистрó 패스트푸드점
Закýсочная 스낵바

Бутербро́дная 샌드위치 가게
Пивна́я 맥주집

좋은 레스토랑을 추천해 주시겠습니까?
Вы мо́жете порекомендова́ть хоро́ший рестора́н?
브이 모줴쩨 빠레꼬멘도바찌 하로쉬이 레스따란

여기 어디 가까운 곳에 식사를 잘 할 수 있는 곳이 있나요?
Где здесь мо́жно побли́зости хорошо́ поку́шать?
그지에 즈제시 모즈노 빠블리조스찌 하라쇼 빠꾸샤찌

여기 어디 가까운 곳에 싸게 식사할 수 있는 곳이 있나요?
Где здесь мо́жно побли́зости недо́рого поку́шать?
그지에 즈제시 모즈노 빠블리조스찌 네도로고보 빠꾸샤찌

여기 어디에서 식사할 수 있나요?
Где здесь мо́жно пообе́дать?
그지에 즈제시 모즈노 빠아베다찌

여기서 멀지 않은 곳에 좋은 레스토랑이 있습니다.
Недалеко́ отсю́да есть хоро́ший рестора́н.
네달레꼬 앗슈다 예스찌 하로쉬이 레스따란

그곳은 음식을 잘하고 항상 메뉴가 다양합니다.
Там прекра́сно гото́вят и всегда́ большо́й вы́бор блюд.
땀 쁘레끄라스노 가또비야뜨 이 프시그다 발쇼이 브이보르 블류뜨

레스토랑에서 (В ресторане)

오늘 저녁 4명 예약하고 싶습니다.
Я бы хоте́л(-а) зарезерви́ровать стол на четырёх челове́к
야 브이 하쩰(하쩰라) 자레제르비로바찌 스똘 나체뜨이료흐 첼라베끄
на сего́дняшний ве́чер.
　　나시보드냐쉬이 베체르

두 명 예약하고 싶습니다.
Я бы хоте́л(-а) заказа́ть сто́лик на двои́х.
야 브이 하쩰(하쩰라) 자까자찌 스똘리끄 나드바이흐

7시에 예약하고 싶습니다.
Я бы хоте́л(-а) заказа́ть сто́лик на семь часо́в.
야 브이 하쩰(하쩰라) 자까자찌 스똘리끄 나셈 치소프

금연 테이블로 예약하고 싶습니다.
Я бы хоте́л(-а) некуря́щий сто́лик.
야 브이 하쩰(하쩰라) 네꾸랴쉬이 스똘리끄

흡연 테이블로 예약하고 싶습니다.
Я бы хотел(-а) курящий столик.
야 브이 하쪨(하쪨라) 꾸랴쉬이 스똘리끄

이 테이블은 빈자리인가요?
Этот стол свободен?
에또뜨 스똘 스바보젠

두 명 테이블이요.
Стол на двоих.
스똘 나드바이흐

세 명 테이블 부탁합니다.
Стол на троих, пожалуйста.
스똘 나뜨라이흐 빠좔루이스따

자리가 없습니다.
Мест нет.
메스뜨 니에뜨

여기는 셀프 서비스입니까?
Здесь самообслуживание?
즈제시 사모압슬루쥐바니에

레스토랑 열었나요?
Ресторан открыт?
레스따란 앗끄르이

레스토랑은 닫았습니다.
Ресторан закрыт.
레스따란 자끄르이뜨

얼마나 오래 동안 기다려야 하나요?
Как долго ждать?
깎끄 돌고 즈다찌

화장실이 어디인가요?
Где туалет?
그지네 뚜알례뜨

어디에서 손을 씻을 수 있나요?
Где можно помыть руки?
그지에 모즈노 빠므찌 루끼

담배 펴도 되나요?
Можно курить?
모즈노 꾸리찌

바에서 (В баре)

바를 추천해 주시겠습니까?
Вы мо́жете порекомендова́ть бар?
브이 모줴쩨 빠례꼬멘다바찌 바르

술집을 추천해 주시겠습니까?
Вы мо́жете порекомендова́ть тракти́р?
브이 모줴쩨 빠례꼬멘다바찌 뜨락찌르

맥주 집을 추천해 주시겠습니까?
Вы мо́жете порекомендова́ть пивну́ю?
브이 모줴쩨 빠례꼬멘다바찌 삐브누유

맥주 주세요.
Пи́во, пожа́луйста.
삐보 빠잘루이스따

같은 걸로 한 잔 더 주세요!
Ещё то же са́мое!
잇쇼 또 줴 사모에

얼음 빼고요.
Бе́зо льда.
베잘다

마십시다!
Дава́йте вы́пьем!
다바이쩨 브이삐엠

제가 대접하겠습니다.
Я угоща́ю!
야 우가샤유

전 술을 마시지 않습니다.
Я не пью спиртно́го.
야 네 삐유 스삐르뜨노보

차가운 것 있습니까?
У вас есть холо́дное?
우바스 예스찌 할로드노에

얼마입니까?
Ско́лько с нас?
스꼴꼬 스나스

바로 이거야!
Э́то как раз!
에따 깍끄 라스

기분이 아주 좋습니다.
Я чу́вствую себя́ отли́чно.
야 춥스뜨부유 시뱌 아뜰리츠노

많이 마셨습니다.
Я напи́лся (-лась).
야 나삘샤 (나삘라시)

취했습니다.
Я пья́ный(-ная).
야 삐얀느이 (삐얀나야)

피곤합니다.
Я уста́л(-а).
야 우스딸(우스딸라)

집에 갈 때입니다.
Пора́ идти́ домо́й.
빠라 이찌 다모이

택시를 불러주세요.
Закажи́те мне такси́.
자까쥐쩨 므녜 딱시

당신은 운전을 해선 안 됩니다.
Вы не должны́ води́ть такси́.
브이 네 달쥐느이 바지찌 딱시

술 깨었습니다.
Я с похме́лья.
야 스빠흐멜리야

맥주는 당신에게 해롭습니다!
Пи́во тебе́ вре́дно!
삐보 쩨베 브레드노

주문 (Заказ)

웨이터, 메뉴 주세요.
Официа́нт, меню́, пожа́луйста.
아피찌안뜨 메뉴 빠좔루이스따

영어로 된 메뉴 주세요.
Меню́ на англи́йском языке́, пожа́луйста.
메뉴 나 안글리스꼼 이즈이께 빠좔루이스따

어린이 메뉴 주세요.
Де́тское меню́, пожа́луйста.
제뜨스꼬에 메뉴 빠좔루이스따

웨이터, 음료수 메뉴 주세요.
Официа́нт, ка́рту напи́тков, пожа́луйста.
아피찌안뜨 까르뚜 나삐뜨꼬프 빠좔루이스따

와인 메뉴 주세요.
Ка́рту вин, пожа́луйста.
까르뚜 빈 빠좔루이스따

무엇을 추천해주시겠습니까?
Что вы мне посове́туете?
쉬또 브이 므녜 빠사볘뚜에쩨
Что вы рекоменду́ете?
쉬또 브이 레꼬멘두예쩨

채식 메뉴가 있습니까?
У вас есть вегетариа́нские блю́да?
우바스 예스찌 베게따리안스끼에 블류다

식이요법 메뉴가 있습니까?
У вас есть диети́ческие блю́да?
우바스 예스찌 지에찌체스끼에 블류다

어린이 메뉴를 권해주시겠어요?
Предлага́ете де́тские по́рции?
쁘레들라가에쩨 제뜨스끼에 뽀르찌

고르셨습니까?
Вы уже́ вы́брали?
브이 우줴 브이브랄리

무엇을 주문하시겠습니까?
Что вы хоти́те заказа́ть?
쉬또 브이 하찌쩨 자까자찌

전채 요리로 무엇을 주문하시겠습니까?
Что вы хоти́те на заку́ску?
쉬또 브이 하찌쩨 나자꾸수꾸

무슨 스프를 주문하시겠습니까?
Что вы хоти́те на пе́рвое?
쉬또 브이 하찌제 나뻬르보에

메인 요리로 무엇을 주문하시겠습니까?
Что вы хоти́те на второ́е?
쉬또 브이 하찌쩨 나프따로에

디저트로 무엇을 주문하시겠습니까?
Что вы хоти́те на тре́тье (десе́рт)?
쉬또 브이 하찌쩨 나뜨레찌에 (지세르뜨)

전채요리에 무엇이 있습니까?
Что есть из закýсок?
쉬또 에스찌 이자-꾸소고

전채요리로 게살을 곁들인 샐러드를 하겠습니다.
На закýску (я) возьмý салáт с крáбами.
나자꾸수꾸 (야) 바지무 살라드 스끄라바미

전채요리는 필요 없습니다.
Мне не нáдо закýски, спасúбо.
므녜 네 나도 자꾸스끼 스빠시바

스프로 보르쉬를 하겠습니다.
На пéрвое (я) возьмý борщ.
나뻬르보에 (야) 바지무 보르쉬

메인 요리로 라이스를 곁들인 닭요리를 주세요.
На второé (я) возьмý кýрицу с рúсом.
나프따로에 (야) 바지무 꾸리쭈 스리솜

디저트로 아이스크림을 주세요.
На трéтье (десéрт) (я) возьмý морóженое.
니뜨레찌에 (제셰르뜨) (야) 바지무 마로줴노에

이 요리는 미리 예약하셔야 합니다.
Э́то блю́до нáдо бы́ло зарáнее заказáть.
에따 블류도 나도 브일로 자라네 자까자찌

치즈를 곁들여 주시겠어요?
Мóжно мне с сы́ром?
모즈노 므녜 스-이롬

후추를 넣어 주시겠어요?
Мóжно мне с пéрцом?
모즈노 므녜 스뻬르쫌

칠리소스를 넣어 주시겠어요?
Мóжно мне с чúли сóусом?
모즈노 므녜 스칠리소우솜

마늘을 넣어 주시겠어요?
Мóжно мне с чеснокóм?
모즈노 므녜 스체스나꼼

케찹을 넣어 주시겠어요?
Мóжно мне с кéтчупом?
모즈노 므녜 스껫추쁨

견과류를 넣어 주시겠어요?
Мóжно мне с орéхами?
모즈노 므녜 사례하미

버터를 넣어 주시겠어요?
Мо́жно мне с ма́слом?
모즈노   므녜   스마슬롬

소스를 넣어 주시겠어요?
Мо́жно мне с со́усом?
모즈노   므녜   소-우솜

식초를 곁들여 주시겠어요?
Мо́жно мне с у́ксусом?
모즈노   므녜   숙수솜

치즈를 빼고 주시겠어요?
Мо́жно мне без сы́ра?
모즈노   므녜   베스스이라

후추를 빼고 주시겠어요?
Мо́жно мне без пе́рца?
모즈노   므녜   베스뻬르짜

칠리소스를 빼고 주시겠어요?
Мо́жно мне без чи́ли со́уса?
모즈노   므녜   베스칠리소우사

마늘을 빼고 주시겠어요?
Мо́жно мне без чеснока́?
모즈노   므녜   베스체스노까

케찹을 빼고 주시겠어요?
Мо́жно мне без ке́тчупа?
모즈노   므녜   베스껫추빠

견과류를 빼고 주시겠어요?
Мо́жно мне без оре́хов?
모즈노   므녜   베자례호프

버터를 빼고 주시겠어요?
Мо́жно мне без ма́сла?
모즈노   므녜   베즈마슬라

소스를 빼고 주시겠어요?
Мо́жно мне без со́уса?
모즈노   므녜   베스소우사

식초를 빼고 주시겠어요?
Мо́жно мне без у́ксуса?
모즈노   므녜   베죽수사

저는 고기를 못 먹습니다. 고기를 빼고 이 요리를 해줄 수 있나요?
Я не выношу́ мя́со. Вы могли́ бы пригото́вить э́то блю́до без мя́са?
야 네 브이나슈 먀소 브이 마글리 브이 쁘리가또비치 에따 블류도   베즈먀사고기를 어떻게 익혀 드릴까요?
Как вам проиготовить мясо?
깍끄 밤 쁘리가또비찌 먀소

Well Done으로요.
Хорошо прожаренное.
하라쇼 쁘라좌렌노에

Medium으로요.
Полупрожаренное.
빨루쁘라좌렌노에

Rare로요.
Слегка поджаренное.
스레흐까 빠드쫘렌노에

무엇을 마시겠습니까?
Что вы будете пить?
쉬또 브이 부제쩨 삐찌

주스 주세요.
Сок, пожалуйста.
소끄 빠좔루이스따

콜라 주세요.
Колу, пожалуйста.
꼴루 빠좔루이스따

물 한 잔 주세요.
Стакан воды, пожалуйста.
스따깐 바드이 빠좔루이스따

물 한 병 주세요.
Бутылку воды, пожалуйста.
부뜨일꾸 바드이 빠좔루이스따

물 반 병 주세요.
Полубутылки воды, пожалуйста.
빠루부뜨일끼 바드이 빠좔루이스따

얼음과 함께 주세요.
Со льдом, пожалуйста.
살돔 빠좔루이스따

맛있게 드세요!
Приятного аппетита!
쁘리야뜨노보 아뻬찌따

더 필요하신 것 있습니까?
Хотите ещё чего-нибудь?
하찌쩨 잇쇼 체보니부찌

빵을 갖다 주세요.

Принеси́те нам хлеб, пожа́луйста.
쁘리네시쩨   남   흘레쁘   빠좔루이스따

잔을 갖다 주세요.

Принеси́те, пожа́луйста, стака́н.
쁘리네시쩨   빠좔루이스따   스따깐

냅킨을 갖다 주세요.

Принеси́те, пожа́луйста, салфе́тку.
쁘리네시쩨   빠좔루이스따   살폐뜨꾸

위스키 잔을 갖다 주세요.

Принеси́те, пожа́луйста, рю́мку.
쁘리네시쩨   빠좔루이스따   륨꾸

빵 좀 더 주시겠어요?

Вы принесёте ещё хлеба?
브이   쁘리네쇼쩨   잇쇼   흘레바

물 좀 더 주시겠어요?

Вы принесёте ещё воды́?
브이   쁘리네쇼쩨   잇쇼   바드이

포도주 더 주시겠어요?

Вы принесёте ещё вина́?
브이   쁘리네쇼쩨   잇쇼   비나

이것은 뭐라 부르나요?

Как называ́ется э́то?
깍끄   나즈바옛짜   에따

러시아 음식

전채요리

- Ветчина́ 햄
- Грибы́ 버섯
- Чёрная икра́ 캐비어 알
- Кра́сная икра́ 연어 알
- Карто́фельный са́лат 감자샐러드
- Колбаса́ 소시지
- варённая колбаса́ 삶은 소시지
- ли́верная колбаса́ 리버 소시지
- кепчёная колбаса́ 훈제 소시지

Селёдка 청어
Студень 젤라틴

스프

Борщ 보르쉬
Бульон 콩소메, 묽은 스프
Овощной суп 야채 스프
Окрошка 냉 크바스 스프
Перловый суп с грибами 보리버섯 수프
Рассольник 오이피클 고기스프
Солянка 생선(고기) 양배추 스프
  сборная солянка 고기 야채 솔랸까
Суп-лапша 누들 스프
Уха 생선스프
Щи 양배추 스프
  зелёные щи 시금치 스프

고기요리

Бифштекс 비프 스테이크
Беф-строганов 비프 스트로가노프
Голубцы 롤 캐비지
Котлеты 커틀렛
отбивная котлета 커틀렛(찹)
  (баранья) 양고기(머튼찹)
  (свиная) 돼지고기 (폭찹)
  (телячья) 송아지고기 (빌찹)
Мясо (говядина) 쇠고기
  варённое мясо 삶은 쇠고기
  тушённое мясо 쇠고기 스튜
Пельмени (러시아식) 라비올리
Пожарские котлеты 닭고기 커틀렛
Порсёнок жареный 로스트 새끼돼지
Ростбиф 로스트 비프
Рулет 비프 롤

Свини́на 돼지고기
　жа́реная свини́на 로스트 돼지고기
Теля́тина 송아지 고기
　жа́реная теля́тина 로스트 송아지 고기
Шашлы́к (러시아식) 꼬치구이
Ку́рица 닭고기
　варёная ку́рица 백숙
　жа́реная ку́рица 닭 튀김
У́тка 오리고기
　жа́реная у́тка 로스트 오리고기
Гусь с я́блоками 사과를 넣은 거위 요리

생선요리

Заливна́я ры́ва 생선조림
Карп 잉어
Лещ 쥐노래미
Марино́ванная ры́ба 즙에 재인 생선
Осетри́на 철갑상어
Сте́рлядь 작은 철갑상어
Суда́к по-по́льски (폴랜드식) 농어요리

야채요리

Баклажа́ны 가지
Бобы́, зелёный 강남콩
　горо́шок, зелёный 완두콩
Каба́чки 호박
Капу́ста 양배추
Цветна́я капу́ста 꽃양배추
Карто́фель 감자
Лук 양파
Зелёный лук 파
Морко́вь 당근
Огуре́ц 오이
Петру́шка 파슬리

Помидо́р 토마토
Сала́т, зелёный 야채 샐러드
Свёкла 비트, 사탕무
Ты́ква 호박류
Укро́п 회향풀
Шпина́т 시금치

과일
Ана́нас 파인애플
Апельси́н 오렌지
Арбу́з 수박
Бана́н 바나나
Виногра́д 포도
Ви́шня 버찌
Гру́ша 배
Ды́ня 멜론
Ежеви́ка 블랙베리
Земляни́ка 들딸기
Ки́ви 키위
Клубни́ка 딸기
Крыжо́вник 구스베리
Мали́на 산딸기
Мандари́н 귤
Пе́рсик 복숭아
Чере́шня 체리
Черни́ка 월귤
Я́блоко 사과

기타 요리
Баклажа́ны, фарширо́ванные 가지조림
Блины́ 팬케이크
Варе́нки с творого́м (укра́инские) (우크라이나 식의) 응고우유 경단
Кабачки́, фарширо́ванные 호박조림
Ка́ша 시리얼 (가공곡류)

гре́чневая ка́ша 메밀 죽
ма́нная ка́ша 곡물 죽
ри́совая ка́ша 쌀 죽
Кулебя́ка 고기, 생선, 양배추 파이
Пиро́г 삐로그, 러시아식 파이
с грибáми 버섯 삐로그
с капу́стой 양배추 삐로그
с лу́ком 양파 삐로그
с мя́сом 고기 삐로그
с ри́сом 쌀 삐로그

음료

미네랄 워터   Минера́льная вода́
가스 함유 워터   Газиро́ванная вода́
가스 비함유 워터   Не газиро́ванная вода́
쥬스   Сок
사과 쥬스   Я́блочный сок
오렌지 쥬스   Апельси́новый сок
레몬에이드   Лимона́д
맥주   Пи́во
무알콜 맥주   Безалкого́льное пи́во
샴페인   Шампа́нское
와인   Вино́
레드 와인   Кра́сное вино́
로즈 와인   Ро́зовое вино́
화이트 와인   Бе́лое вино́
드라이 와인   Сухо́е вино́
스위트 와인   Сла́дкое вино́
커피   Ко́фе
디카페인 커피   Декофеи́новый ко́фе, ко́фе без кофеи́на
차   Чай
카모마일 차   Рома́шкові чай
과일 차   Фрукто́вый чай
녹차   Зелёный чай

페파민트 차   Мя́тный чай
로즈 힙 차   Чай из шипо́вника
티 백   Чай в паке́тиках

주류

Вино́ 포도주
  бе́лое вино́ 화이트 와인
  кра́сное вино́ 레드 와인
  сла́дкое вино́ 스위트 와인
  сухо́е вино́ 드라이 와인
Во́дка 보드까
Нали́вка 과일주
Насто́йка 과일 브랜디
Пи́во 맥주

채식 및 특별식 (Вегетариа́нские и специа́льные блю́да)

버터를 빼고 요리해주시겠어요?
Вы могли́ бы пригото́вить без ма́сла?
브이   마글리 브이   쁘리가또비찌   베즈마슬라

계란을 빼고 요리해주시겠어요?
Вы могли́ бы пригото́вить без яи́ц?
브이   마글리 브이   쁘리가또비찌   베지이쯔

생선을 빼고 요리해주시겠어요?
Вы могли́ бы пригото́вить без ры́бы?
브이   마글리 브이   쁘리가또비찌   베즈르이브이

고기를 빼고 요리해주시겠어요?
Вы могли́ бы пригото́вить без мя́са?
브이   마글리 브이   쁘리가또비찌   베즈먀사

돼지고기를 빼고 요리해주시겠어요?
Вы могли́ бы пригото́вить без свини́ны?
브이   마글리 브이   쁘리가또비찌   베스-비니느이

닭고기를 빼고 요리해주시겠어요?
Вы могли́ бы пригото́вить без ку́рицы?
브이   마글리 브이   쁘리가또비찌   베스꾸리쯔이

저는 버터를 먹지 않습니다.
Я не ем ма́сла.
야 네 옘 마슬라

저는 계란을 먹지 않습니다.
Я не ем яйц.
야 네 옘 야이쯔

저는 생선을 먹지 않습니다.
Я не ем ры́бы.
야 네 옘 르이브이

저는 고기를 먹지 않습니다.
Я не ем мя́са.
야 네 옘 먀사

저는 돼지고기를 먹지 않습니다.
Я не ем свини́ны.
야 네 옘 스비니느이

저는 닭고기를 먹지 않습니다.
Я не ем ку́рицы.
야 네 옘 꾸리쯔이

이것은 카페인이 없나요?
Э́то без кофе́ина?
에따 베스까페이나

이것은 동물제품이 들어 있지 않나요?
Э́то без живо́тных проду́ктов?
에따 베즈쥐보뜨느흐 쁘라둑또프

이것은 유전자조작 식품인가요?
Э́то генети́чески модифици́ровано?
에따 게네찌체스끼 마지피찌로반노

Э́то без клейкови́ны?
에따 베스끌레이꼬비느이

이것은 저지방인가요?
Э́то маложи́рно?
에따 말라쥐르노

이것은 저당분인가요?
Э́то с ни́зким содержа́нием са́хара?
에따 스니스낌 사제르좌니엠 사하라

이것은 유기농인가요?
Э́то органи́чески?
에따 아르가니체스끼

이것은 염분이 없나요?
Это без соли?
에따   베솔-리

저는 동물을 사랑합니다, 그래서 고기를 먹지 않습니다.
Я люблю животных, поэтому я не ем их.
야 류블류   쥐보뜨느흐   빠에따무 야 네 엠 이흐

고기를 먹는 것은 살해행위입니다.
Мясо есть убийство.
먀소   에스찌 우비스뜨보

저는 게 알레르기가 있습니다.
У меня аллергия на ракообразных.
우미냐   일레르기야   나라꼬아브라즈느이흐

저는 유제품 알레르기가 있습니다.
У меня аллергия на молочные продукты.
우미냐   일레르기야   나말로츠느이에   쁘라둑뜨이

저는 계란 알레르기가 있습니다.
У меня аллергия на яйца.
우미냐   일레르기야   나야이짜

저는 젤라틴 알레르기가 있습니다.
У меня аллергия на желатин.
우미냐   일레르기야   나 쥘라찐

저는 글루텐 알레르기가 있습니다.
У меня аллергия на клейковину.
우미냐   일레르기야   나끌레이까비누

저는 꿀 알레르기가 있습니다.
У меня аллергия на мёд.
우미냐   일레르기야   나묘뜨

저는 MSG 알레르기가 있습니다.
У меня аллергия на МНГ.
우미냐   일레르기야   나엠엔게

저는 오징어류 알레르기가 있습니다.
У меня аллергия на моллюсков.
우미냐   일레르기야   나말류스꼬프

저는 견과류 알레르기가 있습니다.
У меня аллергия на орехи.
우미냐   일레르기야   나아레히

저는 땅콩 알레르기가 있습니다.
У меня аллергия на арахисы.
우미냐   일레르기야   나아라히스이

저는 해산물 알레르기가 있습니다.

У меня аллергия на морепродукты.
우미냐   일레르기야   나모레쁘라둑뜨이

불편사항 (Жалобы)

여기 빵이 부족합니다.

Здесь не хватает хлеба.
즈제시 네 흐비따에뜨 흘레바

제 샐러드를 안주셨는데요.

Вы забыли мой салат.
브이 자브일리 모이 살라뜨

제 커틀렛 요리를 안주셨는데요.

Вы забыли мою котлету.
브이 자브일리 마유 까뜨레뜨꾸

제 아이스크림을 안주셨는데요.

Вы забыли моё мороженое.
브이 자브일리 마요 마로줴노에

저는 이 요리를 주문하지 않았습니다.

Я этого не заказывал(-а).
야 에또보 네 자까즈이발 (자까즈이발라)

스프가 식었습니다.

Суп холодный.
수쁘   할로드느이

스프가 너무 짭니다.

Суп пересоленный.
수쁘   뻬레솔렌느이

고기가 질깁니다.

Мясо жётское.
먀소   죳스꼬에

고기가 너무 기름집니다.

Мясо слишком жирное.
먀소   슬리쉬꼼   쥐르노에

생선이 신선하지 않습니다.

Рыба несвежая.
르이바 네스베좌야

다시 가져가세요.

Возьмите это обратно, пожалуйста.

바지미쩨 에따 아브라뜨노 빠좔루이스따

매니저를 불러 주세요.
Позовите ме́неджера, пожа́луйста.
빠자비쩨 메네줴라 빠좔루이스따

테이블에서 (За столом)

무엇을 먹을까요?
Что мы возьмём?
쉬또 므이 바지묨

전채 요리로 무엇을 먹을까요?
Что возьмём на пе́рвое?
쉬또 바지묨 나뻬르보에

스프를 무엇을 먹을까요?
Что возьмём на второ́е?
쉬또 바지묨 나프따로에

디저트로 무엇을 먹을까요?
Что возьмём на тре́тье?
쉬또 바지묨 나뜨레찌에

무엇을 마시겠습니까?
Что вы бу́дете пить?
쉬또 브이 부제쩨 삐찌
Что ты бу́дешь пить?
쉬또 뜨이 부제쉬 삐찌
Я бу́ду пить сок.
야 부두 삐찌 소끄

저는 보드까는 안됩니다.
Мне во́дку не на́до.
므녜 보뜨꾸 네 나도

따라 드릴까요?
Мо́жно вам(тебе́) нали́ть?
모즈노 밤 (쩨베) 날리찌

당신의 건강을 위하여 건배하고 싶습니다!
Я хочу́ предложи́ть тост за ва́ше(твоё) здоро́вье!
야 하추 쁘레들라쥐찌 또스뜨 자바쉐 (뜨바요) 즈다로비에

만남을 위하여!
За встре́чу!
자프스뜨레추

우정을 위하여!
За дру́жбу!
자드루즈부

소금을 건네주세요.
Пода́йте, пожа́луйста, соль.
빠다이쩨　빠좔루이스따　솔

빵을 건네주세요.
Переда́йте, пожа́луйста, хлеб.
뻬레다이쩨　빠좔루이스따　흘레쁘

버터를 건네주세요.
Переда́йте, пожа́луйста, ма́сло.
뻬레다이쩨　빠좔루이스따　마슬로

소금을 건네주세요.
Переда́йте, пожа́луйста, соль.
뻬레다이쩨　빠좔루이스따　솔

빵을 더 드세요.
Бу́дете (бу́дешь) ещё хлеб.
부제쩨　(부제쉬)　잇쇼　흘레쁘

이 음식이 아주 맛있습니다.
Э́то блю́до о́чень вку́сное.
에따　블류도　오첸　프꾸스노에

저는 현지 음식이 마음에 듭니다.
Мне о́чень нра́вится ме́стная ку́хня.
므녜　오첸　느라빗쨔　메스나야　꾸흐냐

러시아 요리가 마음에 듭니다.
Мне о́чень нра́вится ру́сская ку́хня.
므녜　오첸　느라빗쨔　루스까야　꾸흐냐

아주 맛있었습니다.
Бы́ло о́чень вку́сно.
브일로　오첸　프꾸스노

과식했습니다.
Я нае́лся(-лась)
야　나옐샤 (나옐라시)

감사합니다. 배부릅니다.
Спаси́бо, я сыт(-а́).
스빠시바　야 스이뜨(스이따)

이것은 제가 계산하지요.
За э́то я бу́ду плати́ть.
자에따　야　부두　쁠라찌찌

계산 (Счёт)

계산서 주세요.
Принеси́те, пожа́луйста, счёт.
쁘리네시쩨   빠좔루이스따   쇼뜨

Счёт, пожа́луйста.
쇼뜨   빠좔루이스따

전체 계산서 주세요.
О́бщий счёт, пожа́луйста.
옵쉬이   쇼뜨   빠좔루이스따

따로 계산해 주시겠어요?
Посчита́йте нам, пожа́луйста, отде́льно.
빠쉬따이쩨   남   빠좔루이스따   앗젤노

봉사요금이 포함되었나요?
Обслу́живание включено́?
압슬루쥐바니에   프끌류첸노

계산이 틀린 것 같습니다.
Мне ка́жется, счёт неве́рен.
므녜   까졧쨔   쇼뜨   네볘렌

난 받지 못했습니다.
Я э́того не получи́л(-а).
야 에또보 네 빨루칠 (빨루칠라)

식사 맛있었습니까?
Вам бы́ло вку́сно?
밤   브일로   프꾸스노

훌륭한 식사였습니다.
Еда́ была́ отли́чная.
에다   브일라   아뜰리츠나야

잔돈은 필요 없습니다.
Сда́чи не на́до.
즈다치   네   나도

응용회화

Диало́г: В рестора́не

Гали́на: Большо́е спаси́бо за приглаше́ние.
Ю́рий: Я уже́ два́жды был здесь. Они́ вку́сно

	готóвят. Обéд из пятú блюд с вóдкой, винóм, шампáнским и коньякóм.
Официант:	Что вы хотúте на закýски?
Галина:	Что у вас есть?
Официант:	У нас есть рýба, икрá, колбасá, салáты....
Юрий:	Мы бы хотéли салáты.
Официант:	А пéрвое? У нас сегóдня очень вкýсная соля́нка по-москóвски.
Галина:	Я люблю́ соля́нку.
Юрий:	Хорошó. Две соля́нки, пожáлуйста.
Официант:	Что на горя́чее? Рýба или мя́со?
Юрий:	Что вы нам посовéтуете?
Официант:	У нас сегóдня осетрúна- это óчень вкýсно!
Юрий:	Осетрúна мне подхóдит. А что вы решúли, Галина?
Галина:	Я, пожáлуй,возьмý мя́со. Что у вас есть?
Официант:	Котлéты по кúевски - óчень рекомендýю. Хотя́ наш беф-стрóганов тóже считáется лýчшим в Москвé.
Галина:	Это впечатля́ет. Тогдá для меня́ - беф-стрóганов.
Официант:	А на десéрт у нас есть...
Юрий:	Нет, нет, не сейчáс! Посмóтрим, чегó нам захóчется к концý обéда. Вот тогдá и решúм.
Официант:	Что бýдете пить? Вóдка? Конéчно! И шампáнское! Бутýлка крáсного винá к мя́су и бутýлка бéлого к рýбе.
Юрий:	Замечáтельно! Ну, Галина - тост. За нáшу дрýжбу.

갈리나 :	식사 초대 정말 고마워요.
유리 :	이 식당엘 두 번 와 봤는데, 음식을 아주 맛있게 해요.
	보드카, 포도주, 샴페인과 함께 5가지 요리가 제공되죠.
웨이터 :	전채 요리로 무엇을 드시겠어요?
갈리나 :	무엇이 잇나요?

웨이터 :	생선, 알, 꼴바사, 샐러드가 있습니다.
유리 :	샐러드가 좋겠습니다.
웨이터 :	스프는요? 오늘 저희 식당에는 모스크바식 생선스프가 맛있습니다.
갈리나 :	저는 생선스프 좋아해요.
유리 :	좋습니다. 생선 스프 두 개 주세요.
웨이터 :	메인요리로는 무엇을 드시겠습니까? 생선을 하시겠습니까? 고기로 하시겠습니까?
유리 :	무엇을 추천해 주시겠습니까?
웨이터 :	우리 식당에는 철갑상어 요리가 있습니다. 아주 맛있습니다.
유리 :	철갑상어 요리가 좋겠어요. 갈리나! 당신은 결정했나요?
갈리나 :	저는, 글쎄, 고기로 해야겠어요. 무슨 요리가 있나요?
웨이터 :	끼예프식 커틀렛을 적극 추천합니다. 우리 식당의 비프 스트로건 또한 모스크바에서 제일 알아주는 요리이기도 하지만요.
갈리나 :	그게 끌리네요. 그렇다면 저는 비프 스트로건으로 할게요.
웨이터 :	디저트로는 우리 식당에…
유리 :	아뇨, 아뇨. 지금 말고요. 식사 해보고요. 원하는 것을 그때 주문하겠습니다.
웨이터 :	무엇을 마시겠습니까? 보드카요? 물론 하시구요. 샴페인도요. 적포도주는 고기요리에, 백포도주는 생선요리에 곁들여 드십시오.
유리 :	아주 좋아요. 자, 갈리나, 우리 우정을 위해서 건배합시다.

 # 교통
(Транспорт)

러시아를 여행할 때 교통 관련 생활 회화 표현을 숙지하는 것이 러시아에서 기동력있게 움직일 수 있는 비결이다.

길 묻기, 교통수단, 표 예약, 표 구매, 교통문의, 항공, 해상, 기차, 대중교통 이용 관련한 필수 회화 표현을 소개한다.

교통일반 (Средства передвижения)

어떤 버스가 민스크행입니까?
Какóй автóбус идёт в Минск?
깎꼬이　아프또부스　이죠뜨　브민스끄

이 배가 모스크바행입니까?
Э́тот парахóд идёт в Москву́?
에또뜨　빠라호뜨　이죠뜨　브마스끄부

이 버스가 모스크바행입니까?
Э́то автóбус идёт в Москву́?
에따　아프또부스　이죠뜨　브마스끄부

이 비행기가 모스크바행입니까?
Э́тот самолёт идёт в Москву́?
에또뜨　사말료뜨　이죠뜨　브마스끄부

이 기차가 모스크바행입니까?
Э́тот пóезд идёт в Москву́?
에또뜨　뽀에스뜨　이죠뜨　브마스끄부

언제 첫 버스/기차/비행기가 있습니까?
Когдá бýдет пéрвый автóбус / пóезд / самолёт?
까그다　부제뜨　뻬르브이　아프또부스 / 뽀에스뜨 / 사말료뜨

언제 다음 버스/기차/비행기가 있습니까?
Когдá бýдет слéдующий автóбус / пóезд / самолёт?
까그다　부제뜨　슬레두유쉬이　아프또부스 / 뽀에스뜨 / 사말료뜨

언제 마지막 버스/기차/비행기가 있습니까?
Когдá бýдет послéдний автóбус / пóезд / самолёт?
까그다　부제뜨　빠슬레드니　아프또부스 / 뽀에스뜨 / 사말료뜨

언제 출발합니까?
Когда́ он отправля́ется?
까그다   온   아뜨쁘라블랴엣쨔

볼고그라드까지 얼마나 걸립니까?
Ско́лько вре́мени ну́жно е́хать до Во́лгогра́да?
스꼴꼬   브레메니   누즈노   예하찌   다볼고그라다

얼마나 연착합니까?
На ско́лько он опа́здывает?
나스꼴꼬   온   아빠즈드이바에뜨

자리 있나요?
Э́то ме́сто за́нято?
에따   메스또   자냐또

제 자리입니다.
Э́то моё ме́сто.
에따   마요   메스또

언제 꾸르스끄에 도착하는지 말씀해 주세요.
Скажи́те, пожа́луйста, когда́ мы подъе́дем к Ку́рску?
스까쥐쩨   빠좔루이스따   까그다 므이   빠드예젬   꾸-르스꾸

여기서 세워 주세요.
Останови́тесь здесь, пожа́луйста!
아스따노비쩨시   즈제시   빠좔루이스따

시내를 어떻게 가야 하는지 말씀해주세요.
Скажи́те, пожа́луйста, как попа́сть в центр?
스까쥐쩨   빠좔루이스따   깍   빠빠스찌   쯔펜뜨르

뿌쉬낀 거리를 어떻게 가야 하나요?
Как пройти́ на Пу́шкинсуую у́лицу?
깍꼬   쁘라이찌   나뿌쉬낀스꾸유   울리쭈

볼쇼이 극장을 어떻게 가야 하나요?
Как пройти́ к Большо́му теа́тру?
깍꼬   쁘라이찌   그발쇼무   찌아뜨루

가까운 지하철역까지 어떻게 가야 하나요?
Как дое́хать до ближа́йшей ста́нции метро́?
깍꼬   다예하찌   다블리죄아쉐이   스딴찌   메뜨로

뭐 타고 출근하십니까?
Как вы (ты) е́дете (е́дешь) на рабо́ту?
깍꼬 브이 (뜨이) 예제쩨   (예제쉬)   나라보뚜

버스로 갑니다.
Я е́ду на авто́бусе (авто́бусом).
야 예두   나-프또부세   (아프또부솜)

지하철로 갑니다.
Я éду на метрó.
야 예두　나메뜨로

전차로 갑니다.
Я éду на трамвáе.
야 예두　나뜨람바에

무궤도 전차로 갑니다.
Я éду на троллéйбусе.
야 예두　나뜨랄레이부세

승용차로 갑니다.
Я éду на машúне.
야 예두　나마쉬네

택시로 갑니다.
Я éду на таксú.
야 예두　나딱시

집에서 대학교까지 어떤 교통수단을 이용합니까?
Какúм вúдом трáнспорта вы пóльзуетесь от дóма до университéта?
깍낌　비돔　뜨란스뽀르따　브이　뽈주에쩨시　앗도마
다우니베르시쩨따

버스를 이용합니다.
Я пóльзуюсь автóбусом.
야　뽈주유시　아프또부솜

승용차를 이용합니다.
Я пóльзуюсь машúной.
야　뽈주유시　마쉬노이

지하철을 이용합니다.
Я пóльзуюсь метрó.
야　뽈주유시　메뜨로

버스와 지하철 두 가지 교통수단을 이용해야 합니다.
Мне прихóдится пóльзоваться двумя́ вúдами трáнспорта: автóбусом и метрó.
므녜　쁘리호짓쨔　뽈조바쨔　드부먀　비다미　뜨란스뽀르따
아프또부솜　이　메뜨로

어떤 교통수단을 선호합니까?
Какóй вид трáнспотра вы предпочитáете?
깍꼬이　비뜨　뜨란스뽀르따　브이　쁘레드빠치따에쩨

225

지하철을 선호합니다.
Я предпочитáю метрó.
야 쁘레드빠치따유 메뜨로

기차를 선호합니다.
Я предпочитáю пóезд.
야 쁘레드빠치따유 뽀에스뜨

버스를 선호합니다.
Я предпочитáю автóбус.
야 쁘레드빠치따유 아프또부스

대중교통 이용하는 것을 선호합니다.
Я предпочитáю пóльзоваться городски́м (обще́ственным) трáнспортом.
야 쁘레드빠치따유 뽈조바쨔 가랏스낌 (압쉐스뜨벤늬임) 뜨란스뽀르똠

당신은 갈아타야 합니까?
Вам прихóдится дéлать переса́дку?
야 쁘레드빠치따유 젤라찌 뻬레사뜨꾸

네, 갈아타야 합니다.
Да, мне прихóдится дéлать переса́дку.
다 므녜 쁘리호짓쨔 젤라찌 뻬레사뜨꾸

어디에서 내려야 하는지 말씀해주세요.
Скажи́те, пожа́луйста, где нáдо сойти́?
스까쥐쩨 빠좔루이스따 그지에 나도 사이찌

어디에서 갈아 타야 하는지 말씀해주세요.
Скажи́те, пожа́луйста, где мне сде́лать переса́дку?
스까쥐쩨 빠좔루이스따 그지에 므녜 즈젤라찌 뻬레사뜨꾸

티켓 일반 (Биле́ты)

어디에서 차표를 살 수 있나요?
Где мóжно купи́ть биле́ты?
그지에 모즈노 꾸삐찌 빌례뜨이

노브고로드행 표를 주세요.
Да́йте, пожа́луйста, биле́т в Нóвогород.
다이쩨 빠좔루이스따 빌례뜨 브노보고로뜨

1등석 표를 주세요.
Да́йте, пожа́луйста, биле́т в пе́рвом кла́ссе.
다이쩨 빠좔루이스따 빌례뜨 프뻬르봄 끌라세

2등석 표를 주세요.
Дáйте, пожáлуйста, билéт во вторóм клáссе.
다이쩨 빠좔루이스따 빌례뜨 바프따롬 끌라세

어린이 표를 주세요.
Дáйте, пожáлуйста, билéт для детéй.
다이쩨 빠좔루이스따 빌례뜨 들랴제쩨이

편도 한 장 주세요.
Дáйте, пожáлуйста, билéт в одúн конéц.
다이쩨 빠좔루이스따 빌례뜨 바진 까네쯔

왕복 표 한 장 주세요.
Дáйте, пожáлуйста, билéт в óба концá.
다이쩨 빠좔루이스따 빌례뜨 보바 깐짜

대학생 표 한 장 주세요.
Дáйте, пожáлуйста, билéт для студéнтов.
다이쩨 빠좔루이스따 빌례뜨 들랴스뚜쩬또프

얼마입니까?
Скóлько стóит?
스꼴꼬 스또이뜨

10루블 표 한 장 주세요.
Билéт на дéсять рублéй, пожáлуйста!
빌례뜨 나제샤찌 루블레이 빠좔루이스따

도착까지 얼마 걸립니까?
Скóлько врéмени уйдёт на э́ту поéздку?
스꼴꼬 브레메니 우이죠뜨 나에뚜 빠에스뜨꾸

직행입니까?
Э́то прямóй рейс?
에따 쁘랴모이 레이스

체크인이 언제 시작되나요?
Во скóлько начинáется регистрáция?
바스꼴꼬 나치나옛쨔 레기스뜨라찌야

옆 좌석을 원합니다.
Я бы хотéл(-а) боковóе мéсто.
야 브이 하쪨 (하쪨라) 바까보에 메스또

흡연석을 원합니다.
Я бы хотéл(-а) мéсто для курящих.
야 브이 하쪨 (하쪨라) 바까보에 메스또

금연석을 원합니다.
Я бы хотéл(-а) мéсто для некурящих.
야 브이 하쪨 (하쪨라) 메스또 들랴네꾸라쉬흐

창가 좌석을 원합니다.
Я бы хотéл(-а) мéсто у окнá.
야 브이 하쩰 (하쩰라) 메스또 우아끄나

표를 취소하고 싶습니다.
Я бы хотéл(-а) билéт отменúть.
야 브이 하쩰 (하쩰라) 빌례뜨 아뜨메니찌

표를 바꾸고 싶습니다.
Я бы хотéл(-а) билéт поменя́ть.
야 브이 하쩰 (하쩰라) 빌례뜨 빠메냐찌

표를 컨폼하고 싶습니다.
Я бы хотéл(-а) билéт подтверди́ть.
야 브이 하쩰 (하쩰라) 빌례뜨 빠뜨베르지찌

수하물 (Багаж)

어디에서 수하물을 찾나요?
Где вы́дача багажá?
그지에 브이다차 바가좌

수하물 섹션이 어디인가요?
Где багáжное отделéние?
그지에 바가즈노애 앗젤례니에

자동 보관함이 어디 있나요?
Где кáмера-автомáт?
그지에 까메라아프또마뜨

어디에 카터가 있나요?
Где телéжка?
그지에 쩰례쉬까

제 짐이 손상되었습니다.
Мой багáж поврели́ли.
모이 바가쉬 빠브레질리

제 짐이 분실되었습니다.
Мой багáж пропáл.
모이 바가쉬 쁘라빨

제 짐이 도난당했습니다.
Мой багáж укрáли.
모이 바가쉬 우끄랄리

이것은 제 짐이 아닙니다.
Э́то (не) моё.
에따 (네) 마요

비행기 (Самолёт)

비행기표 예약 (Бронирование билетов на самолёт)

상뜨 뻬쩨르부르그행 비행기가 다음에 언제 있는지 말씀해 주세요.
Не могли́ вы мне сказа́ть, когда́ бу́дет сле́дующий самолёт
네 마글리 브이 므녜 스까자찌 까그다 부제뜨 슬레두유쉬이 사말료뜨
в Санкт-Петербу́рг?
프산끄뜨뻬쩨르부르끄

표가 더 있습니까?
Есть ещё биле́ты?
예스찌 잇쇼 빌례뜨이

우크라이나행 표가 필요합니다.
Мне ну́жен биле́т на Украи́ну.
므녜 누젠 빌례뜨 나우끄라이누

우크라이나행 편도 표 한 장이 필요합니다.
Мне ну́жен биле́т на Украи́ну в одну́ сто́рону.
므녜 누젠 빌례뜨 나우끄라이누 바드누 스또로누

모스크바 왕복 비행기 표를 예약하고 싶습니다.
Хочу́ заказа́ть биле́т на самолёт в Москву́ туда́ и обра́тно.
하추 자까자찌 빌례뜨 나사말료뜨 브마스끄부 뚜다 이 아브라뜨노

7월 15일 워싱턴 비행기 표를 예약하고 싶습니다.
Я хочу́ заказа́ть биле́т в Вашингто́н на 15-ое ию́ля.
야 하추 자까자찌 빌례뜨 바-쉰똔 나삐뜨나짜또에 이율랴

이코노믹 클래스는 얼마입니까?
Ско́лько сто́ит биле́т в зкономи́ческий класс?
스꼴꼬 스또이뜨 빌례뜨 베까나미체스끼 끌라스

비즈니스 클래스는 얼마입니까?
Ско́лько сто́ит биле́т в би́знес-класс?
스꼴꼬 스또이뜨 빌례뜨 브니즈네스끌라스

일등석은 얼마입니까?
Ско́лько сто́ит в пе́рвый класс?
스꼴꼬 스또이뜨 프뻬르브이 끌라스

금연석으로요? 흡연석으로요?
Курящий или некурящий?
꾸랴쉬이 일리 네꾸랴쉬이

창가 쪽 좌석을 주세요.
Мне, пожалуйста, место у окна.
므녜 빠좔루이스따 메스또 우아끄나

통로 쪽 좌석을 주세요.
Мне, пожалуйста, место у прохода.
므녜 빠좔루이스따 메스또 우쁘라호다

이 표를 취소하고 싶습니다.
Я хочу аннулировать этот билет.
야 하추 아눌리로바찌 에또뜨 빌례뜨

이 표를 바꾸고 싶습니다.
я хочу поменять этот билет.
야 하추 빠메냐찌 에또뜨 빌례뜨

아에로플롯 비행기는 어느 공항에 도착하나요?
В какой аэропорт прилетает самолёт Аэрофлота?
프까꼬이 아에로뽀르뜨 쁘리렡따에뜨 사말료뜨 아에로플로따

체크인 (Регистрация билетов)

KAL 항공사 체크인은 어디에서 하나요?
Где проходит регистрация билетов авиакомпании КАЛ?
그지에 쁘라호지뜨 레기스뜨라찌야 빌례또프 아비아깜빠니이 깔

모스크바행 비행기 게이트는 어디인가요?
Какой выход на посадку до Москвы?
깍꼬이 브이호뜨 나빠사뜨꾸 다마스끄브이

게이트 3은 어디인가요?
Где выход на посадку номер 3?
그지에 브이호뜨 나빠사뜨꾸 노메르 뜨리

출국장은 어디인가요?
Где зал отправлений?
그지에 잘 앗쁘라블레니

모스크바 출발 비행기는 몇 시에 도착하나요?
Во сколько прилетает самолёт из Москвы?
바 스꼴꼬 쁘리렡따에뜨 사말료뜨 이즈마스끄브이

당신 표 여기 있습니다.
Ваш билет, пожалуйста.
바쉬 빌례뜨 빠좔루이스따

이것을 핸드캐리어 해도 되나요?
Можно взять это как ручной багаж?
모즈노 브쟈찌 에따 깍끄 루츠노이 바가쉬

비행기에서 (В самолёте)

물 한 잔 갖다 주세요.
Не могли бы вы мне принести стакан воды?
네 마글리 브이 브이 므녜 쁘리녜스찌 스따깐 바드이

베개 하나 더 주시겠어요?
Не могли бы вы мне принести (ещё) одну подушку?
네 마글리 브이 브이 므녜 쁘리녜스찌 (잇쇼) 아드누 빠두쉬꾸

담요 한 장 더 주시겠어요?
Не могли бы вы мне принести (ещё) одно покрывало?
네 마글리 브이 브이 므녜 쁘리녜스찌 (잇쇼) 아드노 빠끄르이발로

자리를 바꿔도 괜찮을까요?
Вы не возражаете, если мы поменяемся местами?
브이 네 바즈라좌에쩨 에슬리 므이 빠메냐옘샤 메스따미

도착 (Приезд)

모스크바 – 인천 노선을 운행하는 KAL 976 편이 착륙하였습니다.
Произвёл посадку самолёт КАЛ 976, совершающий рейс
빠라이즈볼 빠사뜨구 사말료뜨 깔 제뱌찌 셈 쉐스찌 사베르샤유쉬이 레이스
по маршруту между Москвой и Инчоном.
빠마르쉬루뚜 몌즈두 마스끄보이 이 인천놈

제 짐이 분실되었습니다.
Мой багаж потерялся.
모이 바가쉬 빠쩨랼샤

제 짐이 손상되었습니다.
Повредился мой чемодан.
빠브레질샤 모이 체마단

모스크바 시내 방향 버스가 어디에서 출발합니까?
Откуда отходит автобус в сторону центра Москвы?
앗꾸다 아드호지뜨 아프또부스 프스또로누 쩬뜨라 마스끄브이

항공사　Авиакомпа́ния
공항　Аэропо́рт
공항세　Аэропорто́вый сбор
도착　Прибы́тие
도착시간　Вре́мя прибы́тия
수하물　Бага́ж
카터　Теле́жка
수하물 체크인　Оформле́ние и сда́ча багажа́
수하물 클레임　Вы́дача багажа́
탑승권　Поса́дочный тало́н
취소하다　Аннли́ровать
체크인　Регистра́ция биле́тов
트랜짓　Переса́дка
연착　Опозда́ние
국내비행　Вну́тренний полёт
면세점　Магази́н беспо́шлиной торго́вли
Emergency chute　Эвакуцио́нный трап
비상구　Запа́сный вы́ход
비상착륙　Вы́нужденная поса́дка
무게초과　Переве́с
비행　Полёт
승무원　Стю́ард(-есса)
게이트　Вы́ход на поса́дку
국제비행　Междунаро́дный полёт
착륙　Приземле́ние
구명조끼　Спаса́тельный жиле́т
승객　Пассажи́р(-ка)
조종사　Пило́т
안전검사　Контро́ль безопа́сности
중간착륙　Промежу́точная поса́дка
이륙　Вы́лет
터미널　Терминал
동반자　Сопровожда́ющее лицо́
추가 요금　Допла́та

기차 (Поезд)
표 사기 (Покупка билетов)

키예프행 표 두 장 주세요.
Два билéта до Киéва, пожáлуйста.
드바 빌례따 다끼예바 빠좔루이스따

상뜨 뻬쩨르부르그행 표 한 장 주세요.
Пожáлуйста, одúн билéт до Санкт-Петербýрга.
빠좔루이스따 아진 빌례뜨 다산끄뜨뻬쩨르부르가

상뜨 뻬쩨르부르그행 편도 표 한 장 주세요.
Пожáлуйста, одúн билéт до Санкт-Петербýрга в однý стóрону.
빠좔루이스따 아진 빌례뜨 다산끄뜨뻬쩨르부르가 바드누 스또로누

상뜨 뻬쩨르부르그행 왕복표 한 장 주세요.
Пожáлуйста, одúн билéт до Санкт-Петербýрга тудá и обрáтно (в обá концá).
빠좔루이스따 아진 빌례뜨 다산끄뜨뻬쩨르부르가 뚜다 이 아브라뜨노
바바 깐짜

모스크바–뻬쩨르부르그 표 한 장 주세요.
Дáйте, пожáлуйста, билéт на рейс Москвá-Петербýрг.
다이쩨 빠좔루이스따 빌례뜨 나레이스 마스끄바 뻬쩨르부르끄

상뜨 뻬쩨르부르그행 오늘 표 한 장 주세요.
Пожáлуйста, одúн билéт до Санкт-Петербýрга на сегóдня.
빠좔루이스따 아진 빌례뜨 다 산끄뜨뻬쩨르부르가 나시보드냐

상뜨 뻬쩨르부르그행 내일 표 한 장 주세요.
Пожáлуйста, одúн билéт до Санкт-Петербýрга на зáвтра.
빠좔루이스따 아진 빌례뜨 다산끄뜨뻬쩨르부르가 나자프뜨라

상뜨 뻬쩨르부르그행 수요일 표 한 장 주세요.
Пожáлуйста, одúн билéт до Санкт-Петербýрга на срéду.
빠좔루이스따 아진 빌례뜨 다산끄뜨뻬쩨르부르가 나스례두

상뜨 뻬쩨르부르그행 8월 4일 자 표 한 장 주세요.
Пожáлуйста, одúн билéт до Санкт-Петербýрга на четвёртое áвгуста.
빠좔루이스따 아진 빌례뜨 다산끄뜨뻬쩨르부르가 나 체뜨뵤르또에
아브구스따

상뜨 뻬쩨르부르그행 202호 기차 표 한 장 주세요.
Пожáлуйста, одúн билéт до Санкт-Петербýрга на пóезд нóмера 202.
빠좔루이스따 아진 빌례뜨 다산끄뜨뻬쩨르부르가 나뽀에스뜨 노메라
드바 놀 드바

연석 차 표 한 장 주세요.
Да́йте, пожа́луйста, биле́т в мя́гкий ваго́н.
다이쩨 빠좔루이스따 빌례뜨 브먀끼 바곤

4인실 침대 차 표 한 장 주세요.
Да́йте, пожа́луйста, биле́т в купе́йный ваго́н.
다이쩨 빠좔루이스따 빌례뜨 프꾸뻬이느이 바곤

칸막이 없는 침대 차 표 한 장 주세요.
Да́йте, пожа́луйста, биле́т в плацка́ртный ваго́н.
다이쩨 빠좔루이스따 빌례뜨 프쁘라쯔까르드느이 바곤

일반 차량 표 한 장 주세요.
Да́йте, пожа́луйста, биле́т на о́бщий ваго́н.
다이쩨 빠좔루이스따 빌례뜨 나옵쉬이 바곤

급행 기차 표 한 장 주세요.
Да́йте, пожа́луйста, биле́т на ско́рый по́езд.
다이쩨 빠좔루이스따 빌례뜨 나스꼬르이 뽀에스뜨

위 칸 침대 자리로 주세요.
Ве́рхнюю по́лку, пожа́луйста.
베르흐뉴유 뽈꾸 빠좔루이스따

아래 칸 침대 자리로 주세요.
Ни́жнюю по́лку, пожа́луйста.
니즈뉴유 뽈꾸 빠좔루이스따

어린이 할인이 있습니까?
Есть ли ски́дки (льго́ты) для дете́й?
예스찌 리 스끼뜨끼 (리고뜨이) 들랴 제쩨이

학생 할인이 있습니까?
Есть ли ски́дки (льго́ты) для студе́нтов?
예스찌 리 스끼뜨끼 (리고뜨이) 들랴스뚜젠또프

몇 시에 202호 기차로 환승해야 합니까?
Во ско́лько часо́в у меня́ бу́дет переса́дка на по́езд но́мера 202?
바스꼴꼬 치소프 우미냐 부졔뜨 뻬레사뜨까 나뽀에스뜨 노메라 드바 놀 드바

몇 번 환승해야 하나요?
Ско́лько переса́док?
스꼴꼬 뻬레사도끄

기차역에서 (На вокзале)

제 트렁크를 기차 화물칸에 맡길 수 있나요?
Могу́ ли я сдать свой чемода́н в бага́ж по́езда?
마구 리 야 즈다찌 스보이 체마단 브바가쉬 뽀에즈다

실례합니다, 모스크바행 기차는 어디 트랙에서 출발합니까?

Извини́те, с како́го пути́ отправля́ется по́езд в Москву́?
이즈비니쩨　스깍꼬보　뿌찌　앗쁘라블랴옛쨔　뽀에스뜨　브마스꾸부

상뜨 뻬쩨르부르그발 기차가 10분 연착합니다.

По́езд из Санкт-Петербу́рга прибыва́ет с опозда́нием на де́сять мину́т.
뽀에스뜨　이스산뜨뻬쩨르부르가　쁘리브이바에뜨　사빠즈다니엠　나제샤찌　미누뜨

시베리아 횡단 철도는 어느 플랫폼인가요?

Транссиби́рский с како́й платфо́рмы?
뜨란시비비르스끼　스깍꼬이　쁘라뜨포르므이

이 역에서 기차가 얼마 동안 정차하나요?

Ско́лько вре́мени по́езд стои́т на э́той ста́нции?
스꼴꼬　브레메니　뽀에스뜨　스따이뜨　나에또이　스딴찌

기차에서 (В поезде)

죄송합니다만, 여기 빈자리인가요?

Извини́те, э́то ме́сто свобо́дно?
이즈비니쩨　에따　메스또　스바보드노

창문을 열어도 될까요?

Мо́жно откры́ть окно́?
모즈노　앗끄르이찌　아끄노

창문을 닫아도 될까요?

Мо́жно закры́ть окно́?
모즈노　자끄르이찌　아끄노

죄송합니다만, 여긴 제 자리 같습니다.

Извини́те, ка́жется, э́то моё ме́сто.
이즈비니쩨　까줫쨔　에따 마요 메스또

여기 제 표가 있습니다.

Вот мой биле́т.
보뜨　모이　빌례뜨

기차 시간표　Расписа́ние по́ездов

출발　Отправле́ние

도착　Прибы́тие

인포메이션 데스크　Спра́вочная

포터　Носи́льщик

여자 화장실　Ж

남자 화장실　М

육아실　Ко́маната ма́тери и ребёнка

매표소　Биле́тная ка́сса

표 예약 및 판매 철도청　Желедоро́жное аге́нство по брони́рованию и прода́жам биле́тов

Luxury-class sleeping car　СВ

Compartment car　Купе́йный ва́гон

Couchette car　Плацка́ртныйва́гон

Simple car　О́бщий ва́гон

금연　Куре́ние запрещено́

택시 정류장　Стоя́нка такси́

지하철　Метро́

교외선　При́городные поезда́

보관소　Ка́мера хране́ния

카터　Теле́жки

대합실　Зал ожида́ния

동반자　Сопровожда́ющее лицо́

추가 요금　Допла́та

수하물　Бага́ж

수하물 코너　Бага́жное отделе́ние, бага́жная ка́сса

차량번호　Но́мер Ва́гона

어린이 표　Де́тский биле́т

쿠페　Купе́

승무원　Конду́ктор, Проводни́к(-ни́ца)

통로　Прохо́д

식당차　Ваго́н-рестора́н

기차표　Сто́имость прое́зда

Main station　Гла́вный вокза́л

할인　Льго́ты

예약　Брони́рование

왕복표　Биле́т в оба́ конца́

금연 칸　Купе́ для куря́щих

스낵 카터　Передвижно́й буфе́т

표에 스탬프를 찍다　компости́ровать, прокомпости́ровать

정거장　Остано́вка

표　Биле́т

매표소　Биле́тная ка́сса

표 검사　Контро́ль биле́тов

기차역　Вокза́л

창가 좌석　Ме́сто у окна́

배 (Кора́бль)

표사기 (Поку́пка биле́тов)

볼가강 크루즈를 예약하고 싶습니다.

Я бы хоте́л(-а) заказа́ть кру́из по Во́лге.
야 브이 하쩰 (하쩰라)　자까자찌　끄루이스　빠볼게

블라디보스톡행 배는 다음에 언제 있나요?

Когда́ отхо́дит сле́дующий кора́бль во Владивосто́к?
까그다　아뜨호지드　슬레두유쉬이　까라블　바블라지바스또끄

Когда́ отхо́дит сле́дующий паро́м во Владивосто́к?
까그다　아뜨호지드　슬레두유쉬이　빠롬　바블라지바스또끄

얼마나 걸립니까?

Как до́лго дли́тся рейс?
깍고　돌고　들릿쨔　레이스

블라디보스톡에 언제 도착합니까?

Когда́ мы прибу́дем во Владивосто́к?
까그다　므이　쁘리부젬　바블라지바스또끄

항구에 얼마나 정박합니까?

Как до́лго мы бу́дем стоя́ть в порту́?
깍끄　돌고　므이　부젬　스따야찌　프빠르뚜

블라디보스톡행 표 한장 주세요.

Пожа́луйста, оди́н биле́т до Владивосто́ка.
빠쨜루이스따　아진　빌레뜨　다블라지바스또까

블라디보스톡행 일등석 표 한장 주세요.

Пожа́луйста, оди́н биле́т до Владивосто́ка в пе́рвом кла́ссе.
빠쨜루이스따　아진　빌레뜨　다블라지바스또까　프뻬르봄　끌라세

블라디보스톡행 보통석 표 한장 주세요.

Пожáлуйста, одúн билéт до Владивостóка в туристúческом клáссе.
빠좔루이스따   아진   빌례뜨   다블라지바스또까   프뚜리스찌체스꼼   끌라세

한 좌석 주세요.

Пожáлуйста, одномéстную каю́ту.
빠좔루이스따   아드나몌스뜨누유   까유뚜

두 좌석 주세요.

Пожáлуйста, двухмéстную каю́ту.
빠좔루이스따   드부흐몌스뜨누유   까유뚜

오후 세시 투어 표 한장 주세요.

Пожáлуйста, одúн билéт на экскýрсию в пятнáдцать часóв.
빠좔루이스따   아진   빌례뜨   나엑스꾸르시유   프뻬뜨나짜찌   치소프

선상에서 (на борту)

식당이 어디에 있습니까?

Где столóвая?
그지에 스딸로바야

레스토랑이 어디에 있습니까?

Где ресторáн?
그지에 레스따란

라운지가 어디에 있습니까?

Где каю́т-компáния?
그지에   까유뜨깜빠니야

몸 상태가 좋지 않습니다.

Я чýвствую себя́ нехорошó.
야   춥스뜨부유   시뱌   네하라쇼

멀미가 납니다.

Меня́ тошнúт.
미냐   따쉬니뜨

배 멀미 약 있습니까?

Не моглú бы вы мне дать срéдство от морскóй болéзни?
네   마글리   브이 브이 므녜   다찌   스례뜨스뜨보   아뜨마르스꼬이   발례즈니

선실	Каю́та
선장	Капита́н
해안	Морско́й бе́рег
크루즈	Круи́з
갑판	Па́луба
해안관광	Экску́рсия на бе́рег
페리	Паро́м
Hovercraft	Гли́ссер, Су́дно на возду́шной поду́шке
Hydrofoil	Су́дно на подво́дных кры́льях
구명조끼	Спаса́тельный жиле́т
	Спаса́тельный круг
구명보트	Спаса́тельная ло́дка
항구	Порт
육지	Су́ша
배 멀미	Морска́я боле́знь
증기선	Парохо́д

대중교통 (Общественный транспорт)

버스, 지하철, 전차, 트롤리버스 (Автобус, метро, трамвай, троллейбус)

어디에 가장 가까운 버스 정류장이 있나요?
Скажи́те, пожа́луйста, где ближа́йшая остано́вка авто́буса?
스까쥐쩨 빠좔루이스따 그지에 블리좌이샤야 아스따노프까 아프또부사

어디에 가장 가까운 트롤리버스 정류장이 있나요?
Скажи́те, пожа́луйста, где ближа́йшая остано́вка тролле́йбуса?
스까쥐쩨 빠좔루이스따 그지에 블리좌이샤야 아스따노프까 뜨랄레이부사

어디에 가장 가까운 전차 정류장이 있나요?
Скажи́те, пожа́луйста, где ближа́йшая остано́вка трамва́я?
스까쥐쩨 빠좔루이스따 그지에 블리좌이샤야 아스따노프까 뜨람바야

어디에 가장 가까운 지하철역이 있나요?
Скажи́те, пожа́луйста, где ближа́йшая ста́нция метро́?
스까쥐쩨 빠좔루이스따 그지에 블리좌이샤야 스딴찌야 메뜨로

이 역은 무슨 역인가요?
Какая эта станция?
깍까야 에따 스딴찌야

다음 역은 무슨 역인가요?
Какая следующая станция?
깍까야 슬례두유샤야 스딴찌야

스파르딱은 몇 호선인가요?
Какая линия идёт в Спартак?
깍까야 리니야 이죠뜨 프스빠르따끄

전차로 도모제도보까지 얼마나 걸립니까?
Сколько времени идёт электричка до Домодедово?
스꼴꼬 브레메니 이죠뜨 엘렉뜨리츠까 다다마제도보

베르나스끼까지 몇 번이 갑니까?
Какой номер идёт в Проспект Вернадского?
깍꼬이 노메르 이죠뜨 프쁘라스뼥뜨 베르낫쯔까보

시내는 몇 번이 갑니까?
Какой номер идёт до центра города?
깍꼬이 노메르 이죠뜨 다쩬뜨라 고로다

샤볼로스까야 행 전철 첫 차는 언제 있습니까?
Когда идёт первый поезд метро в Шаболовскую?
까그다 이죠뜨 뻬르브이 뽀에스뜨 메뜨로 프샤발롭스꾸유

샤볼로스까야 행 전철 마지막 차는 언제 있습니까?
Когда идёт последний поезд метро в Шаболовскую?
까그다 이죠뜨 빠슬례드니 뽀에스뜨 메뜨로 프샤발롭스꾸유

이 버스는 아르바뜨 거리를 갑니까?
Этот автобус идёт до улицы Арбат?
에또뜨 아프또부스 이죠뜨 다울리쯔이 아르바뜨

모스크바국립대학까지 몇 정거장입니까?
Сколько остановок до МГУ?
스꼴꼬 아스따노보끄 다엠게우

제가 언제 내려야할 지 말씀 좀 해주시겠어요.
Не могли вы мне сообщить, когда мне нужно будет выходить?
네 마글리 브이 므녜 삽쉬찌 까그다 므녜 누즈노 부제뜨 브이하지찌

갈아타야 합니까?
Мне нужно делать пересадку?
므녜 누즈노 젤라찌 뻬레사뜨꾸

많은 사람들이 출근할 때 대중교통을 이용합니다.
Большинство людей пользуется общественным транспортом
발쉰스뜨보 류제이 뽈주엣쨔 압쉐스뜨벤느임 뜨란스뽀르똠

от до́ма до рабо́ты.
앗도마 다라보뜨이

가장 빠른 교통수단은 지하철입니다.
Са́мым скоростны́м ви́дом тра́нспорта явля́ется метрополите́н.
사므임 스꼬로스뜨느임 비돔 뜨란스뽀르따 이블랴엣쨔 메뜨로빨리쩬

버스 Авто́бус

버스정류장 Авто́бусная обстано́вка

케이블 카 Зубча́тая желе́зная доро́га

시내버스 Городско́й авто́бус

교외선, 전동차 При́городный по́езд, Электри́чка

차장 Конду́ктор

일일 티켓 Однодне́вный биле́т

출발 Отправле́ние

방향 Направле́ние

종점(지하철 등) Коне́чная ста́нция

종점(버스 등) Коне́чная остано́вка

통행료 Сто́имость прое́зда

시외버스 Междугоро́дный авто́бус

월 정기권 Ме́сячный биле́т, Абонеме́нт

시간표 Расписа́ние

표 검사원 Контролёр

택시 (Такси́)

어디에 택시 정류장이 있습니까?
Где стоя́нка такси́?
그지에 스따얀까 딱시

여기 어디 가까운 곳에 택시 정류장이 있는 지 말씀해주세요.
Не могли́ бы вы мне сказа́ть, где здесь побли́зости стоя́нка такси́?
네 마글리 브이 브이 므녜 스까자찌 그지에 즈제시 빠블리조스찌 스따얀까 딱시

빈 차입니까?
Свобо́ден?
스바보젠

택시를 불러 주시겠습니까?

Не могли́ бы вы мне вы́звать такси́?
네 마글리 브이 브이 므네 브이즈바찌 딱시

아침 9시에 택시가 필요합니다.

Мне ну́жно такси́ в де́вять часо́в утра́.
므녜 누즈노 딱시 브졔뱌찌 치소프 우뜨라

여보세요. 끄라브첸코 거리 36동으로 지금 바로 택시를 보내주세요.

Алло́! Мне, пожа́луйста, такси́ по а́дресу У́лица Кра́вченко, Дом 36, пря́мо сейча́с.
알로 므네 빠좔루이스따 딱시 빠아드레수 울리짜 끄라프첸꼬 돔 뜨리짜찌 쉐스찌 쁘랴모 시차스

여보세요. 끄라브첸코 거리 36동으로 7시에 택시를 보내주세요.

Алло́! Мне, пожа́луйста, такси́ по а́дресу У́лица Кра́вченко, Дом 36, на 7 часо́в.
알로 므네 빠좔루이스따 딱시 빠아드레수 울리짜 끄라프첸꼬 돔 뜨리짜찌 쉐스찌 나셈 치소프

어디로 모실까요?

Куда́ вы е́дете?
꾸다 브이 예졔쩨

러시아 호텔까지 부탁합니다.

До гости́ницы Росси́я, пожа́луйста.
다가스찌니쯔이 라시야 빠좔루이스따

체홉 거리 부탁합니다.

До у́лицы Че́хов, пожа́луйста.
다울리쯔이 체호프 빠좔루이스따

레닌 도서관 부탁합니다.

До бибилиоте́ки и́мени Ле́нина, пожа́луйста.
다비블리아쩨끼 이메니 레니나 빠좔루이스따

미터기를 켜세요.

Включи́те счётчик, пожа́луйста!
프끌류치제 숏치꼬 빠좔루이스따

킬로 당 얼마입니까?

Ско́лько сто́ит прое́зд за киломе́тр?
스꼴꼬 스또이뜨 쁘라에스뜨 자끼라몌뜨르

쉐레미찌에보 공항까지 얼마입니까?

Ско́лько сто́ит до аэропо́рта Шереметьево?
스꼴꼬 스또이뜨 다아에라뽀르따 쉐례미찌에보

여기서 세워 주세요.

Останови́тесь здесь, пожа́луйста.
아스따노비쩨시 즈졔시 빠좔루이스따

얼마입니까?

Ско́лько с меня́?
스꼴꼬 스미냐

50루블을 주었습니다.

Я вам дам пятьдеся́т рубле́й.
야 밤 담 삐찌제샤뜨 루블레이

영수증을 써 주시겠습니까?

Вы мне мо́жете вы́писать квита́нцию?
브이 므녜 모줴쩨 브이삐사찌 끄비딴찌유

여기요.

Э́то вам.
에따 밤

내리고 싶습니다.

Я хочу́ вы́йти!
야 하추 브이이찌

너무 빨리 가지 마세요!

Не так бы́стро, пожа́луйста!
네 딱 브이스뜨로 빠좔루이스따

기다려주세요!

Подожди́те, пожа́луйста!
빠다즈지쩨 빠좔루이스따

택시 정류장 Стоя́нка такси́

택시 기사 Води́тель(-ница) такси

Flat rate О́бщая це́на

킬로미터 당 요금 Тари́ф за киломе́тр

안전벨트 Реме́нь безопа́сности

팁 Чаевы́е

승용차 (Маши́на)

자동기아 차로 렌트하고 싶습니다.

Я бы хоте́л(-а) взять маши́ну на прока́т с автомати́ческой
야 브이 하쩰 (하쩰라) 브쟈찌 마쉬누 나쁘라까뜨 사프따마찌체스낌

трансми́ссией.
뜨란스미시에이

수동 기아차로 렌트하고 싶습니다.
Я бы хотéл(-а) взять маши́ну на прока́т с ручны́м переключéнием передáч.
야 브이 하쪨 (하쪨라) 브쟈찌 마쉬누 나쁘라까뜨 스루츠느임 뻬레끌류체니엠 뻬레다치

에어콘이 있는 차로 렌트하고 싶습니다.
Я бы хотéл(-а) взять маши́ну на прока́т с кондиционéром.
야 브이 하쪨 (하쪨라) 브쟈찌 마쉬누 나쁘라까뜨 스깐지찌아네롬

기사 딸린 차를 렌트하고 싶습니다.
Я бы хотéл(-а) взять маши́ну на прока́т с шофёром.
야 브이 하쪨 (하쪨라) 브쟈찌 마쉬누 나쁘라까뜨 스샤표롬

일일 렌트비가 얼마입니까?
Скóлько стóит одноднéвный прокáт?
스꼴까 스또이뜨 아드나드네브느이 쁘라까뜨

여기에 보험비가 포함되어있나요?
Сюдá вхóдит страхóвка?
슈다 프호지뜨 스뜨라호프까

영어로 된 교통법규 책자가 있습니까?
Есть прáвила у́личного движéния на англи́йском языкé?
예스찌 쁘라빌라 울리츠노보 드비줴니야 나안글리스꼼 이즈이께

도로지도가 있습니까?
У вас есть кáрта дорóг?
우바스 예스찌 까르따 다로끄

운전하십니까?
Вы вóдите маши́ну?
브이 보지쩨 마쉬누

네, 운전합니다.
Да, я вожу́.
다 야 바쥬

아뇨, 운전 못 합니다.
Нет, я не вожу́.
니에뜨 야 네 바쥬

운전면허가 있습니다.
У меня́ есть води́тельские правá.
우미냐 예스찌 바지쪨스끼에 쁘라바

교통법규를 준수해야 합니다.
Ну́жно соблюдáть у́личные прáвила.
누즈노 사블류다찌 울리리츠느이에 쁘라빌라

교통위반 벌금을 내야 합니다.
Нужно заплатить штраф за нарушение уличного движения.
누즈노 자쁠라찌찌 쉬뜨라프 자나루쉐니네 울리츠노보 드비줴니야

도로에서 (На дороге)

제한 속도가 얼마입니까?
Какое ограничение скорости?
깍꼬에 아그라니체니에 스꼬로스찌

이 도로가 꾸르스끄 가는 길인가요?
Эта дорога ведёт в Курск?
에다 다로가 베죠뜨 프꾸르스끄

어디에 주차장이 있습니까?
Где заправка?
그지에 자쁘라프까

여기는 셀프 서비스입니까?
Здесь самообслуживание?
즈제시 사마압슬루쥐바니에

가득 채우세요.
Заполните бак, пожалуйста.
자뽈니쩨 바끄 빠좔루이스따

15리터요.
Пятнадцать литров, пожалуйста.
삐뜨나짜찌 리뜨로프 바좔루이스따

오일을 점검해주세요.
Проверьте, пожалуйста, масло.
쁘라베리쩨 빠좔루이스따 마슬로

타이어 압력을 점검해주세요.
Проверьте, пожалуйста, давление колёс.
쁘라베리쩨 빠좔루이스따 다블레니에 깔료스

냉각수를 점검해주세요.
Проверьте, пожалуйста, воду.
쁘라베리쩨 빠좔루이스따 보두

여기 (얼마 동안) 세워도 됩니까?
(Сколько) Здесь можно стоять?
(스꼴꼬) 즈제시 모즈노 스따야찌

유료입니까?
Нужно платить?
누즈노 쁠라찌찌

무료　Беспла́тно

운전면허증　Води́тельские права́

도로표지판 (항상 대문자로 쓰인다)

БЕРЕГИСЬ (ТРАМВАЯ)!　(전차) 조심!

ВНИМАНИЕ!　주의!

ВПЕРЕДИ ВЕДУТСЯ РАБОТЫ　공사 중

ВЪЕЗД　입구

ВЫЕЗД　출구

ГАИ　경찰

ОДНОСТОРОННЕЕ ДВИЖЕНИЕ　일방통행

ОПАСНО　위험

ПРОЕЗД ЗАПРЕЩЕН　통행금지

СТОП　스톱

СТОЯНКА ЗАПРЕЩЕНА　주차금지

УСТУПИ ДОРОГУ　양보운전

고장 (Проблемы)

자동차 수리공이 필요합니다.
Мне ну́жен автомеха́ник.
므녜　누젠　아프따메하니끄

사고를 당했습니다.
Я потерпе́л(-а) ава́рию.
야　빠쩨르뼬ㄹ (빠쩨르뼬라)　아바리유

차가 꾸르스끄에서 고장 났습니다.
Маши́на слома́лась в Ку́рске.
마쉬나　슬라말라시　프꾸르스께

타이어가 펑크 났습니다.
У меня́ лопну́ла ши́на.
우미냐　라쁘눌라　쉬나

차가 시동이 안 걸립니다.
Маши́на не заво́дится.
마쉬나　네　자보짓쨔

자동차 키를 분실했습니다.
Я потеря́л(-а) ключи́ от маши́ны.
야 빠쩨랼(빠쩨랼라)   끌류치   아뜨마쉬느이

차안에 열쇠를 두었습니다.
Я закры́л(-а) ключи́ в маши́не.
야 자끄로일 (자글르일라) 끌류치   브마쉬네

벤진이 없습니다.
У меня́ ко́нчился бензи́н.
우미냐   꼰칠샤   벤진

(오늘) 해주실 수 있나요?
Вы э́то мо́жете сде́лать (сего́дня)?
브이 에따   모줴쩨   즈젤라찌   (시보드냐)

언제 수리가 끝나나요?
Когда́ маши́на бу́дет гото́ва?
까그다   마쉬나   부졔뜨   가또바

응용회화

Диалог 1

Ле́на: Извини́те, вы не подска́жете, как мне дое́хать до ближа́йшей ста́нции метро́?
Прохо́жий: На любо́м авто́бусе три остано́вки до "Па́рка культу́ры".
Ле́на: А мне на́до попа́сть на "Маяко́вскую".
Прохо́жий: На "Маяко́вскую". Тогда́ вам на́до е́хать в противополо́жную сто́рону. Ви́дите остано́вку на той стороне́? Но э́то намно́го да́льше.
Ле́на: Где мне ну́жно сойти́?
Прохо́жий: Сойди́те че́рез три остано́вки, и сде́лайте переса́дку.
Ле́на: Спаси́бо.
Прохо́жий: Пожа́луйста.

레나 : 실례합니다만, 가까운 지하철역까지 어떻게 가야 하는지 말씀해 주세요.

행인 : 아무 버스나 타고 세 정거장 가면 "문화공원"역입니다.

레나 : 저는 "마야꼽스까야" 역에 가야 하는데요.

행인 : "마야꼽스까야" 역에 가려면 건너편으로 가야 합니다.

건너편에 버스 정류장 보이죠?

이쪽으로 가면 더 멀어요.

레나 : 어디에서 내려야 하나요?

행인 : 세 정거장 지나서 내린 다음 지하철로 갈아타세요.

레나 : 감사합니다.

행인 : 천만에요.

Диалог 2

Мария: Что-то я немного устала.
Наверное, мы обошли пол-Москвы.
Давай на чём-нибудь поедем.

Лев: Извини, я тебя совсем замучил.
Возьмём такси?

Мария: Лучше поедем на трамвае или автобусе.
Я предпочитаю пользоваться городским транспортом.

Лев: Ну. что ж. Перейдём на ту сторону и сядем на автобус.

Мария: А какой номер?

Лев: Десятый.

Мария: Ты уверен, что именно десятый автобус идёт до МГУ?

Лев: Конечно. Это мой постоянный маршрут. Вот и автобус.

마리야 : 왠지 약간 피곤한 것 같아.

아마도 우리가 모스크바 반절은 걸어 다닌 것 같아. 뭔가를 타고 가자.

레프 : 미안해. 내가 너를 너무 끌고 다녔나 보다.

마리야 : 전차나 버스를 타는 게 더 낫겠어.

난 대중교통을 이용하는 게 더 좋아.

레프 : 그럼 그러지 뭐.

저쪽으로 건너가서 버스를 타자.

마리야 : 몇 번을 타야 되는데?

레프 : 10번

마리야 : 확실히 10번 버스가 모스크바 국립대학까지 가니?

레프 : 물론이지. 내가 매일 타고 다니는 노선이야.
여기 버스 왔다.

Диалог 3 : Как ты ездишь на работу?

    Игорь: Далеко́ ли от твоего́ до́ма до рабо́ты?
    Катя: Далеко́.
    Игорь: Ско́лько вре́мени занима́ет у тебя́ доро́га от до́ма до рабо́ты?
    Катя: Часа́ полтора́.
    Игорь: В кото́ром часу́ ты выхо́дишь из до́ма?
    Катя: В семь часо́в.
    Игорь: Как ты е́здишь на рабо́ту?
            Есть ли прямо́е сообще́ние от твоего́ до́ма до рабо́ты?
    Катя: Нет, прямо́го сообще́ния нет.
            Мне ну́жно по́льзоваться двумя́ ви́дами тра́нспорта.
            Снача́ла я е́ду на авто́бусе, пото́м на метро́.
            Так как о́коло до́ма нет метро́ ста́нции, мне неудо́бно

이고리 : 너희 집에서 직장이 머니?
까쨔 : 멀어.
이고리 : 집에서 직장까지 시간이 얼마나 걸리는데?
까쨔 : 1시간 반 정도.
이고리 : 집에서 보통 몇 시에 나오니?
까쨔 : 7시에 나와.
이고리 : 직장까지 어떻게 가니?
집에서 직장까지 한 번에 가는 게 있니?
까쨔 : 아니. 직통으로 가는 게 없어.
처음에는 버스 타고, 그 다음엔 지하철로 갈아 타.
집 근처에 지하철역이 없어서 불편해.

Диалог 4: Заказ биле́тов на самолёт

    Сотру́дник Аэрофло́та: Аэрофло́т. Слу́шаю вас.
    Ви́ктор: Назови́те, пожа́луйста, у́тренние ре́йсы в

Киев.

Сотрудник Аэрофлота: Их два. Записывайте: из Аэропорта Внуково рейс в одиннадцать тридцать, а из аэропорта Быково вылет в десять.

Виктор: Сколько стоит билет?

Сотрудник Аэрофлота: Две тысячи рублей.

Виктор: А какие самолёты?

Сотрудник Аэрофлота: Из аэропорта Внуково рейс выполняет ТУ-154, из аэропорта Быково - АН-24.

Виктор: Сколько длится полёт?

Сотрудник Аэрофлота: Часа два.

Виктор: Я хочу заказать билет на десять часов.

아에로플롯 직원 : 아에로플롯입니다. 말씀하세요.
빅또르 : 끼예프행 아침 비행기 시간 좀 말씀해 주세요.
아에로플롯 직원 : 두 편이 있습니다. 메모하세요. 브누꼬보 공항에서 11시 30분 출발 비행기가 있고, 브이꼬보 공항에서 10시에 출발하는 비행기가 있습니다.
빅또르 : 비행기 가격은 어떻게 됩니까?
아에로플롯 직원 : 2000루블입니다.
빅또르 : 비행기 편명은요?
아에로플롯 직원 : 브누꼬보 공항에서는 TU-154 편이 있고, 브이꼬보 공항에는 AN-24 편이 있습니다.
빅또르 : 비행시간은 얼마나 걸리나요?
아에로플롯 직원 : 2시간 정도 걸립니다.
빅또르 : 저는 10시 비행기로 예약하겠습니다.

Диалог 5: На Петербургском вокзале

Зоя: У вас есть билеты в Петербург на сегодня?

Кассир: Какой поезд вас интересует? У меня осталось несколько билетов на три часа дня и двенадцать часов ночи.

Зоя: Пожалуй, я возьму билеты на ночной поезд.
Когда он прибывает в Петербург?
Кассир: В шесть утра.
Зоя: Это то, что мне нужно.
Дайте, пожалуйста, два билета в купейный вагон.
Кассир: Пожалуйста

조야 : 뻬쩨르부르그 행 오늘 표가 있나요?
매표원 : 어떤 기차를 원하세요?
낮 3시 표와 밤 12시 표가 몇 장 남았습니다.
조야 : 그럼, 밤 열차를 주세요. 뻬쩨르부르그에 어제 도착하나요?
매표원 : 아침 6시입니다.
조야 : 바로 제게 필요한 표입니다.
침대차로 두 장 주세요.
매표원 : 여기 있습니다.

Диалог 6: В поезде "Красная стрела"

Проводник: Сейчас отправляемся.
Минут через двадцать будем пить чай.
Если хотите, можете пойти в вагон-ресторан.
Зоя: Где он находится : впереди или сзади?
Проводник: Следующий вагон по ходу поезда.
Зоя: А что означают эти кнопки?
Проводник: Здесь включение радио, света.
А эта кнопка для вызова проводника.
Сейчас я принесу бельё, а потом чай.
Разрешите ваши билеты.

승무원 : 지금 출발합니다. 20여 분 후에 차를 서비스하겠습니다.
원하시면, 식당차를 이용하세요.
조야 : 어디에 식당차가 있나요?
앞쪽이에요, 아니면 뒤쪽이에요?
승무원 : 기차 운행 방향으로 다음 차량입니다.
조야 : 그런데 이것들은 무슨 버튼이에요?

승무원 : 여기 이것은 라디오와 전등을 켜는 것입니다.
그리고 이 버튼은 승무원 호출용입니다.
곧 침대 시트와 차를 가져오겠습니다.
표 좀 보여 주십시오.

Диалог 7: О проблémах городскóго трáнспорта

Людмила: Совремéнный человéк éздит óчень мнóго.
Чтóбы добрáться до рабóты, нýжно проéхать в большóм гóроде километры и километры.

Алексей: В связи с э́тим возникáет мнóго проблéм.
Жи́тель крýпного гóрода ежеднéвно óколо двух часóв свобóдного врéмени провóдит в автóбусе и́ли метрó.

Людмила: Как сократи́ть врéмя, затрáчиваемое на дорóгу?

Алексей: Óчень трýдно реши́ть э́ту проблéму.
По-моемý, нýжно увели́чить стройтельство метрополитéнов и сдéлать дорóгу как мóжно удóбнее.

Людмила: Проблéмой нóмер оди́н ещё остаю́тся "часы́-пик". Для её решéния расширя́ют ýлицы. Чтóбы вы́делить для автóбусов специáльные пóлосы.

류드밀라 : 현대인들은 차를 너무 많이 타고 다녀. 출근하려면, 대도시에서는 수많은 킬로를 달려야 하잖아.

알렉세이 : 그것과 관련된 문제가 많이 발생하지. 대도시 주민은 매일 버스나 전철 안에서 약 2 시간을 보내잖아.

류드밀라 : 어떻게 하면 길거리에서 버리는 시간을 줄일 수 있을까?

알렉세이 : 그 문제를 해결하기란 매우 어려운 일이야. 내 생각에는 지하철 건설을 늘이거나, 도로를 가능한 편리하게 만들어야 할 것 같아.

류드밀라 : "러시아워"문제도 제일 심각한 문제로 남아 있어. 그 문제 해결을 위해 도로를 확장하고 있지. 버스전용차선을 만들기 위해서 말이야.

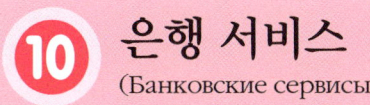

⑩ 은행 서비스
(Банковские сервисы)

러시아 여행 시 신용카드 결제 외에는 모든 공공시설과 상점에서 루블로 계산해야 한다. 따라서 환전은 필수적인 사항이다.

은행, 환전소 찾기 표현부터 환전을 비롯하여 은행 서비스 이용 관련 중요한 회화 표현을 소개한다.

은행정보 (Информация о банке)

은행이 어디 있는지 말씀해 주시겠어요?
Вы не скáжете мне, где здесь банк?
브이 네   스까줴쩨   므녜   그지에 즈제시   반끄

외환은행이 어디 있는지 말씀해 주시겠어요?
Вы не скáжете мне, где здесь обмéнный банк?
브이 네   스까줴쩨   므녜   그지에 즈제시   아브멘느이   반끄

자동현금인출기가 어디 있는지 말씀해 주시겠어요?
Вы не скáжете мне, где здесь банкомáт?
브이 네   스까줴쩨   므녜   그지에 즈제시   반까마뜨

은행이 어디인가요?
Где банк?
그지에   반끄

환전소가 어디인가요?
Где обмéн валю́ты?
그지에   아브멘   발류뜨이

어디에서 돈을 바꿀 수 있나요?
Где мóжно обменя́ть дéньги?
그지에   모즈노   아브메냐찌   젠기

어디에서 여행자 수표를 바꿀 수 있나요?
Где мóжно обменя́ть доро́жный чек?
그지에   모즈노   아브메냐찌   다로즈느이   체끄

어디에서 현금 서비스를 받을 수 있나요?
Где мóжно снять дéньги по креди́тной ка́рточке?
그지에   모즈노   스냐찌   젠기   빠끄레지드노이   까르또츠께

어디에서 돈을 인출할 수 있나요?
Где мо́жно снять де́ньги?
그지에 모즈노   스냐찌   젱기

은행은 언제 여나요?
Когда́ открыва́ется банк?
까그다   앗끄르이바엣쨔   반끄

은행은 언제 끝나나요?
Когда́ закрыва́ется банк?
까그다   자끄르이바엣쨔   반끄

은행 & 환전소에서 (В банке & в обмене валюты)

저는 100달러를 루블로 바꾸고 싶습니다.
Я бы хоте́л(-а) обменя́ть 100 до́лларов на рубли́.
야 브이 하쪨 (하쪨라) 아브메냐찌   스또 돌라로프   나루블리

저는 100유로를 루블로 바꾸고 싶습니다.
Я бы хоте́л(-а) обменя́ть 100 е́вро на рубли́.
야 브이 하쪨 (하쪨라) 아브메냐찌   스또 예브로   나루블리

저는 100프랑을 루블로 바꾸고 싶습니다.
Я бы хоте́л(-а) обменя́ть 100 фра́нков на рубли́.
야 브이 하쪨 (하쪨라) 아브메냐찌   스또 프란꼬프   나루블리

오늘 환율이 어떻게 되나요?
Не могли́ бы вы мне сказа́ть, како́й сего́дня обме́нный курс
네 마글리 브이 브이 므녜 스까자찌   깍꼬이 시보드냐 아브몐느이 꾸르스
(курс обме́на)?
(꾸르스 아브메나)

1달러 당 환율이 어떻게 되나요?
Не могли́ бы вы мне сказа́ть, како́й сего́дня обме́нный курс
네 마글리 브이 브이 므녜 스까자찌   깍꼬이 시보드냐 아브몐느이 꾸르스
по отноше́нию к до́ллару?
빠아뜨나쉐니유   그돌라루

환율이 어떻게 되나요?
Како́й курс?
깍꼬이 꾸르스

얼마를 내야 하나요?
Ско́лько ну́жно заплати́ть?
스꼴꼬   누즈노   자쁠라찌찌

이 여행자 수표를 현금으로 바꾸고 싶습니다.

Я бы хотéл(-а) обналичи́ть э́тот трáвел-чек.
야 브이 하쩰 (하쩰라) 아브날리치찌 에또뜨 뜨라벨체끄

이 여행자 수표를 바꾸고 싶습니다.

Я бы хотéл(-а) обменя́ть (доро́жный) чек.
야 브이 하쩰 (하쩰라) 아브메냐찌 (다로즈느이) 체끄

저는 계좌를 개설하고 싶습니다.

Я хочу́ откры́ть счёт.
야 하추 앗끄르이찌 쑈뜨

한국으로 송금하려 합니다.

Я хочу́ перевести́ дéньги в Корéю.
야 하추 뻬레베스찌 젠기 프까레유

신분증을 보여 주십시오.

Покажи́те, пожáлуйста, вáше удостоверéние ли́чности.
빠까쥐쩨 빠찰루이스따 바쉐 우다스따베레니에 리츠노스찌

여권을 보여 주십시오.

Покажи́те, пожáлуйста, ваш пáспорт.
빠까쥐쩨 빠찰루이스따 바쉬 빠스뽀르뜨

사인하십시오.

Подпиши́тесь здесь, пожáлуйста.
빠드삐쉬쩨시 즈제시 빠찰루이스따

Распиши́тесь, пожáлуйста.
라스삐쉬쩨시 빠찰루이스따

일일 인출 한도액이 얼마입니까?

Скóлько мóжно взять в оди́н день?
스꼴꼬 모즈노 브쟈찌 바진 젠

벌써 입금되었나요?

Мои́ дéньги ужé пришли́?
마이 젠기 우줴 쁘리쉴리

비밀번호를 잊어 버렸습니다.

Я забы́л(-а) свой нóмер.
야 자브일 자브일라) 스보이 노메르

내 카드가 현금인출기에 끼었습니다.

Моя́ кáрточка застря́ла в банкомáте.
마야 까르또츠까 자스뜨랼라 브반까마쩨

Банкомáт съел мою́ кáрточку.
반까마뜨 스옐 마유 까르또츠꾸

은행	Банк
ATM	Банкома́т
Bill	Банкно́та
현금	Нали́чные
외화	Валю́та
환율	Обме́нный курс, Валю́тный курс
환전	Обме́н валю́ты
여행자 수표	Доро́жный чек, Туристи́ческий чек, Тра́бел-чек
계좌	Счёт
대출	Заём
입금 신청서	Прихо́дный о́рдер
출금 신청서	Расхо́дный о́рдер
신용카드	Креди́тная ка́рточка
금액	Су́мма
수수료	Комиссио́нная
달러	До́ллар
송금	(Дене́жный) перево́д
지불	Платёж
PIN Code	Шифр
영수증	Квита́нция
서명	По́дпись
잔돈	Ме́лочь
동전	Моне́та

응용회화

Диалог 1

Анна: Извини́те. Не могли́ бы подсказа́ть, где я могу́ обменя́ть до́ллары на рубли́?
Прохожий: Да, обме́нный пункт там, в гости́нице.
Анна: Когда́ он рабо́тает?
Прохожий: Ка́жется, с десяти́ утра́ до шести́ ве́чера.

	Обе́денный переры́в с двух до трёх.
Анна:	А вы не зна́ете, како́й сего́дня курс?
Прохо́жий:	Нет, не зна́ю.
	При обме́не вам ска́жут.

안나 :	죄송하지만 어디서 달러를 바꿀 수 있는지 말씀해 주시겠어요?
행인 :	네, 환전소는 저기 호텔에 있습니다.
안나 :	언제 일을 합니까?
행인 :	아침 10시부터 저녁 6시까지 인 것 같습니다. 점심시간은 2시에서 3시입니다.
안나 :	그런데 오늘 환율이 어떤지 아세요?
행인 :	아뇨, 모릅니다. 환전할 때 말해줄 겁니다.

Диало́г 2

Иностра́нец :	Я хочу́ обменя́ть америка́нские до́ллары.
Касси́рша:	Ско́лько вы хоти́те обменя́ть?
Иностра́нец :	Éсли мо́жно, 100 до́лларов, доро́жные че́ки?
Касси́рша:	Да́йте мне ваш па́спорт, пожа́луйста.
Иностра́нец :	Éсли мо́жно, ме́лкими купю́рами.
Касси́рша:	Распиши́тесь, пожа́луйста, вот здесь. Вот квита́нция. Держи́те её.
Иностра́нец :	Спаси́бо.

외국인 :	미 달러를 바꾸고 싶습니다.
회계원 :	얼마나 바꾸시렵니까?
외국인 :	괜찮다면, 여행자수표 100달러를 바꿔 주십시오.
회계원 :	여권을 주십시오.
외국인 :	잔돈으로 바꿔 주세요.
회계원 :	바로 여기에 서명하세요. 여기 영수증입니다. 보관하세요.
외국인 :	감사합니다.

Диало́г 3

Пётр :	Извини́, но у меня́ к тебе́ делика́тный вопро́с.
Ната́ша:	Слу́шаю тебя́.

Пётр : Не знаю даже, как начать.
Наташа: Да в чём дело? Говори, не стесняйся.
Пётр : Понимаешь, мне очень нужны деньги.
Наташа: Очень хотела бы тебе помочь, но к сожалению, сейчас у меня тоже нет денег.
Пётр : Что ты, что ты! Я прекрасно понимаю, что занимать деньги у друзей - значит терять дружбу. Я совсем не тебя имею в виду.
Наташа: А кого же?
Пётр : Я думаю, что могу взять заём в каком-нибудь банке.
Наташа: Тогда хорошо бы взять кредит в банке Сити. Там кредитные проценты не очень высокие.

뽀뜨르 : 미안하지만, 난감한 질문 하나 할게.
나따샤 : 말해봐.
뽀뜨르 : 어떻게 말을 시작해야 할지 모르겠다.
나따샤 : 무슨 일인데? 주저하지 말고 말해봐!
뽀뜨르 : 돈이 급하게 필요해.
나따샤 : 너를 도와주면 좋겠는데, 유감스럽게도 나도 지금 돈이 없네.
뽀뜨르 : 너 지금 무슨 소리하는 거야? 친구한테 돈을 빌리는 것은 우정을 잃는 것이라는 것을 잘 알고 있어. 너를 염두에 둔 게 절대 아니야.
나따샤 : 그럼 누구한테 빌릴 건데?
뽀뜨르 : 은행에서 대출을 받을까 해.
나따샤 : 그렇다면 시티은행에서 대출을 받는 것이 좋겠다. 거기가 대출이자가 그다지 높지 않은 편이야.

1 rouble

2 roubles

5 roubles

1 kopek

5 kopeks

10 kopeks

50 kopeks

쇼핑
(Шопинг)

러시아 여행 시 친구들 뿐만 아니라, 자신을 위해 러시아 민속 기념품을 사는 것 또한 여행을 오래 기억하는 데 도움이 된다.
가게 찾기, 물건 고르기, 가격 흥정, 계산의 표현과 함께 백화점, 옷가게, 신발가게, 식료품점, 안경점, 전자제품점, 서점, CD점, 비디오 가게, 사진관, 기념품점, 인터넷 등에서의 물건 구매에 필요한 회화표현을 소개한다.

가게 찾기 (В поисках магазинов)

어디가 슈퍼마켓입니까?

Где универсáм?
그지에 우니베르삼

죄송합니다만, 어디에 식료품점이 있습니까?

Извини́те, где мо́жно найти́ гастроно́м?
이즈비니쩨 그지에 모즈노 나이찌 가스뜨라놈

골동품 점   Антиквáрный магази́н

화랑   Магази́н худо́жественных изде́лий, "Исскусство"

제과점   Бу́лочная, "Хлеб"

서점   Кни́жный магази́н, "Кни́ги"

부티크   Сало́н мо́дных товáров

정육점   Мяснáя лáвка, "Мя́со"

캔디 스토어   Конди́терская

캐더링   Достáвка проду́ктов нá дом

유제품 가게   Моло́чная

식료품점   Гастроно́м

백화점   Универмáг

잡화   Галантере́я

세탁소   Химчи́стка

전자제품점   Магази́н электротова́ров, "Электро́ника"
벼룩시장   Барахо́лка
꽃가게   Цвето́чный магази́н
야채가게   Овощно́й магази́н, "О́вощи и фру́кты"
식료품점   Продово́льственный магази́н, "Проду́кты"
이발소/ 미장원   Парикма́херская
자재상점   Магази́н строи́тельных това́ров
건강식품점   Магази́н диети́ческих проду́ктов
귀금속 가게   Ювели́рный магази́н
빨래방   Пра́чечная
셀프 빨래방   Пра́чечная на самообслу́живание
가죽 잡화점   Магази́н кожгалантере́йных изде́лий
주류 점   Винобо́дочный магази́н
시장   Ры́нок
악기점   Но́тный магази́н, Магази́н музыка́льных инструме́нтов
신문 가판대   Газе́тный кио́ск
안경점   О́птика
화장품   Парфюме́рия
약국   Апте́ка
포토샵   Магази́н фототова́ров
소세지 가게   Магази́н колба́сных изде́лий
생선가게   Ры́бный магази́н, "Ры́ба"
중계소   Комиссио́нный магази́н
구두 가게   Обувно́й магази́н, "О?бувь"
신발 수리   "Ремо́нт о́буви"
기념품점   Сувени́рный магази́н
스포츠 용품점   Магази́н спортова́ров
문구점   Магази́н канцтова́ров
슈퍼마켓   Универса́м, Суперма́ркет
양복점   "Ателье́"
중고품 할인 판매점   Утильсырьё
담배 가게   Таба́чный магази́н
장난감 가게   Магази́н игру́шек, "Де́тский мир"

여행사　Турагéнство
시계수리점　Часовáя мастерскáя
와인 가게　Вúнный магазúн

Signs

Врéмя рабóты　개점 시간
Откры́то　Open
Закры́то, не рабóтает　Closed
Прáздничные выходны́е до　…까지 휴점

구매 (Покупки)

어댑터를 사고 싶습니다.
Я бы хотéл(-а) купи́ть адáптер.
야 브이 하쩰 (하쩰라)　꾸삐찌　아답쩨르

그냥 구경하는 거예요.
Я прóсто осмотрю́.
야　쁘로스또　아스마뜨류

얼마인가요?
Скóлько стóит?
스꼴꼬　스또이뜨

가격을 적으세요.
Запиши́те, пожáлуйста, цéну.
자삐쉬쩨　빠잘루이스따　쩨누

다른 것도 있나요?
У вас есть други́е?
우바스 예스찌 드루기에

치즈 있나요?
У вас есть сыр?
우바스 예스찌 스이르

보여 주세요.
Покажи́те, пожáлуйста.
빠까쥐쩨　빠잘루이스따

바로 이것입니다.
Э́то как раз.
에따　깍끄 라스

사겠습니다.
Возьму́.
바지무

여기서 계산해야 하나요?
Вам плати́ть?
밤 쁠라찌찌

누가 마지막인가요?
Кто после́дний?
끄또 빠슬례드니이

무엇을 도와 드릴까요?
Я могу́ помо́чь вам?
야 마구 빠모치 밤

감사합니다만, 전 그저 구경하려고요.
Спаси́бо, я то́лько смотрю́.
스빠시바 야 똘꼬 스마뜨류

뭐 다른 것 또 있나요?
Что́-нибудь ещё?
쉬또니부찌 잇쇼

좋습니다. 사겠습니다.
Хорошо́, я беру́.
하라쇼 야 베루

신용카드를 받나요?
Вы принима́ете креди́тные ка́рточки?
브이 쁘리니마에쩨 끄레지뜨느이에 까르또츠끼

신용카드로 계산해도 됩니까?
Вы принима́ете опла́ту креди́тной ка́рточкой?
브이 쁘리니마에쩨 아쁠라뚜 끄레지뜨노이 까르또츠꼬이

직불카드로 계산해도 됩니까?
Вы принима́ете опла́ту де́битной ка́рточкой?
브이 쁘리니마에쩨 아쁠라뚜 제비뜨노이 까르또츠꼬이

여행자 수표로 계산해도 됩니까?
Вы принима́ете опла́ту доро́жным че́ком?
브이 쁘리니마에쩨 아쁠라뚜 다로즈느임 체꼼

봉투를 주세요.
Да́йте, пожа́луйста, паке́т.
다이쩨 빠잘루이스따 빠께뜨

영수증을 주세요.
Дайте, пожалуйста, квитанцию.
다이쩨   빠잘루이스따   끄비딴찌유

잔돈으로 주세요.
Дайте, пожалуйста, мелкими монетами.
다이쩨   빠잘루이스따   멜끼미   마네따미

작은 돈으로 주세요.
Дайте, пожалуйста, мелкими купюрами.
다이쩨   빠잘루이스따   멜끼미   꾸뷰라미

봉투는 필요 없습니다.
Пакет не нужен.
빠게뜨 네 누젠

포장해 주세요.
Заверните, пожалуйста.
자베르니쩨   빠잘루이스따

보증서 있나요?
Есть гарaнция?
예스찌   가란찌야

이것을 해외로 보내줄 수 있나요?
Вы можете переслать это за границу?
브이   모줴쩨   뻬레삐사찌   에따   자그라니쭈

이것을 주문하고 싶습니다.
Я хочу это заказать.
야 하추   에따   자까자찌

나중에 가지러 오겠습니다.
Я заберу это позже.
야   자베루   에다   뽀줴

이것은 불량품입니다.
Это браковано
에따   브라까반노

언제 준비되나요?.
Когда будет готово?
까그다   부제뜨   가또보

돈을 돌려받았으면 합니다.
Будьте добры, я бы хотел(-а) получить обратно деньги.
부지쩨   도브로이   야 브이 하쩰 (하쩰라)   빨루치찌   아브라뜨노   젠기

잔돈을 받았으면 합니다.
Будьте добры, я бы хотел(-а) получить сдачу.
부지쩨   도브로이   야 브이 하쩰 (하쩰라)   빨루치찌   즈다추

이것을 돌려주고 싶습니다.
Бу́дьте до́бры, я бы хоте́л(-а) э́то возврати́ть.
부지쩨　도브로이　야 브이 하쪨 (하쩰라)　에따　바즈브라찌찌

가격 흥정 (Поторгуемся)

너무 비쌉니다.
Э́то о́чень до́рого.
에따　오첸　도로고

깎아 줄 수 있나요?
Вы мо́жете сни́зить це́ну?
브이　모줴쩨　스니지찌　쩨누

할인해 줄 수 있나요?
Вы даёте ски́дку?
브이　다요쩨　스끼뜨꾸

더 싼 것 없나요?
Есть подвшéвле?
예스찌　빠제쉐블레

책 & 읽을거리 (Книги и чтение)

빠스쩨르낙 소설 있나요?
У вас есть рома́н Пастерна́ка?
우바스 예스찌　라만　빠스쩨르나까

외국어 섹션이 있습니까?
Есть се́кция иностра́нных языко́в?
예스찌　섹찌야　이나스뜨란느이흐　이즈이꼬프

사전을 사고 싶습니다.
Я бы хоте́л(-а) слова́рь.
야 브이 하쪨 (하쩰라)　슬라바리

신문을 사고 싶습니다.
Я бы хоте́л(-а) газе́ту.
야 브이 하쪨 (하쩰라)　가제뚜

잡지를 사고 싶습니다.
Я бы хоте́л(-а) журна́л.
야 브이 하쪨 (하쩰라)　쥬르날

안내책자를 사고 싶습니다.
Я бы хотéл(-а) путеводи́тель.
야 브이 하쪨 (하쪨라) 뿌쩨바지쪨

이 지역 관광지도를 사고 싶습니다.
Я бы хотéл(-а) маршрýтную тури́стическую кáрту э́того райóна.
야 브이 하쪨 (하쪨라) 마르쉬루뜨누유 뚜리스찌체스꾸유 까르뚜 에또보 라이오나

도시지도　План гóрода

코믹 서적　Кóмикс

요리 서적　Повáренная кни́га

사전　Словáрь

삽화 잡지　Иллюстри́рованный журнáл

지도　(географи́ческая) Кáрта

탐정소설　Детекти́в

일간지　Ежеднéвная газéта

소설　Ромáн

자동차 도로 지도　Кáрта автомоби́льных дорóг

안내책자　Путеводи́тель

여성잡지　Жéнский журнáл

식료품 (Продовольственные продукты)

무엇이 필요하십니까?
Что вам угóдно?
쉬또 밤 우고드노
Что вы желáете?
쉬또 브이 쥌라에쩨

감자 1kg 주세요.
Дáйте мне, пожáлуйста, килогрáмм картóфелей.
다이쩨 므녜 빠좔루이스따 낄라그람 까르또펠레이

케익 한 조각 주세요.
Дáйте мне, пожáлуйста, кусóк тóрта.
다이쩨 므녜 빠좔루이스따 꾸소끄 또르따

차 한 팩 주세요.
Дáйте мне, пожáлуйста, пáчку чáя.
다이쩨 므녜 빠좔루이스따 빠츠꾸 차야

잼 1통 주세요.
Дáйте мне, пожáлуйста, бáнку варéнья.
다이쩨 므녜 빠좔루이스따 반꾸 바레니야

오이 피클 한 캔 주세요.
Дáйте мне, пожáлуйста, бáнку солёных огурéцов
다이쩨 므녜 빠좔루이스따 반꾸 살룐느이흐 아구르쪼프

물 한 병 주세요.
Дáйте мне, пожáлуйста, буты́лку воды́.
다이쩨 므녜 빠좔루이스따 부뜨일꾸 바드이

잘게 잘라 주세요.
Пожáлуйста, порéжьте на ломти́ки.
빠좔루이스따 빠레쥐쩨 나람찌끼

더 많이도 괜찮나요?
Мóжет быть вам побóльше?
모줴뜨 브이찌 밤 빠볼쉐

뭐가 더 있나요?
Чтó-нибудь ещё?
쉬또니부찌 잇쇼

맛을 봐도 될까요?
Мóжно попрóбовать?
모즈노 빠쁘로보바찌

감사합니다. 다입니다.
Спаси́бо, э́то всё.
스빠시바 에따 프쇼

과일 (Фрукты)

사과 Я́блоки

살구 Абрикóсы

바나나 Банáны

버찌 Черемýхи

블랙베리 Ежеви́ки

블루베리 Голуби́ки

크랜베리 Клóквы

체리 Черéшин

코코넛 Кокóс

작은 건포도 Смороди́ны

무화과   Нижи́ры
자몽   Гре́йпфрут
포도   Виногра́д
레몬   Лимо́ны
멜론   Ды́ня
수박   Арбу́з
오렌지   Апелтси́ны
복숭아   Пе́рсики
배   Гру́ши
파인애플   Анана́с
자두   Сли́вы
딸기   Земляни́ки
귤   Мандари́ны
앵두   Черники́

야채 (О́вощи)

아티초크   Артишо́ки
아스파라거스   Спа́ржа
아보카도   Авока́до
강낭콩   Фасо́ль
　　　　Стручко́вый фасо́ль
　　　　Бобы́
양배추   Капу́ста
당근   Морко́вь
꽃양배추   Цветна́я капу́ста
샐러리   Сельдере́й
치커리   Цико́рий
옥수수   Кукуру́за
오이   Огуре́ц
회향풀   Укро́п
가지   Баклажа́ны
회향   Фе́нхель

마늘　Чесно́к
양파　Лук
파　Зелёный лук
상추　Коча́нный сала́т
부추　Лук-поре́й
렌즈콩　Чечеви́ца
양상추　Сала́т
버섯　Грибы́
올리브　Масли́ны
파슬리　Петру́шка
완두콩　Горо́х
고추　Пе́рец
감자　Карто́фель
호박　Ты́ква
무　Реди́ска
사탕무　Свёкла
시금치　Шпина́т
토마토　Помидо́ры
순무　Ре́па

제과　(Пече́нье)

제과　Пече́нье
초콜렛　Шокола́д
초콜렛 바　Шокола́дка
빵　Хлеб
흑빵　Чёрный хлеб
호밀빵　Ржано́й хлеб
흰빵　Бе́лый хлеб
패스트리　Пиро́жное
캔디 바　Шокола́дная пли́тка
캔디　Конфе́ты
껌　Жва́чка

쿠키　(Бискви́тное) Пече́нье
꿀　Мёд
아이스크림　Моро́женое
잼　Варе́нье, Джем
뮤즐리　Мо́сли
파이　Пиро́г, Кекс
롤　Бу́лочка
오트밀　Овся́ные хло́пья
샌드위치　Бутербро́д
단 과자　Сла́дости
케익　Торт

유제품　(Моло́чные проду́кты)

버터　Ма́сло
버터밀크　Па́хта
치즈　Сыр
하드 치즈　Твёрдый сыр
소프트 치즈　Мя́гкий сыр
크림 치즈　Творо́г
크림　Сли́вки
계란　Я́йца
요쿠르트　Кефи́р
우유　Молоко́
저지방 우유　Обезжи́ренное молоко́
사워 크림　Смета́на
요쿠르트　Йо́гурт

육류 & 육가공품　(Мя́со & мясны́е проду́кты)

고기　Мя́со
베이컨　Шпик
소고기　Говя́дина

돼지고기   Свини́на
양고기   Бара́нина
송아지 고기   Теля́тина
닭고기   Ку́рица
토끼고기   Кро́лик
커틀렛   Отбивна́я котле́та
냉육과 치즈로 만든 요리   Ассорти́
돼지고기 소세지   Сарде́лька
프랑크푸르트 소세지   Соси́ски
갈은 고기   Фарш
햄   Ветчина́, о́корок
육포   Вя́леное мя́со
간 파테   Печёночный паште́т
살라미   Саля́ми
소세지   Колба́са
스튜   Гуля́ш

어류 & 수산물   (Рыба & морские продукты)

생선   Ры́ба
알   Икра́
게   Кра́бы
가재   Рак
뱀장어   У́горь
정어리   Се́льдь, селёдка
랍스터   Ома́р
고등어   Ску́мбрия
조개   Раку́шки
굴   У́стрицы
농어   О́кунь
꼬치 삼치   Щу́ка
연어   Лосо́сь
새우   Креве́тки

훈제 대구　Копчёная треска
혀가자미　Морско́й язы́к
철갑상어　Осётр
송어　Форе́ль
참치　Туне́ц
명태　Минта́й
홍합　Ми́дия

양념류　(Приправки)

버터　Ма́сло
시리얼　Крупа́
밀가루　Мука́
마가린　Магари́н
마요네즈　Майоне́з
겨자　Горчи́ца
국수　Лапша́
올리브 오일　Оли́вковое ма́сло
쌀　Рис
소금　Соль
설탕　Са́хар
식물성 식용유　Расти́тельное ма́сло
식초　У́ксус
소스　Со́ус
간장　Со́евый со́ус

음료　(Напитки)

미네랄 워터　Минера́льная вода́
가스 함유 워터　Газиро́ванная вода́
가스, 비함유 워터　Не газиро́ванная вода́
쥬스　Сок
사과 쥬스　Я́блочный сок

오렌지 쥬스   Апельси́новый сок
레몬에이드   Лимона́д
맥주   Пи́во
무알콜 맥주   Безалкого́льное пи́во
샴페인   Шампа́нское
와인   Вино́
레드 와인   Кра́сное вино́
로즈 와인   Ро́зовое вино́
화이트 와인   Бе́лое вино́
드라이 와인   Сухо́е вино́
스위트 와인   Сла́дкое вино́
커피   Ко́фе
디카페인 커피   Декофеи́новый ко́фе, ко́фе без кофеи́на
차   Чай
카모마일 차   Рома́шковй чай
과일 차   Фрукто́вый чай
녹차   Зелёный чай
페파민트 차   Мя́тный чай
로즈 힙 차   Чай из шипо́вника
티 백   Чай в паке́тиках

의류 (Одежда)

블라우스를 보여주시겠어요?
Вы не пока́жете мне блу́зку?
브이 네   빠까줴쩨   므녜   블루스꾸

사이즈가 뭡니까?
Како́й у вас разме́р?
깍꼬이   우바스   라즈메르

제 사이즈는 40입니다.
Мой разме́р со́рок.
모이   라즈메르   소로끄

입어 봐도 될까요?
Мо́жно э́то приме́рить?
모즈노   에따   쁘리메리찌

너무 끼네요.
Это слишком тесно для меня.
에따 슬리쉬꼼 쩨스노 들랴미냐

너무 풍성하네요.
Это слишком широко для меня.
에따 슬리쉬꼼 쉬로꼬 들랴미냐

너무 짧네요.
Это слишком коротко для меня.
에따 슬리쉬꼼 꼬로뜨꼬 들랴미냐

너무 기네요.
Это слишком длинно для меня.
에따 슬리쉬꼼 들린노 들랴미냐

너무 작네요.
Это слишком мало для меня.
에따 슬리쉬꼼 말로 들랴미냐

너무 크네요.
Это слишком велико для меня.
에따 슬리쉬꼼 벨리꼬 들랴미냐

맞지 않네요.
Это не подходит.
에따 네 빠뜨호지뜨

제가 원하는 것이 아닙니다.
Это не то, что я хочу.
에따 네 또 쉬또 야 하추

이것 입은 모습이 어떠나요?
Как выгляжу в этом?
깍끄 브이글랴쥬 브에똠

멋집니다!
Классно!
끌라스노

잘 어울립니다.
Это очень идёт вам.
에따 오첸 이죠뜨 밤

수영모	Купальная шапочка
수영복	Купальник
수영 팬티	Плавки
비치가운	Купальный халат

비키니　Бики́ни
블레이져(코트)　Бле́йзер
블라우스　Блу́зка
바디 슈트　Бо́ди
나비넥타이　Ба́бочка
브라　Бюстга́льтер
캡 모자　Ша́пка
가디건　Вя́заная ко́фта
옷　Оде́жда
외투　Пальто́
면　Хло́пок
드레스　Пла́тье
장갑　Перча́тки
모자　Шля́па
선 햇　Шля́па от со́лнца
자켓　Ку́ртка
청바지　Джи́нсы
레깅스　Ле́ггинсы
린넨　Лён
머플러　Шарф
팬티　Тру́сики
바지　Брю́ки
레인코트　Непромока́емый плащ
셔츠　Руба́шка
반바지　Шо́рты
실크　Шёлк
스키 바지　Лы́жные брю́ки
스커트　Ю?бка
소매　Рука́в
양말　Носки́
스타킹　Чулки́
양복　Костю́м
스웨터　Свитер
풀오버　Пуловер

운동 바지　Спортивные брюки
운동복　Спортивный костюм
넥타이　Галстук
티셔츠　Футболка
우산　Зонт(ик)
언더 팬츠　Трусы
언더 셔츠　Нижняя сорочка
언더 웨어　Нижнее бельё
조끼　Жилет
울　Шерсть

전자제품 (Электроника)

어디에서 면세 전자제품을 살 수 있나요?

Где можно купить беспошлинную электронику?
그지에　모즈노　꾸비찌　베스쁠라뜨누유　엘렉뜨로니꾸

이것인 최신 모델인가요?

Это последняя модель?
에따　빠슬레드냐야　마델

220볼트인가요?

Это на двести двадцать вольт?
에따　나드베스찌　드바짜찌　볼뜨

어댑터　Адаптер
자명종 시계　Будильник
밧데리　Батарейка
충전기　Зарядное устройство
케이블　Кабель
컴퓨터　Компьютер
노트북　Нотбук
코드　Удлинитель
플러그　Штепсель, Вилка
드라이기　Фен
전등　Электрическая лампочка

축전지　Аккумуля́тор
냉장고　Холоди́льник
세탁기　Стира́льная маши́на
CD 플레이어　CD-пле́йер
에어콘　Конди́циоиер
마이크로 웨이브 오븐　Микрово́лновая печь
식기세척기　Посудомо́ечная маши́на
전기난로　Электри́ческая плита
식기건조기　Посудосуши́тель

음악과 DVD (Му́зыка и DVD)

공테잎을 사고 싶습니다.
Я бы хоте́л(-а) чи́стую кассе́ту.
야 브이　하쩰 (하쩰라)　치스뚜유　까셰뚜

CD를 사고 싶습니다.
Я бы хоте́л(-а) компа́кт-диск.
야 브이　하쩰 (하쩰라)　깜빡뜨디스끄

DVD를 사고 싶습니다.
Я бы хоте́л(-а) DVD.
야 브이　하쩰 (하쩰라)　디비디

비디오 테잎을 사고 싶습니다.
Я бы хоте́л(-а) видеокассе́ту.
야 브이　하쩰 (하쩰라)　비제아까세뚜

빠벨 까쉰 것을 찾고 있습니다.
Я ищу́ что́-нибудь Па́вла Ка́шина.
야 이슈　쉬도니부찌　빠블라　까쉬나

어떤 것이 그의(그녀의) 가장 훌륭한 레코딩인가요?
Кака́я его́ (её) са́мая лу́чшая за́пись?
깍까야　에보 (에요)　사마야　루치샤야　자삐시

들어봐도 될까요?
Мо́жно послу́шать?
　모즈노　　빠슬루샤찌

이것은 모든 DVD플레이어에 다 맞습니까?
Э́то срабо́тает на любо́м DVD-пле́йере?
　에따　스라보따에뜨　나류봄　　디비디쁠례에레

비디오와 사진 (Видео и фотографии)

이 카메라에 맞는 APS 필름이 필요합니다.
Мне нужна́ APS плёнка на э́ту ка́меру.
므녜 누즈나 에이피에스 쁠룐까 나에뚜 까메루

이 카메라에 맞는 흑백 필름이 필요합니다.
Мне нужна́ чёрно-белая плёнка на э́ту ка́меру.
므녜 누즈나 쵸르노-벨라야 쁠룐까 나에뚜 까메루

이 카메라에 맞는 컬러 필름이 필요합니다.
Мне нужна́ цветна́я плёнка на э́ту ка́меру.
므녜 누즈나 쯔베뜨나야 쁠룐까 나에뚜 까메루

이 카메라에 맞는 고정밀도 필름이 필요합니다.
Мне нужна́ (высоко-)чувстви́тельная плёнка на э́ту ка́меру.
므녜 누즈나 (브이소꼬) 춥스드비쩰나야 쁠룐까 나에뚜 까메루

이 카메라에 맞는 슬라이드 필름이 필요합니다.
Мне нужна́ сла́йдовая плёнка на э́ту ка́меру.
므녜 누즈나 슬라이도바야 쁠룐까 나에뚜 까메루

이 카메라에 맞는 필름을 사고 싶습니다.
Я бы хоте́л(-а) плёнку для э́того фотоаппара́та.
야 브이 하쩰 (하쩰라) 쁠룐꾸 들랴에또보 포또아빠라따

컬러 필름을 사고 싶습니다.
Я бы хоте́л(-а) цветну́ю плёнку.
야 브이 하쩰 (하쩰라) 쯔베뜨누유 쁠룐꾸

슬라이드 필름을 사고 싶습니다.
Я бы хоте́л(-а) диафи́льм.
야 브이 하쩰 (하쩰라) 지아필름

24장짜리 필름을 사고 싶습니다.
Я бы хоте́л(-а) плёнку на два́дцать четы́ре ка́дра.
야 브이 하R) (하쩰라) 쁠룐꾸 나드바짜찌 체뜨이레 까드라

36장짜리 필름을 사고 싶습니다.
Я бы хоте́л(-а) плёнку на три́дцать шесть ка́дров.
야 브이 하R) (하쩰라) 쁠룐꾸 나뜨리짜찌 쉐스찌 까드로프

디지털 사진을 현상해줄 수 있나요?
Вы мо́жете прояви́ть цифровы́е сни́мки?
브이 모줴쩨 쁘라야비찌 찌프라브이에 스님끼

이 필름을 현상해 주시겠어요?
Вы мо́жете прояви́ть э́ту плёнку?
브이 모줴쩨 쁘라야비찌 에뚜 쁠룐꾸

이 필름을 끼어 주시겠어요?
Вы мо́жете вложи́ть э́ту плёнку?
브이 모줴쩨 블라쥐찌 에뚜 쁠룐꾸

제 디지털 카메라에 밧데리를 갈아 끼워 주시겠어요?
Вы мо́жете перезаряди́ть батаре́йку на мою́ цифрову́ю ка́меру?
브이 모줴쩨 뻬레자랴찌찌 바따레이꾸 나마유 찌프라부유 까메루

카메라에서 CD로 사진들을 옮겨 줄 수 있나요?
Вы мо́жете перебро́сть сни́мки с ка́меры на компа́кт-диск?
브이 모줴쩨 뻬레브로시찌 스님끼 스까메르이 나깜빡뜨디스고

이 비디오카메라용 밧데리 있습니까?
У вас есть батаре́йки на э́ту видеока́меру?
우바스 예스찌 바따레이끼 나에뚜 비데오까메루

이 비디오카메라용 메모리 카드 있습니까?
У вас есть ка́рты па́мяти на э́ту видеока́меру?
우바스 예스찌 까르뜨이 빠먀찌 나에뚜 비데오까메루

카메라를 컴퓨터에 연결할 케이블이 필요합니다.
Мне ну́жен ка́бель, что́бы соедини́ть ка́меру с компью́тером.
므녜 누쥔 까벨 쉬또브이 사에지니찌 까메루 스깜쁘쩨롬

밧데리를 갈기 위해 케이블이 필요합니다.
Мне ну́жен ка́бель, что́бы перезаряди́ть батаре́йку.
므녜 누쥔 까벨 쉬또브이 뻬레자랴찌찌 바따레이꾸

이 카메라용 비디오테잎이 필요합니다.
Мне нужна́ видеокассе́та на э́ту ка́меру.
므녜 누즈나 비제오까세따 나에뚜 까메루

이것은 PAL/ NTSC 시스템인가요?
Э́то на систе́му PAL/ NTSC?
에따 나시스쩨무 PAL/ NTSC

저는 비자 사진을 찍고 싶습니다.
Мне ну́жно фотографи́роваться на ви́зу.
므녜 누즈노 포따그라피로바쨔 나비주

이 사진은 제가 필요로 하는 사진이 아닙니다.
Э́ти сни́мки меня́ не устра́ивают.
에찌 스님끼 미냐 네 우스뜨라이바에뜨

돈을 전부 지불할 수 없습니다.
Я не бу́ду плати́ть по́лную це́ну.
야 네 부두 쁠라찌찌 뽈누유 쩨누

이것은 작동하지 않습니다.
Э́то не рабо́тает.
에따 네 라보따에뜨

고장 났습니다. 고칠 수 있나요?
Вот это сломалось. Вы можете это починить?
보뜨 에따 슬라말로시 브이 모줴쩨 에따 빠치니찌

- 흑백필름   Чёрно-белая плёнка
- 캠코더   Видеокамера с магнитофоном
- CD   Компакт-диск
- 디지털 카메라   Цифровой фотоаппарат
- 디지털 비디오카메라   Цифровая вмдеокамера
- 감광   Светочувствительность
- 플래쉬   Выпышка
- 폴로라이드 카메라   Поларóид
- 렌즈   Линза
- 노출계   Экспонометр
- 대물렌즈   Объектив
- 자동 타이머   Автоспуск
- 셔터   Спуск
- 축전지   Аккумулятор
- 메모리 카드   Карта памяти
- 텔레포토 렌즈   Телеобъектив
- 받침대   Штатив
- 잠수용 카메라   Фотоаппарат для подводных съёмок
- 비디오카메라   Видеокамера
- 비디오카세트   Видеокассета
- 비디오필름   Видеофильм
- 비디오레코더   Видеомагнитофон

세탁소 (Стирка)

세탁 맡기고 싶습니다.
Хочу сдать эти вещи в чистку (в стирку).
하추 즈다찌 에지 볘쉬 프치스뜨꾸 (프스찌르꾸)

드라이 클리닝 맡기려 하는데요.
Хочу отдать это в химчистку.
하추 앗다찌 에따 프히미치스뜨꾸

이 셔츠를 다림질 하고 싶습니다.

Хочу́ вы́гладить э́ту руба́шку.
하추 브이글라지찌 에뚜 루바쉬꾸

언제 되나요?

Когда́ бу́дут гото́вы?
까그다 부두뜨 가또브이

안경점 (Оптика)

안경 수리할 수 있나요?

Не могли́ бы вы почини́ть э́ти очки́?
네 마글리 브이 브이 빠치니찌 에찌 아츠끼

저는 근시입니다.

У меня́ близору́кость.
우미냐 블리자루꼬스찌

저는 원시입니다.

У меня́ дальнозо́ркость.
우미냐 달나조르꼬스찌

시력이 어떻게 됩니까?

Како́й у вас ди́оптрий?
깍꼬이 우바스 지오쁘뜨리

오른쪽 눈은 1.0. 왼쪽 눈은 0.8입니다.

Пра́вый глаз 1.0, ле́вый глаз 0.8.
쁘라브이 글라스 아진 레브이 글라스 놀 이 보셈

언제 안경을 찾을 수 있나요?

Когда́ мо́жно бу́дет забра́ть очки́?
까그다 모즈노 부제뜨 자브라찌 아츠끼

보관용 액체가 필요합니다.

Я бы хоте́л(-а) жи́дкость для хране́ния.
야 브이 하쩰 (하쩰라) 쥐뜨꼬스찌 들랴흐라네니야

세정액이 필요합니다.

Я бы хоте́л(-а) жи́дкость для очи́стки.
야 브이 하쩰 (하쩰라)

하드 콘택트 렌즈용 액체가 필요합니다.

Я бы хоте́л(-а) жи́дкость для твёрдых конта́ктных линз.
야 브이 하쩰 (하쩰라) 쥐뜨꼬스찌 들랴뜨뵤르드이흐 깐딱뜨느이흐 린스

소프트 콘택트 렌즈용 액체가 필요합니다.

Я бы хоте́л(-а) жи́дкость для мя́гких конта́ктных линз.
야 브이 하쩰 (하쩰라) 쥐뜨고스찌 들랴미야흐끼흐 깐딱뜨느리흐 린스

선글라스가 필요합니다.

Я бы хотéл(-а) солнцезащи́тные очки́.
야 브이 하쩰 (하쩰라)   솔쎄자쉬뜨느이에   아츠끼

망원경이 필요합니다.

Я бы хотéл(-а) бинóкль.
야 브이 하쩰 (하쩰라)   비노끌

구두와 가죽제품 (Обувь и кожаные изделия)

운동화 좀 보여주세요.

Мне, пожáлуйста, пáру гимнасти́ческих тýфлей.
므녜   빠좔루이스따   빠루   김나스찌체스끼흐   뚜플레이

제 사이즈는 37입니다.

Мой размéр три́дцать семь.
모이   라즈메르   뜨리짜찌   셈

너무 끼네요.

Они́ сли́шком тéсные.
아니   슬리쉬꼼   쩨스느이에

너무 큽니다.

Они́ сли́шком больши́е.
아니   슬리쉬꼼   발쉬에

배낭   Рюкзáк
백   Сýмка
벨트   Пóяс
부츠   Сапоги́
플립플롭   Рези́новые тáпочки
모피 코트   Шýба
굽   Каблýк
가죽코트   Кóжаное пальтó
가죽자켓   Кóжаная кýртка
가죽바지   Кóжаные брю́ки
지갑   Сýмочка
고무장화   Рези́новые сапоги́
샌들   Сандáлии
구두   Óбувь

구두솔	Сапо́жная щётка
구두약	Крем для о́буви
구두끈	Шну́рки
숄더 백	Сумка через плечо
스키장화	Лы́жные боти́нки
스니커즈	Гимнасти́ческие ту́фли
밑창	Подме́тка
트렁크	Чемода́н
여행 가방	Доро́жная су́мка

기념품 (Сувениры)

예쁜 기념품을 사고 싶습니다.
Я бы хоте́л(-а) краси́вый сувени́р.
야 브이 하쩰 (하쩰라) 끄라시브이 수베니르

이 지방 특징이 담긴 것을 사고 싶습니다.
Я бы хоте́л(-а) что́-нибудь характе́рное для э́тих мест.
야 브이 하쩰 (하쩰라) 쉬또 니부찌 하락쩨르노에 들랴에찌흐 몌스뜨

금액을 얼마 정도로 생각하고 있나요?
На каку́ю су́мму вы рассчи́тываете?
나깍꾸유 수무 브이 라쉬뜨이바에쩨

너무 비싸지 않은 것으로요.
Хочу́ что́-нибудь не сли́шком дорого́е.
하추 쉬도니부찌 네 슬리쉬꼼 다라고에

이게 예쁩니다.
Вот э́то краси́во.
보뜨 에따 끄라시보

감사합니다만, 적당한 것을 찾지 못했습니다.
Спаси́бо, но я ничего́ подходя́щего не нашёл(-шла́).
스빠시바 노 야 니체보 빠드하쟈쉐보 네 나숄 (나쉴라)

호박	Янта́рь
도자기	Кера́мика
크리스탈	Хруста́ль
장식품	Украше́ние

자수　Вы́шивка

그젤 도자기　Гжель

수공품　Ручна́я рабо́та

라주리트　Лазури́т

마뜨료쉬까 인형　Матрёшка

공작석　Малахи́т

자개　Перламу́тр

뮤직 박스　Музыка́льная шкату́лка

민속의상　Национа́льный костю́м

자기　Фарфо́р

도예품　Гонча́рные изде́лия

지방 특산품　Ме́стное изде́лие

사모바르　Самова́р

민속공예품점　Магази́н наро́дных изде́лий

터키석　Бирюза́

목공예품　Резьба́

귀금속 (Драгоце́нности)

손목시계를 보여 주세요.

Покажи́те, пожа́луйста, нару́чные часы́.
빠까쥐쩨　　빠좔루이스따　　나루츠느이에　치스이

귀걸이를 보여 주세요.

Покажи́те, пожа́луйста, серьги́.
빠까쥐쩨　　빠좔루이스따　　세르기

반지를 보여 주세요.

Покажи́те, пожа́луйста, кольцо́.
빠까쥐쩨　　빠좔루이스따　　깔쪼

목걸이를 보여 주세요.

Покажи́те, пожа́луйста, цепо́чку.
빠까쥐쩨　　빠좔루이스따　　쩨뽀츠꾸

팔찌를 보여 주세요.

Покажи́те, пожа́луйста, брасле́т.
빠까쥐쩨　　빠좔루이스따　　브라슬레뜨

팔찌 Браслéт
브롯치 Брóшка
악세서리 Бижутéрия
다이아몬드 Алмáз
귀걸이 Серьгú
에머랄드 Изумрýд
금 Зóлото
도금된 Позолóченный
귀금속 Драгоцéнности
목걸이 Цепóчка
진주 Жéмчуг
구슬 목걸이 Бýсы
펜던트 Купóн
반지 Кольцó
은 Серебрó
은도금의 Посеребрéнный
타이핀 Булáвка для гáлстука
여행용 알람시계 Дорóжный буди́льник
손목시계 Нарýчные часы́
여성용 시계 Дáмские часы́
남성용 시계 Мужскúе часы́
방수용 시계 Водонепроницáемые часы́

응용회화

Диалог 1 : В киóске

Дмитрий: Скажúте, пожáлуйста, у вас есть журнáл "Коммерсáнт"?
Продавщица: Да, есть.
Дмитрий: Покажúте, пожáлуйста. Скóлько стóит?
Продавщица: 3 рубля́.
Дмитрий: Дайте, пожалуйста.
У вас есть рýчка с крáсной пáстой?

Продавщица:	Есть.
Дмитрий:	Да́йте мне, пожа́луйста, 2 ру́чки.
Продавщица:	Вот, пожа́луйста.
Дмитрий:	Ско́лько с меня́?
Продавщица:	5 рубле́й.

드미뜨리 : 잡지 "꼬메르산뜨"가 있습니까?
판매원 : 있습니다.
드미뜨리 : 보여주세요. 얼마입니까?
판매원 : 3루블입니다.
드미뜨리 : 주세요. 그런데 빨간색 볼펜 있나요?
판매원 : 있습니다.
드미뜨리 : 두 자루 주세요.
판매원 : 여기 있습니다.
드미뜨리 : 얼마인가요?
판매원 : 5루블입니다.

Диало́г 2 : В сувени́рном магази́не в Росто́ве

Анато́лий:	Бу́дьте добры́. Мне ну́жно сде́лать пода́рок.
	Что вы посове́туете?
Продавщица:	Пода́рок? Кому́?
Анато́лий:	Мое́й подру́ге.
Продавщица:	Купи́те CD со зво́ном Росто́вских колоколо́в.
	И альбо́м карти́н Росто́ва.
	О́чень интере́сный.
Анато́лий:	Покажи́те, пожа́луйста.
Продавщица:	Пожа́луйста. Это вам понра́вится.
Анато́лий:	Ку́пим подру́ге и себе́!
	На па́мять о мое́й пое́здке!
	А где мо́жно купи́ть други́е сувени́ры?
Продавщица:	В сле́дующем отде́ле.

아나똘리 : 저기요. 제가 선물을 해야 하는데요.
충고 좀 해주세요.

판매원 :	선물이요? 누구에게요?
아나똘리 :	제 여자친구에게요.
판매원 :	로스또프 종소리를 담은 CD와 사진 앨범을 사세요. 아주 재미있습니다.
아나똘리 :	보여 주세요.
판매원 :	여기요. 마음에 드실 겁니다.
아나똘리 :	여자친구 것 하고 내 것도 사야겠어요. 여행 기념으로요! 그런데 다른 기념품들은 어디에서 살 수 있나요?
판매원 :	다음 섹션에 있습니다.

Диалог 3 : В кни́жном магази́не

Гео́ргий:	Прости́те, пожа́луйста... Де́вушка!
Продавщи́ца:	Да, я вас слу́шаю.
Гео́ргий:	Скажи́те, у вас Толсто́й есть?
Продавщи́ца:	А что вам ну́жно? Что вас интересу́ет?
Гео́ргий:	Мне нужна́ "А́нна Каре́нина" и "Воскресе́нье".
Продавщи́ца:	"Воскресе́нья", к сожале́нию, сейча́с нет. А "А́нна Каре́нина" есть.
Гео́ргий:	Хорошо́. А ско́лько сто́ит "А́нна Каре́нина"?
Продавщи́ца:	10 рубле́й.
Гео́ргий:	Плати́ть вам?
Продавщи́ца:	Нет, в ка́ссу.
Гео́ргий:	А где она́?
Продавщи́ца:	С той стороны́ за́ла.

게오르기 :	실례합니다, 아가씨!
판매원 :	네, 말씀하세요.
게오르기 :	똘스또이 책이 있습니까?
판매원 :	무슨 책이 필요하신데요? 관심 있는 책이 뭔가요?
게오르기 :	저는 "안나 까레니나"와 "부활"이 필요합니다.
판매원 :	유감스럽게도, 지금 "부활"은 없습니다. "안나 까레니나"는 있습니다.
게오르기 :	좋습니다. "안나 까레니나"는 얼마인가요?

판매원 :	10루블입니다.
게오르기 :	당신에게 지불해야 하나요?
판매원 :	아뇨, 계산대에서 하세요.
게오르기 :	어디 있나요?
판매원 :	홀 저쪽에 있습니다.

Диалог 4 : Обувь

Надя:	Покажи́те, пожа́луйста, чёрную о́бувь.
Продавец:	Вам како́й разме́р?
Надя:	Три́дцать пя́тый.
Продавец:	Пожа́луйста.
Надя:	Спаси́бо. Мо́жно приме́рить?
Продавец:	Коне́чно.
Надя:	Мне нра́вится.
	Да́йте мне, пожа́луйста, э́ти ту́фли.
	Ско́лько сто́ит?
Продавец:	1500 рубле́й.

나쟈 :	검은색 구두를 보여 주세요.
판매원 :	사이즈가 얼마입니까?
나쟈 :	35입니다.
판매원 :	여기 있습니다.
나쟈 :	고맙습니다. 신어봐도 될까요?
판매원 :	물론이지요.
나쟈 :	마음에 드네요. 이 구두를 주세요.
	얼마입니까?
판매원 :	1500루블입니다.

Диалог 5 : В универма́ге

Катя:	Скажи́те, пожа́луйста, где я могу́ купи́ть же́нскую оде́жду?
Прохожий:	Же́нскую оде́жду?
	В отде́ле же́нской оде́жды. Он нахо́дится на второ́м этаже́.
Катя:	Спаси́бо.

(Катя в отделе женской одежды)
Катя: Будьте добры, покажите это платье.
Продавец: Какой размер?
Катя: Средний.
Продавец: Пожалуйста.
Катя: Это платье мне нравится. Я возьму его.

까쨔 : 어디서 여성복을 살 수 있나요?
행인 : 여성복이요? 여성의류 코너로 가야지요.
그 코너는 2층에 있습니다.
까쨔 : 고맙습니다.
(까쨔는 여성의류 코너에 와 있다)
까쨔 : 이 원피스를 보여 주시겠어요?
판매원 : 무슨 사이즈로요?
까쨔 : 미디엄으로 주세요.
판매원 : 여기 있습니다.
까쨔 : 이 원피스가 마음에 듭니다. 이걸로 살게요.

Диалог 6 : Э-покупки

Катюша: Мне нужно купить обувь.
Но у меня нет времени на шопинг.
Пётр: Тебе не нужно ходить в магазин.
Можно купить товар по Интернету.
Катюша: Я слышала, но ни разу не пользовалась таким сервисом.
Пётр: Электронная коммерция уже распространена по всему миру.
С помощью электронной коммерции можно сократить время и
деньги на покупку. Кроме этого, там большой выбор.
Катюша: Каким образом купить товары по Интернету?
Пётр: Очень легко. Сначала подключись к Интернету, посети сайт интернет-магазина.
Потом посмотри каталог товаров, и закажи тот товар, который ты хочешь.

Катюша: Как заплати́ть?
Пётр: Мо́жно плати́ть креди́тными ка́рточками и́ли электро́нными де́ньгами.

까쮸샤 : 구두를 사야 하는데 쇼핑할 시간이 없어.
뾰뜨르 : 상점에 갈 필요 없어. 인터넷으로 물건을 살 수 있잖아.
까쮸샤 : 들어보긴 했는데, 한 번도 그 서비스를 이용해 본 적이 없어.
뾰뜨르 : 전자상거래는 이미 전 세계적으로 확산되어 있어. 전자상거래를 하면 쇼핑에 들어가는 시간과 돈을 절약할 수 있어. 게다가 선택의 폭이 넓단다.
까쮸샤 : 어떻게 인터넷으로 물건을 구매하면 되니?
뾰뜨르 : 아주 쉬워. 먼저 인터넷에 접속해. 그 다음에 인터넷 상점 사이트를 방문해서 상품목록을 보고 네가 원하는 물건을 주문하면 돼.
까쮸샤 : 어떻게 지불하니?
뾰뜨르 : 신용카드나 전자화폐로 지불하면 되지.

Russian hand-painted tray

Pocket watch   Badge with Soviet symbols   Red Army leather belt

 계절과 날씨
(Времена года и погода)

요즘은 지구온난화 때문에 러시아의 겨울이 옛날처럼 매섭진 않지만 그래도 러시아의 흰 눈과 추운 겨울은 빼놓을 수 없는 러시아의 매력이다.
일상생활 중 가장 자주 등장하는 테마인 날씨와 계절에 관한 대화에 필요한 중요 표현을 소개한다.

계절 (Времена года)

어느 계절을 가장 좋아하세요?
Какое время года вам нравится больше всего?
깍꼬에 브례먀 고다 밤 느라빗쨔 볼쉐 프세보

저는 봄/여름/가을/겨울을 가장 좋아합니다.
Больше всего мне нравится весна.
볼쉐 프세보 므녜 느라빗쨔 베스나
Больше всего мне нравится лето.
볼쉐 프세보 므녜 느라빗쨔 례또
Больше всего мне нравится осень.
볼쉐 프세보 므녜 느라빗쨔 오센
Больше всего мне нравится зима.
볼쉐 프세보 므녜 느라빗쨔 지마

어떤 계절을 좋아하십니까?
Какое время года вы любите?
깍꼬에 브례먀 고다 브이 류비쩨

저는 봄/여름/가을/겨울을 좋아합니다.
Я люблю весну.
야 류블류 베스누
Я люблю лето.
야 류블류 례또
Я люблю осень.
야 류블류 오센
Я люблю зиму.
야 류블류 지무

봄/여름/가을/ 겨울이 왔습니다.

Наступи́ла весна́.
나스뚜삘라 베스나

Наступи́ла о́сень.
나스뚜삘라 오센

Наступи́ла зима́.
나스뚜삘라 지마

Наступи́ло ле́то.
나스뚜삘로 례또

봄/여름/가을/겨울 날씨는 어떻습니까?

Кака́я пого́да весно́й?
깍까야 빠고다 베스노이

Кака́я пого́да ле́том?
깍까야 빠고다 례똠

Кака́я пого́да о́сенью?
깍까야 빠고다 오세니유

Кака́я пого́да зимо́й?
깍까야 빠고다 지모이

봄은 따뜻합니다.

Весно́й тепло́.
베스노이 쩨쁠로

여름은 덥습니다.

Ле́том жа́рко.
례똠 좌르꼬

가을은 서늘합니다.

О́сенью прохла́дно.
오세니유 쁘라흘라드노

겨울은 춥습니다.

Зимо́й хо́лодно.
지모이 홀로드노

봄에는 보통 따뜻합니다/ 따뜻했습니다 / 따뜻할 겁니다.
여름에는 보통 덥습니다/ 더웠습니다 / 더울 겁니다.
가을에는 보통 서늘합니다/ 서늘했습니다 / 서늘할 겁니다.
겨울에는 보통 춥습니다/ 추웠습니다 / 추울 겁니다.

Весно́й обы́чно/ бы́ло/ бу́дет тепло?
베스노이 아브츠노 브일로 부제뜨 쩨쁠로

Ле́том обы́чно/ бы́ло/ бу́дет жа́рко.
례똠 아브츠노 브일로 부제뜨 좌르꼬

Ósенью обы́чно/ бы́ло/ бу́дет прохла́дно.
오세니유   아브츠노   브일로   부제뜨   쁘라홀라드노

Зимо́й обы́чно/ бы́ло/ бу́дет хо́лодно.
지모이   아브츠노   브일로   부제뜨   홀로드노

당신 나라에서는 언제 봄이 시작되나요?
Когда́ начина́ется весна́ у вас на ро́дине?
까그다   나치나엣쨔   베스나   우바스   나로지네

우리나라에서는 봄이 3월에 시작됩니다.
У нас на ро́дине весна́ начина́ется в ма́рте.
우나스   나로지네   베스나   나치나엣쨔   브마르쩨

모스크바는 봄이 언제 시작되나요?
Когда́ начина́ется весна́ в Москве́?
까그다   나치나엣쨔   베스나   브마스끄베

모스크바는 봄이 4월에 시작됩니다.
В Москве́ весна́ начина́ется в апре́ле.
브마스끄베   베스나   나치나엣쨔   바쁘렐레

당신 나라는 여름이 언제 시작되나요?
Когда́ начина́ется ле́то у вас на ро́дине?
까그다   나치나엣쨔   레또   우바스   나로지네

우리나라는 여름이 6월에 시작됩니다.
У нас на ро́дине ле́то начина́ется с ию́ня.
우나스   나로지네   레또   나치나엣쨔   스이유냐

모스크바는 언제 여름이 시작되나요?
Когда́ начина́ется ле́то в Москве́?
까그다   나치나엣쨔   레또   브마스끄베

모스크바는 여름이 7월에 시작됩니다.
В Москве́ ле́то начина́ется с ию́ля.
브마스끄베   레또   나치나엣쨔   스이율랴

당신 나라의 여름은 어떻습니까?
Каки́м быва́ет обы́чно ле́то у вас на ро́дине?
깍낌   브이바에뜨   아브이츠노   레또   우바스   나로지네

우리나라 여름은 덥습니다.
У нас ле́то жа́ркое.
우나스   레또   좌르꼬에

우리나라 여름은 폭염입니다.
У нас ле́то зно́йное.
우나스   레또   즈노이노에

우리나라 여름에는 보통 비가 많이 옵니다. 그런데 올해는 가물었습니다.
У нас ле́то обы́чно дождли́вое. Но в э́том году́ ле́то засу́шливое.
우 나스 례또 아브이츠노 다즐리보에 노 브에뚬 가두 례또 자수쉴리보에

모스크바는 비가 많이 오나요?
Мно́го ли быва́ет дожде́й в Москве́?
므노고 리 브이바예뜨 다즈제이 브마스끄베

모스크바는 비가 자주 오지 않습니다.
В Москве́ не ча́сто иду́т дожди́.
브마스끄베 네 차스또 이두뜨 다즈지

건조한 여름입니다.
Обы́чно сухо́е ле́то.
아브이츠노 수호에 례또

여름에 비가 자주 오나요?
Ча́сто ли ле́том иду́т дожди́?
차스또 리 례똠 이두뜨 다즈지

한국은 언제 장마철이 시작되나요?
Когда́ начина́ется дождли́вый сезо́н в Коре́е?
까그다 나치나옛쨔 다즐리브이 세존 프까례에

한국은 장마철이 7월에 시작됩니다.
В Коре́е дождли́вый сезо́н начина́ется в ию́ле.
프까례에 다즐리브이 세존 나치나옛쨔 브이율례

당신 나라의 여름 기온은 몇 도입니까?
Кака́я температу́ра быва́ет обы́чно у вас на ро́дине ле́том?
깍까야 쩸뻬라뚜라 브이바예뜨 아브이츠노 우바스 나로지녜 례똠

여름을 어디에서, 어떻게 보내십니까?
Где как вы прово́дите ле́то?
그지에 깍 브이 쁘라바지쩨 례또

여름을 어떻게 보내십니까?
Как вы прово́дите ле́то?
깍 브이 쁘라바지쩨 례또

저는 여름을 시골에서 보냅니다.
Я провожу́ ле́то в дере́вне.
야 쁘라바쥬 례또 브제례브녜

저는 여름을 해외에서 보냅니다.
Я провожу́ ле́то за грани́цей.
야 쁘라바쭈 례또 자그라니쩨이

당신 나라에서 가을은 언제 시작되나요?
Когда́ начина́ется о́сень у вас на ро́дине?
까그다 나치나옛쨔 오센 우바스 나로지녜

우리나라에선 가을이 9월에 시작됩니다.
У нас на ро́дине о́сень начина́ется в сентябре́.
우나스 나로지네 오센 나치나옛쨔 프센쨔브레

9월에 날씨가 어떤가요?
Кака́я пого́да быва́ет в сентябре́?
깍까야 빠고다 브이바에뜨 프센쨔브레

당신 나라 겨울은 어떻습니까?
Когда́ быва́ет зима́ у вас на ро́дине?
까그다 브이바에뜨 지마 우바스 나로지네

겨울이 얼마나 계속되나요?
До́лго ли продолжа́ется (дли́тся) зима́ у вас на ро́дине?
돌고 리 쁘라돌좌옛쨔 (들릿쨔) 지마 우바스 나로지네

우리나라 겨울은 오래, 넉 달 정도 됩니다.
У нас на ро́дине зима́ дли́тся до́лго, ме́сяца четы́ре.
우나스 나로지네 지마 들릿쨔 돌고 메샤짜 체뜨이레

모스크바의 겨울은 긴가요?
До́лго ли продолжа́ется (дли́тся) зима́ в Москве́?
돌고 리 쁘라돌좌옛쨔 (들릿쨔) 지마 브마스끄베

모스크바의 겨울은 매우 깁니다. 다섯 달 정도 됩니다.
В Москве́ зима́ продолжа́ется (дли́тся) о́чень до́лго, ме́сяцев пять.
브마스끄베 지마 쁘라돌좌옛쨔 (들릿쨔) 오첸 돌고 메샤쩨프 빠찌

당신 나라는 눈이 많이 오나요?
Мно́го ли сне́га быва́ет (выпада́ет) зимо́й у вас на ро́дине?
므노고 리 스네가 브이바에뜨 (브이바다에뜨) 지모이 우바스 나로지네

우리나라 겨울은 눈이 많이 안 옵니다.
У нас зимо́й быва́ет немно́го сне́га.
우나스 지모이 브이바에뜨 네므노고 스네가

겨울을 어떻게 나시나요?
Как вы перено́сите зи́му?
깍끄 브이 뻬레노시쩨 지무

추위를 어떻게 이기시나요?
Как вы перено́сите хо́лод?
깍끄 브이 뻬레노시쩨 홀로뜨

운동을 합니다.
Я занима́юсь спо́ртом.
야 자니마유시 스뽀르똠

겨울 휴가를 어떻게 보내시나요?
Как вы отдыха́ете зимо́й?
깍끄 브이 앗드이하옛쩨 지모이

스키를 탑니다.
Я катáюсь на лы́жах.
야　까따유시　나르이좌흐

날씨 (Погода)

날씨가 좋구나!
Какáя хорóшая погóда!
깍까야　하로샤야　빠고다

날씨가 아주 좋구나!
Какáя замечáтельная погóда!
깍까야　하로샤야　빠고다

Какáя прекрáсная погóда!
깍까야　쁘리끄라스나야　빠고다

날씨가 나쁘구나!
Какáя плохáя погóда!
깍까야　쁠라샤야　빠고다

날씨가 아주 구질구질하구나!
Какáя ужáсная погóда!
깍까야　우좌스나　빠고다

오늘 날씨가 어떻습니까?
Какáя сегóдня погóда?
깍까야　시보드냐　빠고다

오늘은 따뜻합니다.
Сегóдня тепло́.
시보드냐　쩨쁠로

오늘은 덥습니다.
Сегóдня жáрко.
시보드냐　좌르꼬

오늘은 무덥습니다.
Сегóдня дýшно.
시보드냐　두쉬노

오늘은 서늘합니다.
Сегóдня прохлáдно.
시보드냐　쁘라흘라드노

오늘은 춥습니다.
Сегóдня хóлодно.
시보드냐　홀로드노

오늘은 흐립니다.
Сегóдня óблачно.
시보드냐 오블라츠노

오늘은 습합니다.
Сегóдня влáжно.
시보드냐 블라즈노

오늘은 바람이 많습니다.
Сегóдня вéтрено.
시보드냐 베뜨롄노

오늘은 맑습니다.
Сегóдня сóлнечно.
시보드냐 솔네츠노

오늘은 안개가 꼈습니다.
Сегóдня тумáнно.
시보드냐 뚜만노

내일은 날씨가 어떤가요?
Какáя зáвтра бýдет погóда?
깍까야 자프뜨라 부제뜨 빠고다

내일은 따뜻할 겁니다.
Зáвтра бýдет тепло́.
자프뜨라 부제뜨 쩨쁠로

내일은 더울 겁니다.
Зáвтра бýдет жáрко.
자프뜨라 부제뜨 좌르꼬

내일은 무더울 겁니다.
Зáвтра бýдет дýшно.
자프뜨라 부제뜨 두쉬노

내일은 서늘할 겁니다.
Зáвтра бýдет прохлáдно.
자프뜨라 부제뜨 쁘라흘라드노

내일은 추울 겁니다.
Зáвтра бýдет холóдно.
자프뜨라 부제뜨 홀로드노

내일은 흐릴 겁니다.
Зáвтра бýдет óблачно.
자프뜨라 부제뜨 오블라츠노

내일은 습할 겁니다.
Зáвтра бýдет влáжно.
자프뜨라 부제뜨 블라즈노

내일은 바람이 많이 불겁니다.
Завтра будет ветрено.
자프뜨라 부제뜨 베뜨렌노

내일은 맑을 겁니다.
Завтра будет солнечно.
자프뜨라 부제뜨 솔례츠노

내일은 안개가 낄 겁니다.
Завтра будет туманно.
자프뜨라 부제뜨 뚜만노

어제는 비가 왔습니다.
Вчера шёл дождь.
프체라 숄 도쉬

어제는 눈이 왔습니다.
Вчера шёл снег.
브체라 숄 스녜끄

비가 옵니다.
Идёт дождь.
이죠뜨 도쉬

눈이 옵니다.
Идёт снег.
이죠뜨 스녜끄

비가 올 겁니다.
Будет дождь.
부제뜨 도쉬

눈이 올 겁니다.
Будет снег.
부제뜨 스녜끄

도로가 미끄럽습니다.
Дороги скользкие.
다로기 스꼴스끼에

스노우 체인이 필요합니다.
Нужна цепь противоскольжения.
누즈나 쩹 쁘라찌보스꼴줴니야

어디에서 우산을 살 수 있나요?
Где можно купить зонтик?
그지에 모즈노 꾸삐찌 존찌끄

어디에서 우비를 살 수 있나요?
Где можно купить плащ?
그지에 모즈노 꾸삐찌 쁠라쉬

일기예보 (Прогноз погоды)

내일 일기예보를 들으셨나요?
Вы слы́шали прогно́з пого́ды на за́втра?
브이 슬르이솰리   쁘라그노스   빠고드이   나자프뜨라

라디오에서 맑을 거라고 했습니다.
По ра́дио сказа́ли, что бу́дет со́лнце.
빠라지오   스까잘리   쉬또 부제뜨   손쩨

낮 기온은 몇 도인가요?
Ско́лько гра́дусов днём?
스꼴꼬   그라두소프   드뇸

오늘 기온은 몇 도인가요?
Ско́лько сего́дня гра́дусов?
스꼴꼬   시보드냐   그라두소프

Кака́я сего́дня температу́ра?
깍까야   시보드냐   쩸뻬라뚜라

오늘은 기온이 높습니다. 영상 28도입니다.
Сего́дня высо́кая температу́ра, плюс 28 гра́дусов.
시보드냐   브이소까야   쩸뻬라뚜라   쁠류스 드바짜찌 보셈 그라두소프

오늘은 기온이 낮습니다. 영하 7도입니다.
Сего́дня ни́зкая температу́ра, ми́нус 7 гра́дусов.
시보드냐   니스까야   쩸뻬라뚜라   미누스   셈 그라두소프

영상 25도입니다.
Плюс 25 гра́дусов.
쁠류스   드바짜찌 뺘찌 그라두소프

영하 3도입니다.
Ми́нус 3 гра́дуса.
미누스   뜨리 그라두사

섭씨 영하 10도입니다.
Ми́нус 10 гра́дусов по Це́льсию.
미누스   제샤찌 그라두소프   빠쩰시유

화씨 54도입니다.
Ми́нус 54 гра́дуса по Фаренге́йту.
미누스   삐찌제샤뜨 체뜨이레 그라두사 빠파렌게이뚜

오늘 비가 온다고 예보했습니다.
Передава́ли, что сего́дня бу́дет дождь.
뻬레다발리   쉬또 시보드냐   부제뜨   도쉬

오늘 따뜻하다고 예보했습니다.

Обещáли, что сегóдня бýдет тепло́.
아베솰리 쉬또 시보드냐 부제뜨 쩨쁠로

응용회화

Диалог 1 : Прогноз погоды

Алла:	Какáя плохáя погóда!
Дми́трий:	Да, идёт дождь с грозóй.
Алла:	Ты слы́шал прогнóз погóды на зáвтра?
	Какáя зáвтра бýдет погóда?
Дми́трий:	По рáдио сказáли, что бýдет сóлнце.
Алла:	Скóлько грáдусов днём?
Дми́трий:	Плюс 25 грáдусов.

알라 : 날씨가 이렇게 나쁠 수가!

드미뜨리 : 그래, 천둥이 치면서 비가 오네.

알라 : 너 내일 일기예보 들었니?

내일 날씨가 어떻대?

드미뜨리 : 라디오에서 내일은 맑대.

알라 : 낮 기온은?

드미뜨리 : 영상 25도래.

Диалог 2: Зи́мний хóлод

Зи́на:	Прóсто удиви́тельно, до чегó хóлодно?
Васи́лий:	Что ж тут удиви́тельного?
	Бюрó погóды сообщáют, что похолодáние объясня́ется вторжéнием холóдных масс вóздуха с Барéнцова мóря.
	Зáвтра бýдет ещё холоднéе.
	Наступи́л так называ́емый собáчий хóлод.
Зи́на:	Дéти хóдят в шкóлу?
Васи́лий:	Конéчно, нет.
	Их не пускáют гуля́ть, и они́ томя́тся дóма.
Зи́на:	Я совершéнно не люблю́ зи́му, хотя́ я óчень люблю́, когдá идёт снег.

Василий: Óчень жаль, в э́ту зи́му ма́ло сне́га.
Поэ́тому пожилы́е лю́ди беспоко́ются.
Зина: Почему́?
Василий: В Росси́и счита́ют, что зима́ без сне́га - ле́то без хле́ба.
Зина: У нас в Коре́е то́же говоря́т так: Зима́ без сне́га - о́чень без хоро́шего урожа́я.

진아 : 얼마나 추운지 놀라울 뿐이야.
바실리 : 이 정도 추위에 놀라다니. 기상청에 따르면 이번 추위는 바렌쯔 해의 찬 공기 영향 때문이래. 내일은 더 추울 거야. 소위 말하는 혹한이 왔어.
진아 : 아이들은 학교에 가니?
바실리 : 아니. 아이들은 밖에 내보내지도 않아.
그래서 집에서 심심해하지.
진아 : 나는 겨울이 아주 싫어. 눈 오는 것은 아주 좋아하지만 말이야.
바실리 : 아주 유감인걸. 올 겨울에는 눈이 적게 내린다고 했는데.
그래서 어른들이 걱정하시잖아.
진아 : 왜?
바실리 : 눈이 내리지 않으면 여름에 곡식이 없다고 러시아에서는 말을 하거든.
진아 : 우리 한국에서도 그렇게 말해.
겨울에 눈이 안 내리면 가을에 흉년이 든다고.

Диало́г 3: Наступи́ла о́сень.

Зина: Наконе́ц, наступи́ла о́сень.
Василий: Ты лю́бишь о́сень?
Зина: Да, о́чень люблю́.
О́сенью не́бо голубо́е, лес о́чень краси́вый.
У вас о́сенью кака́я пого́да?
Василий: У нас о́сенью обы́чно прохла́дно.
А когда́ о́сенью сто́ит тёплая пого́да с со́лнцем, тако́е вре́мя называ́ется ба́бье ле́то.
Зина: Ба́бье ле́то?! Я поняла́.
В Коре́е говоря́т "Ныттоуй". Ну, о́сенью

не́бо высо́кое и ло́шадь ста́нет то́лстой.

진아 : 드디어 가을이 왔어.
바실리 : 너는 가을 좋아하니?
진아 : 응, 아주 좋아해.
가을에는 하늘이 파랗고, 숲이 아주 아름답잖아.
너희 나라는 가을에 날씨가 어떠니?
바실리 : 우리나라는 가을에 보통 서늘하지.
그런데 가을에 태양이 작열하면서 날이 더우면 '바비에 레또'(늦더위)라고 불러.
진아 : '바비에 레또'라고?! 알겠어. 한국에서는 '늦더위'라고 해.
아무튼 가을은 천고마비의 계절이야.

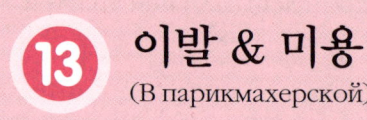 이발 & 미용
(В парикмахерской)

러시아에서 머리 할 때 한 순간 말을 잘못 알아듣거나, 자신의 의사를 잘못 전달하면 몇 달을 머리 땜에 마음 고생하게 된다. 미장원과 이발소에서 나눌 수 있는 모든 대화를 소개한다.

미장원에서 (Женской зал)

어디에 잘하는 미장원이 있습니까?
Где хоро́ший сало́н красо́ты?
그지에 하로쉬이 살론 끄라소쁘이

무엇을 하시겠습니까?
Что вам сде́лать?
쉬또 밤 즈젤라찌

염색을 하시겠습니까?
Вам покра́сить во́лосы?
밤 빠끄라시찌 볼로스이

다듬기만 하실 건가요?
То́лько попра́вить?
똘꼬 빠브라비찌

드라이해도 될까요?
Мо́жно фе́ном?
모즈노 폐놈

이제 거울을 보십시오.
Тепе́рь взгляни́те в зе́ркало.
찌뻬리 브즈글랴니쩨 브제르깔로

내일 예약할 수 있나요?
Мо́жно записа́ться на за́втра?
모즈노 자삐사쨔 나자프뜨라

머리를 감긴 다음 잘라 주세요.
Вы́мойте мне го́лову и сде́лайте стри́жку, пожа́луйста.
브이모이쩨 므녜 골로부 이 즈젤라이쩨 스뜨리쉬꾸 빠좔루이스따

세트를 말아 주세요.
Сде́лайте укла́дку, пожа́луйста.
즈젤라이쩨 우글라뜨꾸 빠잘루이스따

최신 유행하는 머리로 해 주세요.
Сде́лайте мне мо́дную причёску, пожа́луйста.
즈젤라이쩨 므녜 모드누유 쁘리쵸스꾸 빠잘루이스따

매니큐어를 해주세요.
Сде́лайте маникю́р.
즈젤라이쩨 마니뀨르

얼굴 마사지를 해주세요.
Сде́лайте масса́ж лица́.
즈젤라이쩨 마사쉬 리짜

드라이 해주세요.
Сде́лайте укла́дку фе́ном, пожа́луйста.
즈젤라이쩨 우끌라뜨꾸 페놈 빠잘루이스따

염색해주세요.
Сде́лайте окра́ску, пожа́луйста.
즈젤라이쩨 아끄라스꾸 빠잘루이스따

파마 해주세요.
Сде́лайте хими́ческую зави́вку (перане́нт), пожа́луйста.
즈젤라이쩨 히미체스꾸유 자비프꾸 (뻬르마넨뜨) 빠잘루이스따

염색을 해야 합니다.
Мне ну́жно покра́сить во́лосы.
므녜 누즈노 빠끄라시찌 볼로스이

웨이브 넣어서 해주세요.
Что́-нибудь с ку́дрями.
쉬또니부찌 스꾸드랴미

스프레이는 약간 만요.
Совсе́м немно́го ла́ка.
사프셈 녜므노고 라까

충분합니다.
Так доста́точно.
딱 다스따츠노

이발소에서 (Мужской зал)

어디에 좋은 이발소가 있습니까?
Где хоро́шая парикма́херская?
그지에 하로샤야 빠리끄마헤르스까야

얼마나 기다려야 하나요?
Мне до́лго ждать?
므녜 돌고 즈다찌

다음 차례입니다.
Нет, вы сле́дующий.
니에뜨 브이 슬례두유쉬이

이발해 주십시오.
Постриги́те, пожа́луйста.
빠스뜨리기쩨 빠좔루이스따

Подстриги́те, пожа́луйста.
빠쯔뜨리기쩨 빠좔루이스따

면도해 주십시오.
Побре́йте, пожа́луйста.
빠브레이쩨 빠좔루이스따

이발하고 싶습니다.
Я хочу́ постри́чься.
야 하추 빠스뜨리치샤

면도하고 싶습니다.
Я хочу́ побри́ться.
야 하추 빠브릿쨔

어떻게 이발해 드릴까요?
Как вас постри́чь?
깍끄 바스 빠스뜨리치

뒤에는 짧게, 앞에는 길게 해주세요.
Сза́ди ко́ротко, спе́реди дли́нно.
자-지 꼬로뜨꼬 스뻬레지 들린노

위쪽을 약간 잘라 주세요.
Подстри́гите немно́жко све́рху.
빠쯔뜨리기쩨 넴노쉬고 스베르후

너무 짧지 않게 해주세요.
Не сли́шком ко́ротко.
네 슬리쉬꼼 꼬로뜨꼬

머리 감겨 드릴까요?
Вам го́лову помы́ть?
밤 골로부 빠므이찌

아뇨, 됐습니다.
Нет, не на́до.
니에뜨 네 나도

옆머리를 약간 더 짧게 해주세요.
Мо́жно покоро́че по бока́м.
_{모즈노   빠까로체   빠바감}

갈음마를 똑바로 타십니까?
Вы причёсываете во́лосы пря́мо наза́д?
_{브이   쁘리쵸스이바에쩨   볼로스이   쁘랴모   나자뜨}

아뇨, 난 왼쪽 갈음마입니다.
Нет, у меня́ пробо́р нале́во.
_{니에뜨   우미냐   쁘라보르   날례보}

수염을 다듬어 주세요.
Подпра́вьте, пожа́луйста, усы́.
_{빠뜨쁘라비쩨   빠좔루이스따   우스이}

면도칼로요? 전기 면도기로만요?
Но́жницами, или то́лько бри́твой?
_{노즈니짜미   일리   똘꼬   브리뜨보이}

응용회화

Диалог 1

Ирина: Алло́! Это парикма́херсакя?
Го́лос: Да, слу́шаю вас.
Ирина: Скажи́те, пожа́луйста, у вас больша́я о́чередь на причёску?
Го́лос: В на́шей парикма́херской нет живо́й о́череди. У нас за́пись на все ви́ды рабо́т : на сти́ржку, причёску, окра́ску и зави́вку.
Ирина: А мо́жно записа́ться на причёску сего́дня? Часо́в на пять к любо́му ма́стеру?
Го́лос: Подожди́те мину́точку. Сейча́с я посмотрю́, кто из мастеро́в свобо́ден в пять. Так-так-так. Вот, нашёл. Как ва́ша фами́лия?
Ирина: Па́влова.
Го́лос: Ваш ма́стер - Миха́йлова. Кре́сло но́мер три. Приходи́те мину́т за де́сять.
Ирина: Огро́мное вам спаси́бо.

이리나 :   여보세요. 미장원이죠?

미장원 :	네, 말씀하세요.
이리나 :	머리 하려면 많이 기다려야 하나요?
미장원 :	우리 미장원은 기다릴 필요가 없습니다. 커트, 머리 손질, 염색, 파마 등 모든 미용 업무가 예약제입니다.
이리나 :	오늘 머리 예약할 수 있나요? 5시쯤 아무 미용사나 괜찮아요.
미장원 :	잠깐만 기다리세요. 5시에 어느 미용사가 시간이 비는지 살펴볼게요. 그러니까, 네, 찾았습니다. 당신 성은 뭐입니까?
이리나 :	빠블로바입니다.
미장원 :	손님 담당 미용사는 미하일로바입니다. 3번 좌석입니다. 예약 시간 10분 전에 오세요.
이리나 :	대단히 감사합니다.

Диалог 2

Парикмахер:	Сейча́с ва́ша о́чередь.
	Сюда́, пожа́луйста.
	Сними́те пиджа́к, так вам бу́дет удо́бнее.
	Слу́шаю вас.
Зоя:	Я хочу́ постри́чься и сде́лать пермане́нт.
Парикмахер:	Как бу́дем стри́чься?
Зоя:	Подре́жьте во́лосы немно́го сза́ди.
Парикмахер:	Све́рху во́лосы не снима́ть?
Зоя:	Пожа́луй. Не снима́ть. Они́ у меня́ коро́ткие.
Парикмахер:	Ну вот и гото́во.
	Вам нра́вится сти́ржка,
Зоя:	да, нра́вится.

미용사 :	손님 차례입니다. 이쪽으로 오세요.
	겉옷을 벗으세요. 그게 더 편할 겁니다.
	뭐 하시려는지 말씀하시지요.
조야 :	머리를 자르고 파마하고 싶어요.
미용사 :	어떻게 커트할까요?
조야 :	뒷머리를 약간 잘라 주세요.
미용사 :	윗머리도 자를까요?
조야 :	됐어요, 윗머리는 짧으니까 놔두세요.

미용사 : 자, 다 됐습니다. 커트가 마음에 드시나요?
조야 : 네, 마음에 듭니다.

Part 14 예술 & 취미생활
(Художество & Хобби)

러시아의 문학과 예술의 세계를 단 한 번이라도 동경하지 않은 사람은 없다. 러시아의 음악, 미술, 영화, 연극, 발레공연, 관광을 사랑하는 사람들의 대화에 필요한 표현을 소개한다. 또한 취미생활과 여가활동과 관련된 회화표현도 제시한다.

취미 & 관심사 (Общие интересы)

어떤 취미 활동이 가장 인기 있습니까?
Какое увлечение - самое популярное?
깍꼬에 우블레체니에 사모에 빠쁠랴르노에

음악입니다.
Музыка.
무즈이까

스포츠입니다.
Спорт.
스뽀르뜨

독서입니다.
Чтение.
츠쩨니에

여가시간에 무엇을 합니까?
Чем вы занимаетесь в свободное время?
쳄 브이 자니마에쩨시 프사바보드노에 브레먀

컴퓨터 게임을 좋아하세요?
Вам нравится играть в компьютерные игры?
밤 느라빗쨔 이그라찌 프깜쀼쩨르느이에 이그르이

요리하는 것을 좋아하세요?
Вам нравится готовить?
밤 느라빗쨔 가또비찌

도미노를 좋아하세요?
Вам нравится домино?
밤 느라빗쨔 도미노

308

그림 그리는 것을 좋아하세요?
Вам нра́вится рисова́ть?
밤　　느라빗쨔　　리사바찌

영화를 좋아하세요?
Вам нра́вится кино́?
밤　　느라빗쨔　　끼노

정원 가꾸기를 좋아하세요?
Вам нра́вится садово́дство?
밤　　느라빗쨔　　사다보뜨스뜨보

도보 여행을 좋아하세요?
Вам нра́вится пешехо́дный тури́зм?
밤　　느라빗쨔　　뻬쉬호드느이　　뚜리즘

음악을 좋아하세요?
Вам нра́вится му́зыка?
밤　　느라빗쨔　　무즈이까

당신은 미술을 좋아하십니까?
Вам нра́вится жи́вопись?
밤　　느라빗쨔　　쥐보삐시

사진 찍기를 좋아하세요?
Вам нра́вится фотографи́ровать?
밤　　느라빗쨔　　포따그라피로바찌

독서를 좋아하세요?
Вам нра́вится чита́ть?
밤　　느라빗쨔　　치따찌

쇼핑을 좋아하세요?
Вам нра́вится ходи́ть по магази́нам?
밤　　느라빗쨔　　하지찌　　빠마가지남

친구 만나는 것을 좋아하세요?
Вам нра́вится встреча́ться с друзья́ми?
밤　　느라빗쨔　　프스뜨레차쨔　　즈두루지야미

스포츠를 좋아하세요?
Вам нра́вится спорт?
밤　　느라빗쨔　　스뽀르뜨

인터넷을 좋아하세요?
Вам нра́вится Интерне́т?
밤　　느라빗쨔　　인떼르네드

여행을 좋아하세요?
Вам нра́вится путеше́ствовать?
밤　　느라빗쨔　　뿌쩨쉐스뜨보바찌

TV시청을 좋아하세요?
Вам нра́вится смотре́ть телеви́зор?
밤　　느라빗쨔　　스마뜨레찌　　쩰레비조르

발레를 좋아하세요?
Вам нра́вится бале́т?
밤　　느라빗쨔　　발레뜨

목욕을 좋아하세요?
Вам нра́вится баня́?
밤　　느라빗쨔　　바냐

체스를 좋아하세요?
Вам нра́вятся ша́хматы?
밤　　느라뱟쨔　　샤흐마뜨이

스케이트 타기를 좋아하세요?
Вам нра́вится ката́ние на конька́х?
밤　　느라빗쨔　　까따니에　　나깐까흐

버섯 따기를 좋아하세요?
Вам нра́вится собира́ние грибо́в?
밤　　느라빗쨔　　사비라니에　　그리보프

카드놀이를 좋아하세요?
Вам нра́вится ка́рты?
밤　　느라빗쨔　　까르뜨이

사우나를 좋아하세요?
Вам нра́вится са́уна?
밤　　느라빗쨔　　사우나

연극을 좋아하세요?
Вам нра́вится теа́тр?
밤　　느라빗쨔　　찌아뜨르

음악 (Му́зыка)

음악회에 다니십니까?
Вы хо́дите на конце́рты?
브이　　호지쩨　　나깐쩨르뜨이

음악 감상을 하시나요?
Вы слу́шаете му́зыку?
브이　　슬루솨에쩨　　무즈이꾸

어떤 악기를 연주하세요?
Вы игра́ете на како́м-нибудь инрструме́нте?
브이　이그라에쩨　　나깍꼼니부찌　　　　　인스뜨루멘쩨

노래 부르세요?
Вы поёте?
브이 빠요쩨

오페라 구경 가고 싶습니다.
Мне хóчется пойти́ на óперу.
므녜   호쳿쨔   빠이찌   나오뻬루

음악회에 가고 싶습니다.
Мне хóчется пойти́ на концéрт.
므녜   호쳿쨔   빠이찌   나깐쩨르뜨

오페라 표가 있습니까?
Есть билéты на óперу?
예스찌   빌례뜨이   나오뻬루

음악회 표가 있습니까?
Есть билéты на концéрт?
예스찌   빌례뜨이   나깐쩨르뜨

어떤 음악을 좋아하십니까?
Какýю мýзыку вы лю́бите?
깎꾸유   무즈이꾸   브이   류비쩨

어떤 그룹을 좋아하십니까?
Каки́е грýппы вы лю́бите?
깍끼에   그루쁘이   브이   류비쩨

어떤 가수를 좋아하십니까?
Каки́х певцóв вы лю́бите?
깍끼흐   뻽쪼프   브이   류비쩨

어떤 음악가를 좋아하십니까?
Каки́х музыкáнтов вы лю́бите?
깍끼흐   무즈이깐또프   브이   류비쩨

저는 클래식 음악을 좋아합니다.
Я люблю́ класси́ческую мýзыку.
야   류블류   끌라시체스꾸유   무즈이꾸

저는 전자음악을 좋아합니다.
Я люблю́ электрóнную мýзыку.
야   류블류   엘렉뜨론누유   무즈이꾸

저는 전통음악을 좋아합니다.
Я люблю́ традициóнную мýзыку.
야   류블류   뜨라지찌온누유   무즈이꾸

저는 민속음악을 좋아합니다.
Я люблю́ нарóдную мýзыку.
야   류블류   나로드누유   무즈이꾸

저는 민요를 좋아합니다.
Я люблю́ наро́дные пе́сни.
야 류블류 나로드늬에 뻬스니

저는 재즈를 좋아합니다.
Я люблю́ джаз.
야 류블류 좌스

저는 팝을 좋아합니다.
Я люблю́ поп.
야 류블류 뽀쁘

저는 락을 좋아합니다.
Я люблю́ рок.
야 류블류 로끄

저는 월드뮤직을 좋아합니다.
Я люблю́ мирову́ю му́зыку.
야 류블류 미라부유 무즈이꾸

블루스 Блюз

합창 Хор

고전음악 Кла́ссическая му́зыка

작곡가 Компози́тор

음악회 Конце́рт

챔버 콘서트 Ка́мерный конце́рт

교회음악 컨서트 Конце́рт церко́вной му́зыки

심포니 콘서트 Симфони́ческий конце́рт

지휘자 Дирижёр

포크 Фоькло́р

민중음악 Наро́дная му́зыка

재즈 Джаз

오케스트라 Орке́стр

팝 Поп

록 Рок

랩 Рэп

레게 Ре́гги

가수 Певе́ц(-ица)

솔리스트 Соли́ст(-ка)

소울 Со́ул

테크노　Téхно

미술 (Искусство)

몇 시에 화랑이 문을 엽니까?
В какие часы работает галерея?
프깍끼에　치스이　라보따에뜨　갈레레야

몇 시에 박물관은 개관합니까?
В какие часы работает музей?
프깍기에　치스이　라보따에뜨　무제이

소장품은 뭐가 있습니까?
Что в коллекции?
쉬또　프깔렉찌이

레삔 전시회입니다.
Это выставка Репина.
에따　브이스따프까　레삐나

이 전시회에 대해 어떻게 생각하십니까?
Как вы думаете об этой выставке?
깍끄　브이　두마에쩨　아브에또이　브이스따프께

성상화에 대해 어떻게 생각하십니까?
Как вы думаете об иконписи?
깍끄　브이　두마에쩨　아브이꼰삐시

저는 러시아 화가 그림에 관심이 있습니다.
Я интересуюсь картинами русских художников.
야　인쩨레수유시　까르찌나미　루스끼흐　후도즈니꼬프

저는 컴퓨터 미술에 관심이 있습니다.
Я интересуюсь компьютерным искусством.
야　인쩨레수유시　깜쀼쩨르느임　이스꾸스뜨봄

저는 디자인에 관심이 있습니다.
Я интересуюсь дизайном.
야　인쩨레수유시　디자이놈

저는 샤갈 작품을 좋아합니다.
Я люблю произведения Шагала.
야　류블류　쁘라이즈베제니야　샤갈라

저는 교회미술을 좋아합니다.
Я люблю церковное искусство.
야　류블류　쩨르꼬브노예　이스꾸스뜨보

저는 표현주의 작품을 좋아합니다.
Я люблю́ произведе́ния экспрессиони́зма.
야 류블류   쁘라이즈베제니야   엑스쁘레시오니즈마

이 그림은 러시아 자연을 연상시킵니다.
Э́то мне напомина́ет ру́сскую приро́ду.
에따 므녜 나뽀미나에뜨 루스꾸유 쁘리로두

샤갈   Шагал
칸딘스키   Кандинский
말레비치   Малевич
레삔   Репин
스쩨빠노바   Степанова
알렉산드르   Александр
뻬뜨롭스끼   Петровский
시로프   Серов

건축   Архитекту́ра
작품   Произведе́ния
조각   Резна́я рабо́та
디자인   Диза́йн
에칭   Гравиро́вка
전시회   Вы́ставка
화가   Худо́жник
그림   Карти́на
회화   Жи́вопись
조각가   Ску́льптор
조각   Скульпту́ра
조각상   Ста́туя
스튜디오   Сту́дия
스타일   Стиль
테크닉   Те́хника
목공예   Ремесло́
비잔틴 양식   Византи́йский стиль
고전주의   Классици́зм
구조주의   Конструктиви́зм

표현주의　Экспрессиони́зм

인상주의　Импрессиони́зм

낭만주의　Романти́зм

사회주의 리얼리즘　Социалисти́ческий реали́зм

절대(지상)주의　Супремати́зм

상징주의　Символи́зм

모더니즘　Модерни́зм

포스트 모더니즘　Постмодерни́зм

미래주의　Футри́зм

그래픽 미술　Графи́ческое иску́сство

컴퓨터 미술　Компью́терное иску́сство

종교 예술　Церко́вное иску́сство

르네상스 시대 예술　Иску́сство эпо́хи возрожде́ния

성상　Ико́на

성상화가　Иконопи́сец

성상화술　И́конопись

응용회화

Диало́г : В Третьяко́вской галере́е

 Ми́ша: Извини́, я немно́го опозда́л.
 Зи́на: Ничего́ стра́шного.
    Я любу́юсь зда́нием галере́и.
 Ми́ша: Тебе́ нра́вится?
    Э́то зда́ние постро́ено в 1880-х года́х по прое́кту худо́жника Васнецо́ва.
    Э́ту галере́ю со́здал тексти́льный фабрика́нт Па́вел Миха́йлович Третьяко́в.
 Зи́на: Ско́лько же карти́н собра́л Третьяко́в?
 Ми́ша: О́коло трёх ты́сяч.
    А сейча́с в галере́е со́брано бо́лее 40 ты́сяч карти́н.
    Вот тебе́ путеводи́тель по галере́е.
    Здесь есть и портре́т Третьяко́ва рабо́ты Ре́пина.

Зина:	Спасибо, Миша.
미샤 :	미안해. 내가 좀 늦었어.
진아 :	괜찮아. 미술관 건물 감상 중이었어.
미샤 :	마음에 드니?
	이 건물은 1880,년대에 화가 바스네쪼프 설계로 건축된 거야.
	이 미술관 창립자는 직물공장 사장이었던 빠벨 미하일로비치 뜨레찌야꼬프야.
진아 :	뜨레찌야꼬프는 그림을 몇 점이나 모았니?
미샤 :	약 3천 점 정도 모았지.
	현재 이 미술관은 4만 점 이상의 그림을 소장하고 있어.
	자, 여기 미술관 안내 책자야.
	여기에 레삔이 그린 뜨레찌야꼬프 초상화도 있어.
진아 :	고마워, 미샤.

영화 & 연극 & 콘서트 (Кино & театр & концерт)

발레 구경을 가고 싶습니다.
Мне хо́чется пойти́ на бале́т.
므녜　호쳇쨔　빠이찌　나발례뜨

영화 구경을 가고 싶습니다.
Мне хо́чется пойти́ на фильм.
므녜　호쳇쨔　빠이찌　나필름

오페라 구경을 가고 싶습니다.
Мне хо́чется пойти́ на о́перу.
므녜　호쳇쨔　빠이찌

음악회를 가고 싶습니다.
Мне хо́чется пойти́ на конце́рт.
므녜　호쳇쨔　빠이찌　나깐쩨르뜨

연극 구경을 가고 싶습니다.
Мне хо́чется пойти́ на пье́су.
므녜　호쳇쨔　빠이찌　나뻬수

만화영화를 보러가라고 권합니다.
Я предлага́ю пойти́ на мультфи́льмы.
므녜　호쳇쨔　빠이찌　나물뜨필르므이

뮤지컬 영화 보러가자.
Давáй пойдём на музыкáльные фи́льмы.
다바이 빠이좀 나무즈이깔느이에 필르므이

영화 자주 보러 갑니까?
Чáсто ли вы хóдите в кинó?
차스또 리 브이 호지쩨 프끼노

네, 자주요. 일주일에 한 번 갑니다.
Да, чáсто. Раз в недéлю.
다 차스또 라스 브네젤류

아뇨, 아주 드물게 갑니다.
Нет, óчень рéдко.
니에뜨 오첸 레뜨꼬

당신은 조조, 낮, 저녁 상영 편 중 주로 어떤 것을 보시나요?
На какúе сеáнсы вы обы́чно хóдите: ýтренние, дневны́е, вечéрние?
나깍끼에 세안스이 브이 아브츠노 호지쩨 우뜨렌니에 드네브느이에
베체르니에

저는 주로 조조 영화를 봅니다.
Я обы́чно хожý на ýтренние сеáнсы.
야 아브이츠노 하쥬 나우뜨렌니에 세안스이

저는 주로 낮 상영 편을 봅니다.
Я обы́чно хожý на дневны́е сеáнсы.
야 아브이츠노 하쥬 나드네브느이에 세안스이

저는 주로 저녁 상영 편을 봅니다.
Я обы́чно хожý на вечéрние сеáнсы.
야 아브이츠노 하쥬 나베체르니에 세안스이

어디에서 표를 구할 수 있나요?
Где мóжно достáть билéты?
그지예 모즈노 다스따찌 빌례뜨이

"지젤"발레 표를 구할 수 있나요?
Где мóжно достáть билéты на "Жизéль"?
그지예 모즈노 다스따찌 빌례뜨이 나쥐젤

볼쇼이 극장 표를 어디에서 구하나요?
Где достáть билéты в Большóй теáтр?
그지예 다스따찌 빌례뜨이 브발쇼이 찌아뜨르

발레 표가 있나요?
Есть билéты на балéт?
예스찌 빌례뜨이 나발례뜨

영화표가 있나요?
Есть биле́ты на фильм?
예스찌　　 빌례뜨이　　 나필름

오페라 표가 있나요?
Есть биле́ты на о́перу?
예스찌　　 빌례뜨이　　 나오뻬루

음악회 표가 있나요?
Есть биле́ты на конце́рт?
예스찌　　 빌례뜨이　　 나깐쩨르뜨

연극표가 있나요?
Есть биле́ты на пье́су?
예스찌　　 빌례뜨이　　 나삐에수

남는 표가 있나요?
Есть ли́шние биле́ты?
예스찌　　 리쉬니에　　 빌례뜨이

더 싼 표를 원합니다.
Я бы хоте́л(-а) биле́ты подеше́вле.
야 브이　　 하쩰(라)　　 빌례뜨이　　 빠제쉐블레

더 좋은 표를 원합니다.
Я бы хоте́л(-а) биле́ты полу́чше.
야 브이　　 하쩰(라)　　 빌례뜨이　　 빨루치쉐

발레가 마음에 들었습니까?
Как вам понра́вился бале́т?
깍끄　 밤　　 빠느라빌샤　　 발레뜨

영화가 마음에 들었습니까?
Как вам понра́вился фильм?
깍끄　 밤　　 빠느라빌샤　　 필름

오페라가 마음에 들었습니까?
Как вам понра́вилась о́пера?
깍끄　 밤　　 빠느라빌라시　　 오뻬라

음악회가 마음에 들었습니까?
Как вам понра́вился конце́рт?
깍끄　 밤　　 빠느라빌샤　　 깐쩨르뜨

연극이 마음에 들었습니까?
Как вам понра́вилась пье́са?
깍끄　 밤　　 빠느라빌라시　　 삐에사

오늘 저녁에 극장에서 무슨 공연이 있는지 말씀해 주세요.
Вы не ска́жете мне, что идёт сего́дня ве́чером в теа́тре?
브이 네　 스까줴쩨　 므녜　 쉬또 이죠뜨　 시보드냐　 베체롬　 프찌아뜨레

영화관에서 무엇을 상영하나요?
Что идёт в кино?
쉬또 이죠뜨 프끼노

극장에 무슨 공연이 있나요?
Что идёт в теа́тре?
쉬또 이죠뜨 프찌아뜨레

내일 저녁 영화관에서 무엇을 상영하나요?
Что за́втра ве́чером идёт в кино́?
쉬또 자프뜨라 베체롬 이죠뜨 프끼노

좋은 연극 하나 추천해 주시겠어요?
Вы не посове́туете мне хоро́ший спекта́кль?
브이 네 빠사볘뚜에쩨 므녜 하로쉬이 스뼥따끌

낮 공연이 있습니까?
Есть дневно́й спекта́кль?
예스찌 드녜브노이 스뼥따끌

공연이 언제 시작됩니까?
Когда́ начина́ется представле́ние?
까그다 나치나옛쨔 쁘레쯔스따블레니에

어디에서 표를 살 수 있나요?
Где мо́жно взять биле́ты?
그지예 모즈노 브쟈찌 빌례뜨이

오늘 저녁시간으로 표 두 장 주세요.
Два биле́та на сего́дняшний ве́чер, пожа́луйста.
드바 빌례따 나시보드냐쉬니이 베체르 빠좔루이스따

20루블 자리 좌석으로 두 장 주세요.
Два ме́ста за 20 рубле́й, пожа́луйста.
드바 몌스따 자드바짜찌 루블레이 빠좔루이스따

프로그램을 살 수 있나요?
Мо́жно взять програ́мму?
모즈노 브쟈찌 쁘라그라무

이것은 영어로 합니까?
Э́то на англи́йском (языке́)?
에따 나안글리스꼼 이즈이꼐

이 영화는 영어 자막이 있나요?
Э́тот фильм с субти́трами на англи́йском?
에또뜨 필름 수-쁘찌뜨라미 나안글리스꼼

자리 있습니까?
Э́то ме́сто за́нято?
에따 몌스또 자냐또

예술 & 취미생활

빈자리입니까?
Это место свободно?
에따 메스또 스바보드노

이 영하 보셨나요?
Вы смотрели этот фильм?
브이 스마뜨렐리 에또뜨 필름

이 영화에 누가 출연하나요?
Кто играет в этом фильме?
끄또 이그라에뜨 브에똠 필르메

주인공은 마뜨베에프입니다.
Главную роль играет Матвеев.
글라브누유 롤 이그라에뜨 마뜨베에프
Главный герой Матвеев.
글라브느이 게로이 마뜨베에프

어떤 영화를 좋아합니까?
Какие фильмы вы любите?
깍끼에 필르므이 브이 류비쩨

나는 액션 영화를 좋아합니다(좋아하지 않습니다).
Я (не) люблю боевики.
야 (네) 류블류 바에비끼

나는 만화 영화를 좋아합니다(좋아하지 않습니다).
Я (не) люблю мультфильмы.
야 (네) 류블류 물뜨필르므이

나는 코메디 영화를 좋아합니다(좋아하지 않습니다).
Я (не) люблю комедии.
야 (네) 류블류 까메지이

나는 다큐멘터리 영화를 좋아합니다(좋아하지 않습니다).
Я (не) люблю документальные фильмы.
야 (네) 류블류 다꾸멘딸느이에 필르므이

나는 멜로 영화를 좋아합니다(좋아하지 않습니다).
Я (не) люблю драму.
야 (네) 류블류 드라무

나는 공포 영화를 좋아합니다(좋아하지 않습니다).
Я (не) люблю фильмы ужасов.
야 (네) 류블류 필르므이 우좌소프

나는 러시아 영화를 좋아합니다(좋아하지 않습니다).
Я (не) люблю русское кино.
야 (네) 류블류 루스꼬에 끼노

나는 공상과학 영화를 좋아합니다(좋아하지 않습니다).
Я (не) люблю́ нау́чную фанта́стику.
야 (네) 류블류 나우츠누유 판따스찌꾸

나는 단편영화를 좋아합니다(좋아하지 않습니다).
Я (не) люблю́ коротко-метра́жные фи́льмы.
야 (네) 류블류 까로뜨꼬메뜨라즈느이에 필르므이

나는 스릴러 영화를 좋아합니다(좋아하지 않습니다)
Я (не) люблю́ сенсацио́нные фи́льмы (Трри́лер).
야 (네) 류블류 센사찌온느이에 필르므이 (뜨릴레르)

나는 전쟁영화를 좋아합니다(좋아하지 않습니다).
Я (не) люблю́ фи́льмы о войне́.
야 (네) 류블류 필르므이 아바이네

나는 사랑 영화를 좋아합니다(좋아하지 않습니다).
Я (не) люблю́ фи́льмы о любви́.
야 (네) 류블류 필르므이 아류브비

나는 심리 영화를 좋아합니다(좋아하지 않습니다).
Я (не) люблю́ психологи́ческие фи́льмы.
야 (네) 류블류 쁘시홀라기체스끼에 필르므이

나는 역사 영화를 좋아합니다(좋아하지 않습니다).
Я (не) люблю́ фи́льмы истори́ческие фи́льмы.
야 (네) 류블류 필르므이 이스따리체스끼에 필르므이

나는 추리 영화를 좋아합니다(좋아하지 않습니다).
Я (не) люблю́ фи́льмы детекти́вные фи́льмы.
야 (네) 류블류 필르므이 제쩩찌브느이에 필르므이

제 생각에는 아주 좋았습니다.
По-мо́ему, бы́ло отли́чно.
빠모에무 브일로 아뜰리츠노

다소 길었습니다.
По-мо́ему, бы́ло сли́шком до́лго.
빠모에무 브일로 슬리쉬꼼 돌고

괜찮았습니다.
По-мо́ему, бы́ло норма́льно.
빠모에무 브일로 나르말노

가식적이었습니다.
По-мо́ему, бы́ло претенцио́зно.
빠모에무 브일로 쁘레쩬찌오즈노

연극 연출이 훌륭합니다.
Спекта́кль поста́влен прекра́сно.
스뻭따끌 빠스따블렌 쁘레끄라스노

예술 & 취미생활

연극 연출이 흥미롭습니다.
Спектáкль постáвлен интерéсно.
스뻭따끌 빠스따블렌 인쩨레스노

연극 연출이 재미없습니다.
Спектáкль постáвлен неинтерéсно.
스뻭따끌 빠스따블렌 네인쩨레스노

배우들이 연기를 아주 잘 했습니다.
Артúсты игрáют рóли прекрáсно.
아르찌스뜨이 이그라유뜨 롤리 쁘레끄라스노

배우들이 연기를 흥미롭게 했습니다.
Артúсты игрáют рóли интерéсно.
아르찌스뜨이 이그라유뜨 롤리 인쩨레스노

배우들이 재능 있는 연기를 했습니다.
Артúсты игрáют рóли талáнтливо.
아르찌스뜨이 이그라유뜨 롤리 딸란뜰리보

배우들이 연기를 생생하게 했습니다.
Артúсты игрáют рóли жúво.
아르찌스뜨이 이그라유뜨 롤리 쥐보

배우들이 연기를 못했습니다.
Артúсты игрáют рóли плóхо.
아르찌스뜨이 이그라유뜨 롤리 쁠로호

공연관련

예매 Предварúтельная продáжа

옷 보관소 Гардерóб

페스티발 Фестивáль

휴식 시간 Антрáкт

공연 Представлéние

프로그램 Прогрáмма

입장표 (Входной) билéт

매표소 Кáсса

극장

막 Акт

배우 Актёр(актрúса)

발레　Балéт
(관람석의) 층　Я́рус
희극　Комéдия
댄서　Танцóвщик(-щица)
희곡　Пьéса
뮤직 홀　Варьетé
뮤지컬　Мю́зикл
노천극장　Лéтний теáтр
오페라　Óпера
오페레타　Оперéтта
공연　Представлéние
연극　Спектáкль
첫 공연　Премьéра
각색　Инсценирóвка
레퍼토리　Репертуáр
레뷔 극장　Теáтр миниатю́р
비극　Трагéдия
2층 특별석　Балкóн
박스석　Лóжа
보통석　Бельэтáж
옷 보관소　Гардерóб
음악회 홀　Концéртный зал
드라마 극장　Драматический теáтр
오케스트라　Оркéстр
로얄석　Партéр
관람석의 층(первый, второй, третий) Я́рус

영화

연출, 감독　Режиссу́ра
연출가, 감독　Режиссёр
영화　Фильм
액션영화　Боеви́к

흑백영화　Чёрно-бе́лый фильм
컬러 영화　Цветно́й фильм
만화영화　Мультфи́льм
고전영화　Кла́ссика
코메디　Коме́дия
다큐멘터리 영화　Документа́льный фильм
드라마　Мелодра́ма
공상과학 영화　Нау́чная фанта́стика
단편영화　Короткометра́жка
스릴러　Трри́лер
서부영화　Ве́стерн
주역　Гла́вная роль
영화배우　Киноактёр(киноактри́са)
영화관　Кино́
특수효과　Спецэффе́кты
서브 타이틀　Субти́тры

응용회화

Диало́г 1: Пойдём в теа́тр

Евгегий: Ла́йса, в театра́льном ка́ссе есть биле́ты на воскресе́нье в Ма́лый теа́тр.
Лайса: А что там идёт? Кака́я вещь?
Евгегий: Идёт "Го́ре от ума́" Грибое́дова. Дава́й схо́дим?
Лайса: Мо́жно сходи́ть. А ты не слы́шал, спкта́кль уда́чный?
Евгегий: По-мо́ему, э́то премье́ра, игра́ют прекра́сные актёры, постано́вка В. Ивано́ва. Э́то должно́ быть интере́сно.
Лайса: Дава́й пойдём. У меня́ в воскресе́нье свобо́дный ве́чер.
Евгегий: Тогда́ я пря́мо сейча́с пойду́ и куплю́ биле́ты.

에브게니 : 라이사, 극장 매표소에 일요일 날 말르이 극장표가 있어.
라이사 : 거기서 무슨 공연을 하는데? 어떤 거야?
에브게니 : 그리보예도프의 "지혜의 슬픔"을 공연하고 있어. 가지 않을래?
라이사 : 갈 수 있어. 그런데 그 공연이 성공적이라고 하던?
에브게니 : 이 공연이 초연이야. 아주 훌륭한 배우들이 출연하고, 이바노프가 연출을 맡았어. 틀림없이 재미있을 거야.
라이사 : 가자. 나 일요일 저녁은 한가해.
에브게니 : 그럼 지금 당장 가서 표를 사야겠다.

Диалог 2 : Музыкáльный фильм

Сергей: Аллó! Натáша?
Наташа: Да, э́то я.
Сергей: Э́то Сергéй. В "Прогрéссе" идёт "Жéнщина, котóрая поёт".
Давáй пойдём в кинó.
Наташа: Я не знáю, что э́то за фильм.
Сергей: Э́то музыкáльный фильм с А́ллой Пугачёвой в глáвной рóли.
Наташа: Ах, А́лла Пугачёва!
Я хочý егó посмотрéть.
Когдá начинáется э́тот сеáнс?
Сергей: В 7 часóв.
Встрéтимся за 15 минýт до начáла сеáнса.
То есть, без чéтверти семь у вхóда.
Наташа: Договори́лись.

세르게이 : 여보세요. 나따샤?
나따샤 : 네, 전데요.
세르게이 : 나 세르게이야. "쁘로그레스"극장에서 "노래 부르는 여자"가 상영 중인데, 같이 극장 가자.
나따샤 : 어떤 영화인지 잘 모르는데.
세르게이 : 알라 뿌가쵸바가 주연한 뮤지컬이야.
나따샤 : 아, 알라 뿌가쵸바!
나도 보고 싶어. 언제 영화가 시작되니?
세르게이 : 7시에. 영화시작 15분 전에 만나자. 그러니까 7시 15분 전에 극장 입구

에서 만나자.

나따샤: 그렇게 하자.

Диалог 3: Билéт в Большóй теáтр

Владимир: Ты не хóчешь пойтú в теáтр?
Сунми: Замечáтельная идéя. А кудá мóжно попáсть сегóдня?
В Москвé, навéрно, трýдно достáть билéты на чтó-нибудь интерéсное?
Владимир: Смотря́ на что. И кудá бы ты хотéла пойтú?
Сунми: Конéчно, в Большóй теáтр.
(У подъéзда Большóго теáтра онú встречáются)
Владимир: Дóбрый вéчер. Мóжешь меня́ поздрáвить. Достáл два билéта.
Прáвда, местá не óчень хорóшие, вторóй я́рус, но выбирáть не прихóдится.
У нас есть дáже и на э́тот счёт послóвица: "На безры́бье и рак ры́ба".
Сунми: Что э́то знáчит?
Владимир: Послóвица такáя знáчит, что за неимéнием лýчшего годúтся и то, что есть.
Сунми: Всё ясно. У нас тóже есть такáя послóвица: За неимéнием фазанá годúтся кýрица.

블라지미르: 극장 구경 가지 않을래?
순미: 좋은 생각이야. 그런데 어느 극장에 가지?
아마도 모스크바에서는 재미있는 공연 표는 구하기가 힘들것 같은데.
블라지미르: 그렇다 해도 가야지. 어느 극장에 가고 싶니?
순미: 그야 물론 볼쇼이 극장이지.
(볼쇼이 극장 입구에서 만난다)
블라지미르: 좋은 저녁! 축하해줘.
표를 두 장 구했어. 자리는 그다지 좋지 않아. 2층이야.
하지만 선택의 여지가 없었어. 우리나라에는 이런 경우를 두고 말하는 속담이 있어.
"물고기가 없는 곳에서는 가재도 물고기다"

순미 : 무슨 뜻이야?
블라지미르 : 이 속담의 뜻은 "최상의 것이 없을 때는 그 자리에 있는 것이 쓸모 있다"라는 거야.
순미 : 알겠어. 우리나라에도 그런 속담이 있어.
"꿩 대신 닭"이라고 말하지.

Диалог 4: В Кассу

Владимир: У вас есть билéты на "Борúса Годунóва"?
Кассир: Нет, все продáны.
Владимир: Что идёт в Большóм теáтре?
Кассир: Балéт "Лебедúное óзеро"
Владимир: Билéты есть?
Кассир: На какóй день?
Владимир: На воскресéнье, на вéчер. Дáйте, пожáлуйста, 2 билéта.
Кассир: 2 билéта? Есть, но не в партéр, а в бельэтáж. Не плохúе места: пéрвый ряд, середúна. Возьмёте?
Владимир: Да, возьмý.

블라지미르 : "보리스 가두노프" 표 있어요?
매표소 직원 : 아뇨, 모두 팔렸어요.
블라지미르 : 볼쇼이 극장에서는 무슨 공연을 하나요?
매표소 직원 : 발레 "백조의 호수"요.
블라지미르 : 표 있습니까?
매표소 직원 : 무슨 요일로요?
블라지미르 : 일요일 저녁 걸로 두 장 주세요.
매표소 직원 : 그런데 로얄석이 아니고 보통석입니다. 나쁜 자리는 아니에요. 1열 중간입니다. 사시겠어요?
블라지미르 : 네, 살게요.

여가시간 (Свобóдное врéмя)

여가시간을 어떻게 보내십니까?

Как вы провóдите своё свобóдное врéмя?
깍끄 브이 쁘라보지쩨 스바요 스바보드노에 브레먀

운동을 합니다.
Я занима́юсь спо́ртом.
야 자니마유시 스뽀르똠

영화를 봅니다.
Я смотрю́ фи́льмы.
야 스마뜨류 필르므이

컴퓨터를 합니다.
Я сижу́ за компью́тером.
야 시쥬 자깜쀼쩨롬

주말을 어떻게 보내세요?
Как вы прово́дите суббо́ту и воскресе́нье?
깍끄 브이 쁘라보지쩨 수보뚜 이 바스끄레세니에

토요일엔 야외에 나갑니다.
Я провожу́ суббо́ту на во́здухе.
야 쁘라바쥬 수보뚜 나보즈두헤

산에 갑니다.
Я хожу́ в го́ры.
야 하쥬 브고르이

여름휴가를 어떻게 보내고 싶으세요?
Как вы хоти́те проводи́ть ле́тний о́тпуск?
깍끄 브이 하찌쩨 쁘라바지찌 레뜨니이 오뜨뿌스끄

흑해에서 여름휴가를 보내고 싶습니다.
Я хочу́ проводи́ть ле́тний о́тпуск на Чёрном мо́ре.
야 하추 쁘라바지찌 레뜨니이 오뜨뿌스끄 나쵸르놈 모레

황금 고리 도시를 다녀오고 싶습니다.
Я хочу́ пое́здить по Золото́му кольцу́.
야 하추 빠에지찌 빠잘라또무 깔쭈

명승지를 구경하고 싶습니다.
Я хочу́ осмотре́ть достопримеча́тельности.
야 하추 아스마뜨레찌 다스따쁘리메차쩰노스찌

유럽 여행을 하고 싶습니다.
Я хочу́ соверши́ть пое́здку по Евро́пе.
야 하추 사베르쉬찌 빠에스뜨꾸 빠에브로뻬

러시아를 여행하고 싶습니다.
Я хочу́ путеше́ствовать по Росси́и.
야 하추 뿌쩨쉐스뜨보바찌 빠라시이

저는 여가시간이 많습니다.
У меня́ мно́го свобо́дного вре́мени.
우미냐 므노고 스바보드노보 브레메니

저는 여가시간이 적습니다.
У меня́ ма́ло свобо́дного вре́мени.
우미냐 말로 스바보드노보 브레메니

저는 여가시간이 거의 없습니다.
У меня́ почти́ нет свобо́дного вре́мени.
우미냐 빠츠찌 니에드 스바보드노보 브레메니

저는 여가시간이 전혀 없습니다.
У меня́ совсе́м нет свобо́дного вре́мени.
우미냐 사프셈 니에뜨 스바보드노보 브레메니

여름 방학이 시작되었습니다.
Начина́ются ле́тние кани́кулы.
나치나윳짜 레뜨니에 까니꿀르이

겨울 방학이 시작되었습니다.
Конча́ются зи́мние кани́кулы.
깐차윳짜 짐니에 까니꿀르이

여름 방학 계획은 무엇입니까?
Како́й план у вас (тебя́) на ле́тние кани́кулы?
깍꼬이 쁠란 우바스 (찌뱌) 나레뜨니에 까니꿀르이

겨울 방학 계획은 무엇입니까?
Како́й план у вас (тебя́) на зи́мние кани́кулы?
깍꼬이 쁠란 우바스 (찌뱌) 나짐니에 까니꿀르이

저는 특별한 계획이 없습니다.
У меня́ нет никаки́х осо́бых пла́нов.
우미냐 니에드 니깍끼흐 아소브이흐 쁠라노프

해외여행을 가려고 합니다.
Я собира́юсь путеше́ствовать за рубежо́м.
야 사비라유시 뿌쩨쉐스뜨보바찌 자루베좀

응용회화

Диало́г 1 (Ле́тние кани́кулы)

Елизаве́та : Ура́! Конча́ется семе́стр!
Ви́ктор: Наконе́ц. У нас начина́ются ле́тние кани́кулы.
 Я о́чень рад, что мы не у́чимся.
Елизаве́та: Како́й план у тебя́ на ле́тние кани́кулы?
Ви́ктор: У меня́ нет никаки́х осо́бенных пла́нов.
 Мо́жет быть, я бу́ду у дя́ди на Кавка́зе.

	А что ты бу́дешь де́лать?
	Ты вернёшься домо́й на ро́дину?
Елизаве́та:	Нет, я не верну́сь.
	Ле́том здесь мне ну́жно занима́ться ру́сским языко́м.
Ви́ктор:	Ты, никуда́ не пое́дешь отдыха́ть?
Елизаве́та:	Мо́жет быть, у меня́ бу́дет возмо́жность пое́здить по Золото́му кольцу́

엘리자베따: 만세! 학기가 끝났어!
빅또르: 드디어 여름방학이 시작되었군. 공부를 하지 않게 되어 무척 기쁘다.
엘리자베따: 여름방학 계획이 뭐니?
빅또르: 특별한 계획 없어.
아마도 까프까즈의 삼촌 댁에 갈 것 같아.
너는 뭐할 거니? 고국으로 돌아가니?
엘리자베따: 아니, 안가. 여름에 여기 남아서 러시아어 공부해야 해.
빅또르: 넌 아무 데도 놀러 가지 않을 거야?
엘리자베따: 어쩌면, "황금고리" 도시들에 갈 기회가 생길 것 같아.

Диало́г 2 (Свобо́дное вре́мя)

Серге́й:	Как ты прово́дишь своё свобо́дное вре́мя?
И́ра:	У меня́ почти́ нет свобо́дного вре́мени.
	Рабо́та и семья́ занима́ют всё моё вре́мя.
	Но я увлека́юсь фи́льмами.
Серге́й:	А как суббо́ту и воскресе́нье?
И́ра:	Сижу́ до́ма и занима́юсь дома́шними дела́ми.
	А как ты прово́дишь свобо́дное вре́мя?
Серге́й:	Я увлека́юсь спо́ртом, занима́юсь в ра́зных се́кциях: футбо́л, хокке́й, фехтова́ние.

세르게이: 너는 여가시간을 어떻게 보내니?
이라: 나는 여가시간이 거의 없어.
일과 가족에 내 시간을 전부 뺏겼어. 그런데 영화 보는 것을 좋아해.
세르게이: 그러면 토요일과 일요일은 어떻게 보내니?

세르게이 : 그러면 토요일과 일요일은 어떻게 보내니?
이라 :　　　집에 있어, 집안일을 하지.
　　　　　　그런데 너는 여가시간을 어떻게 보내니?
세르게이 : 난 운동을 좋아해서 다양한 운동을 해. 축구, 하키, 펜싱을 해.

관광 (Туризм)

관광 안내소에서 (В туристическом справочном бюро)

모스크바 시내 지도가 필요합니다.
Мне нужен план города Москвы.
므녜　누젠　쁠란　고로다　마스끄브이

이 번 주 행사 프로그램이 있습니까?
У вас есть программа мероприятий на эту неделю?
우바스　예스찌　쁘라그라마　메라쁘리야찌　나에뚜　네젤류

시내 자동차 투어가 있습니까?
Проводятся ли автобусные экскурсии по городу?
쁘라보쟛쨔　리 아프또부스느이에　엑스꾸르시이　빠고로두

관광요금이 얼마입니까?
А сколько стоит экскурсия?
아　스꼴꼬　스또이뜨　엑스꾸르시야

어떤 명승지가 있는 지 말씀해 주시겠어요?
Не скажете, какие здесь есть достопримечательности?
네　스까줴쩨　깍끼에　즈졔시 예스찌　다스따쁘리메차쩰노스찌

크레믈을 반드시 구경해야 합니다.
Вам обязательно надо осмотреть Кремль.
밤　아비자쩰노　나다　아스마뜨레찌　끄레믈

상뜨 뻬쩨르부르그를 반드시 방문해야 합니다.
Вам обязательно надо посетить Санкт-Петербург.
밤　아비자쩰노　나도　빠세찌찌　산끄뜨뻬쩨르부르그

언제 박물관을 여나요?
Когда музей открыт?
까그다　무제이　앗끄르이뜨

다음 관광은 언제인가요?
Когда начинётся следующая экскурсия?
까그다　나치냐엣쨔　슬레두유샤야 엑스꾸르시야

관광은 영어로 진행되나요?
Проводятся ли экскурсии на английском языке?
쁘라보지얏쨔　리　엑스꾸르시야　나안글리스꼼　이즈이께

331

사진촬영해도 되나요?
Мо́жно фотографи́ровать?
모즈노 파따그라피로바찌

매표소에서 (В кассу)

표 두 장 주세요.
Два биле́та, пожа́луйста!
드바 빌례따 빠좔루이스따

성인 표 두 장과 어린이 표 한 장요.
Два взро́слых и оди́н де́тский.
드바 브즈로슬르흐 이 아진 젯스끼

학생 할인이 됩니까?
Есть ли ски́дки для студе́нтов?
예스찌 리 스끼뜨끼 들랴 스뚜젠또프

어린이 할인이 됩니까?
Есть ли ски́дки для дете́й?
예스찌 리 스끼뜨끼 들랴 제쩨이

연금수령자 할인 됩니까?
Есть ли ски́дки для пенсионе́ров?
예스찌 리 스끼뜨끼 들랴 뻰시아네로프

단체 할인이 됩니까?
Есть ли ски́дки для групп?
예스찌 리 스끼뜨끼 들랴그루쁘

전시회 카탈로그가 있습니까?
Есть ли катало́г экспона́тов вы́ставки?
예스찌 리 까딸로끄 엑스빠나또프 브이스따프끼

관광에서 (На экскурсии)

이 건물은 언제 지어졌나요?
Когда́ э́то зда́ние бы́ло постро́ено?
까그다 에따 즈다니에 브일로 빠스뜨로엔노

이 그림을 누가 그렸나요?
Кто нарисова́л э́ту карти́ну?
끄또 나리사발 에뚜 까르찌누

우리는 어디에서 출발하나요?

Откýда мы отправля́емся?
앗꾸다 므이 앗쁘라블랴엠샤

언제 만납니까?

Когда́ встре́тимся?
까그다 프스뜨레찜샤

끄레믈을 지나가나요?

Прое́дем ми́мо Кре́мля?
쁘라예젬 미모 끄레믈랴

시장도 갑니까?

Посети́м та́кже ры́нок?
빠세찜 따그줴 르이노끄

언제 돌아가나요?

Когда́ мы уе́дем обра́тно?
까그다 므이 우예젬 아브라뜨노

모스크바 인구는 얼마입니까?

Какова́ чи́сленность населе́ния Москвы́?
깎꼬바 치슬렌노스찌 나셀레니야 마스끄브이

800만 명 이상입니다.

Бо́лее 8 млн. челове́к.
볼레 보셈 밀리오노프 첼라베끄

모스크바에서 어떤 박물관과 극장이 많이 유명하고 인기가 있습니까?

Каки́е музе́й и теа́тры Москвы́ по́льзуются большо́й изве́стностью и популя́рностью?
깎끼에 무제이 이 찌아뜨르이 마스끄브이 뽈주윳쨔 발쇼이
이즈베스노스찌유 이 빠쁠랴르노스띠유

볼쇼이 극장, 뿌쉬낀 박물관, 뜨레찌야꼬프 화랑이 유명하고 인기가 있습니다.

Большо́й изве́стностью и популя́рностью по́льзуются Большо́й теа́тр, Пу́шкиеский музе́й, Третьяко́вская галере́я и т.д.
발쇼이 이즈베스노스찌유 이 빠쁠랴르노스찌유 뽈주윳쨔 발쇼이
찌아뜨르 뿌쉬낀스끼 무제이 뜨레찌야꼽스까야 갈레레야 이 딱 달레에

모스크바는 무엇이 자랑입니까?

Чем Москва́ сла́вится?
쳄 마스끄바 슬라빗쨔

모스크바는 역사적 문화재를 자랑으로 여깁니다.

Москва́ сла́вится истои́ческими культу́рными па́мятниками.
마스끄바 슬라빗쨔 이스따리체스끼미 꿀뚜르느이미 빠먀뜨니까미

333

저는 야스나야 뽈랴나 관광을 다녀왔습니다.
Я был(а) на экску́рсии в Я́сной Поля́не.
야 브일(라) 나 엑스꾸르시이 브야스노이 빨랴네

저는 끌린 관광을 다녀왔습니다.
Я был(а) на экску́рсии в Кли́не.
야 브일(라) 나엑스꾸르시이 프끌린네

저는 자고르스끄 관광을 다녀왔습니다.
Я был(а) на экску́рсии в Заго́рске.
야 브일(라) 나엑스꾸르시이 브자고르스께

저는 수즈달 관광을 다녀왔습니다.
Я был(а) на экску́рсии в Су́здале.
야 브일(라) 나엑스꾸르시이 프수즈달레

저는 관광에서 큰 만족을 얻었습니다.
Я получи́л(-а) большо́е удово́льствие от экску́рсии.
야 빨루칠(라) 발쇼에 우다볼스뜨비에 아뜨엑스꾸르시이

저는 관광에 만족합니다.
Я дово́лен(-льна) экску́рсией.
야 다볼렌(다볼나) 엑스꾸르시에이

저는 러시아 여행에서 큰 인상을 받았습니다.
Я получи́л(-а) большо́е впечатле́ние от пое́здки в Росси́ю.
야 빨루칠(라) 발쇼에 프뻬차뜰레니에 아뜨빠에스뜨끼 브라시유

응용회화

Диало́г 1: Экску́рсия по це́нтру Москвы́

Анато́лий: Мы на Кра́сной пло́щади.
Зи́на: Почему́ э́та пло́щадь называ́ется "Кра́сной"? Пло́щадь не кра́сного цве́та.
Анато́лий: Ра́ньше прилага́тельное "кра́сный" име́ло значе́ние "краси́вый" То есть, Кра́сная пло́щадь зна́чит краси́вую пло́щадь.
Кра́сная пло́щадь - центра́льная и са́мая изве́стная пло́щадь Москвы́.
На ней нахо́дится храм Васи́лия Блаже́нного, са́мый краси́вый собо́р столи́цы.
Зи́на: Что э́то за зда́ние напро́тив Кремля́?
Анато́лий: Э́то ГУМ - Госуда́ственнй универса́льный

магази́н.

아나똘리 : 우리는 붉은 광장에 와 있어.
지나 : 그런데 이 광장을 왜 붉은 광장이라고 부르지?
광장이 붉은 색이 아닌데 말이야.
아나똘리 : 이전에 형용사 "끄라스느이"는 "아름답다"는 뜻을 가졌어. 즉 "끄라스나야 쁠로샤찌"는 "아름다운 광장"을 의미하지.
붉은 광장은 모스크바의 중심에 위치한 가장 유명한 광장이야.
붉은 광장에는 모스크바에서 가장 아름다운 성당인 바실리 성당이 있어.
지나 : 끄레믈린 궁 건너편 저 건물은 뭐야?
아나똘리 : 그것은 굼이야. 국영백화점이지.

Диало́г 2: На экску́рсии в Я́сной Поля́не

Бори́с: Я слы́шал, ты была́ на экску́рсии в Я́сной Поля́не?
Ли́за: Да, я е́здила в воскресе́нье в Я́сную Поля́ну, в Му́зей-уса́дьбу Льва Никола́евича Толсто́го.
Бори́с: Ну, как съе́здила?
Ли́за: Хорошо́, ви́дела дом, где жил Толсто́й.
Музе́й мне о́чень понра́вился.
Я получи́ла большо́е удово́льствие, хотя́ немно́го уста́ла.
Бори́с: Неудиви́тельно, э́то дово́льно далеко́ от Москвы́.
Ли́за: Туда́ е́хать от Москвы́ на авто́бусе 4 часа́. Э́то, коне́чно, утоми́тельно, зато́ всё бы́ло о́чень интере́сно.
Я о́чень дово́льна экску́рсией.

보리스 : 야스나야 뽈랴나 관광을 갔다 왔다면서?
리자 : 응. 일요일에 야스나야 뽈랴나의 똘스또이 영지 박물관을 다녀왔어.
보리스 : 그래, 어땠어?
리자 : 좋았어. 똘스또이가 살았던 집을 보았어. 박물관이 아주 마음에 들더라.
아주 만족스러웠어. 조금 피곤하긴 했지만.
보리스 : 피곤한 게 당연하지. 모스크바에서 상당히 떨어져 있으니까.

리자 : 모스크바에서 거기까지 버스로 4시간 걸렸어.
물론 피곤하지. 대신 모든 게 아주 재미있었어.
난 이번 관광에 아주 만족하고 있어.

Дталог 3 : Экскурсия в Петербург

Нора: Извините, пожалуйста, вы коренной петербуржец?
Прохожий: Да.
Нора: Я туристка. Вы могли бы ответить мне на несколько вопросов?
Прохожий: С удовольствием.
Нора: Скажите, что по-вашему, стоит посмотреть в Петербурге в первую очередь?
Прохожий: По-моему, прежде всего вам надо совершить экскурсию по городу, побывать в Казанском соборе, в Петропавловской крепости, в Петергофе, и посетить Эрмитаж.
Нора: Куда вы посоветуете пойти в субботу?
Прохожий: Мне кажется, что в субботу лучше всего пойти в Кировский театр.
Нора: В Петербурге много парков?
Я хочу погулять по парку.
Прохожий: Да, много.
Но я советую вам пройтись по Невскому проспекту, сходить в магазины и в кафе...
Нора: Большое спасибо. До свидания.

노라 : 실례합니다만, 뻬쩨르부르그에 사시는 분인가요?

행인 : 네.

노라 : 저는 관광객인데요. 몇 가지 여쭤 봐도 될까요?

행인 : 네, 그러세요.

노라 : 뻬쩨르부르그에서 제일 먼저 어디를 구경해야한다고 생각하세요?

행인 : 제 생각에는 먼저 시내 투어를 하고, 까잔 성당, 뻬뜨로빠벨 요새, 여름궁전을 돌아 본 다음, 에르미따쥐를 보라고 권하겠어요.

노라 : 토요일에는 어디를 가는 게 좋을까요?

행인 : 토요일에는 끼로프 극장을 가는 게 가장 좋을 거예요.
노라 : 뻬쩨르부르그에는 공원이 많나요? 전 공원을 산책하고 싶어요.
행인 : 많습니다만, 넵스끼 거리를 산책하고, 상점이나 카페에도 가보라고 권하고 싶습니다.
노라 : 대단히 고맙습니다. 안녕히 가세요.

Диалог 4 :

Игорь: Знакóмство с Петербýргом лýчше всегó начáть с э́того мéста.
Посмотрú, Елéна, какóй чудéсный вид слéва - Петорпáвловская крéпость, впередú Невá.

Елена: Замечáтельно! Игóрь, а где же Мéдный всáдник?

Игорь: На другóм берегý Невы́.
Сейчáс мы тудá пойдём.
Посмотрú напрáво, вот и Мéдный всáдник, пáмятник Петру I.

Елена: Чудéсно! Игóрь, змея́ - э́то, навéрное, сúмвол врагóв Петра I.

Игорь: Совершéнно вéрно. А тепéрь идём к Иссáкиевскому собóру.
Он совсéм ря́дом.

Елена: Как блестúт кýпол на сóлнце!
Игóрь, давáй подойдём поблúже к Зúмнему дворцý.

Игорь: В Зúмнем дворцé располóжен Эрмитáж, крупнéйший музéй во всём мúре.

이고리 : 뻬쩨르부르그 소개는 여기서부터 시작하는 게 가장 좋아.
봐, 엘레나, 왼쪽에 멋진 풍경이 있어.
뻬뜨로빠벨 요새가 있지. 앞쪽에 네바 강이 있어.
엘레나 : 멋지구나! 이고리, 그런데 어디에 청동기사상이 있니?
이고리 : 네바 강 저편에 있어. 지금 거기로 가 보자.
오른 쪽을 봐. 바로 이게 청동기사상, 뾰뜨르 1세 동상이야.
엘레나 : 멋지다!
이고리, 아마도 뱀은 뾰뜨르 1세의 적을 상징하는 거겠지.

이고리 : 정확히 맞었어.
　　　　 지금 이삭 사원으로 가보자. 아주 가까이에 있어.
엘레나 : 사원의 둥근 지붕이 햇볕에 빛나고 있구나!
　　　　 이고리, 동궁 쪽으로 가까이 가보자.
이고리 : 동궁에는 전 세계에서 가장 큰 박물관인 에르미따쥐가 있단다.

15 건강
(Всё о здоровье)

해외여행에서 건강은 필수사항! 특히 러시아 여행시 병이 나면 러시아 약 이름을 알지 못해 당황하고, 의사에게 자신의 증상을 속 시원하게 설명할 수 없어 답답하기 이를 때 없다.

이러한 불편을 겪지 않도록 약국, 병원, 치과에서 사용하는 표현, 의사의 말과 환자의 다양한 증상 표현을 비롯하여 병명, 약품명, 복용법 등을 상세하게 소개하고 있다.

약국에서 (В аптеке)

먹는 약이 끝났어요.
У меня́ ко́нчилось лека́рство.
우미냐 꼰칠로시 레까르스뜨보

보통 저는 이 약을 복용합니다.
Я обы́чно принима́ю э́то лека́рство.
야 아브이츠노 쁘리니마유 에따 레까르스뜨보

두통약을 주시겠습니까?
Не могли́ ли бы вы мне дать сре́дство от головно́й бо́ли?
네 마글리 리 브이 브이 므녜 다찌 스레스뜨보 아뜨갈로브노이 볼리

인후염약을 주시겠습니까?
Не могли́ ли бы вы мне дать табле́тки от бо́ли в го́рле?
네 마글리 리 브이 브이 므녜 다찌 따블레뜨끼 아뜨볼리 브고를레

저는 두통약이 필요합니다.
Мне ну́жно что́-нибудь от головно́й бо́ли.
므녜 누즈노 쉬또니부찌 앗뜨갈로브노이 볼리

항생제를 사려면 처방전이 있어야 하나요?
Для антибио́тиков ну́жен реце́пт?
들랴안찌비오찌꼬프 누젠 레쩹뜨

복용법이 어떻게 되나요?
Какова́ пра́вильная до́за?
깍까바 쁘라빌나야 도자

의약품

아스피린　Аспири́н

밴드　Пла́стырь

화상연고　Мазь от ожо́гов

강심제　Серде́чно-сосу́дистое сре́дство

솜　Ва́та

기침 시럽　Миксту́ра от ка́шля

소독약　Дезинфици́рующее сре́дство

(안약 등의 점적약)　Ка́пли

점적 귀약　Ка́пли в у́ши

탄력 밴드　Эласти́чный бинт

점적 안약　Глазны́е ка́пли

거즈 밴드　(Ма́рлевый) бинт

두통약　Табле́тки от головно́й бо́ли

방충제　Сре́дство от уку́сов

인슐린　Инсули́н

요오드 액　Насто́йка йо́да

설사약　Слаби́тельное сре́дство

약　Лека́рство

연고　Мазь

진통제　Болеутоля́ющие табле́тки

알약　Табле́тка

파우더　Пу́дра

처방전　Реце́пт

치료법　Сре́дство

수면제　Снотво́рное (в табле́тках)

Sunburn 연고　Мазь от солне́чных ожо́гов

좌약　Све́чка

체온계　Гра́дусник

인후염 정제　Табле́тки от бо́ли в го́рле

카모밀라 액　Насто́йка рома́шки

진정제　Успока́ивающее сре́дство

비타민 정　Витами́н в табле́тках

용법&용량

Соста́в   성분
Спо́собы примене́ния   사용방법

Противопоказа́ния   주의
Побо́чные де́йствия   부작용
Взаимоде́йствия   약 상호작용

Дозиро́вка   복용법
Оди́н раз в день   하루 1회
Три ра́за в день   하루 3회
Не́сколько раз в день принима́ть   하루 몇 회 복용
одну́ табле́тку   1 정
два́дцать ка́пель   20 방울
одну́ ме́рную кру́жку   1 계량 컵
до еды́, перед едо́й   식전
по́сле еды́   식후
на пусто́й желу́док   공복으로
Запи́ть водо́й не разжёвывая   물과 함께 씹지 않고 삼킨다
Раствори́ть в воде́   물에 녹인다
Раста́ять во рту   입에서 녹인다
Нару́жный   외복용
Нанести́ то́нким слоем на ко́жу и втира́ть   피부에 얇게 발라서 문지른다

Грудны́е де́ти   유아
Де́ти (до ... лет)   (…세까지 어린이)
Взро́слые   (성인)

Держа́ть в недосту́пном для дете́й ме́сте!
어린이 손에 닿지 않는 곳에 보관!

처방전이 있습니다.
У меня́ есть реце́пт.
우미냐   예스찌   레쩹뜨

여기 처방전입니다.
Вот рецéпт.
_{보뜨 레쩹뜨}

하루에 몇 번 먹나요?
Скóлько раз в день?
_{스꼴꼬 라스 브젠}

이 약을 식후 하루 세 번 복용하십시오.
Принимáйте э́то лекáрство три рáза в день пóсле éды.
_{쁘리니마이쩨 에따 레까르스뜨보 뜨리 라자 브젠 뽀슬레 예드이}

얼마입니까?
Скóлько э́то стóит?
_{스꼴꼬 에따 스또이뜨}

보험처리용 영수증을 주실 수 있습니까?
Мóжно квитáнцию для моéй страхóвки?
_{모즈노 그비딴찌유 들랴마예이 스뜨라호프끼}

병원에서 (У врача)

나는 의사가 필요합니다.
Мне нýжен врач.
_{므녜 누젠 브라치}

영어를 할 줄 아는 의사가 필요합니다.
Мне нýжен врач, говоря́щий на англи́йском языкé.
_{므녜 누젠 브라치 가바랴쉬이 나안글리스꼼 이즈이께}

의사를 추천해 주시겠습니까?
Вы не могли́ мне порекомендовáть врачá?
_{브이 네 마글리 므녜 빠레까멘다바찌 브라차}

안과 의사를 추천해 주시겠습니까?
Вы не могли́ мне порекомендовáть окули́ста?
_{브이 네 마글리 므녜 빠레끼멘다바찌 아꿀리스따}

산부인과 의사를 추천해 주시겠습니까?
Вы не могли́ мне порекомендовáть гигекóлога?
_{브이 네 마글리 므녜 빠레까멘다바찌 기게꼴로가}

이비인후과 전문의를 추천해 주시겠습니까?
Вы не могли́ мне порекомендовáть лóра, оториноларингóлога?
_{브이 네 마글리 므녜 빠레까멘다바찌 로라 아따리나랄린골로가}

피부과 전문의를 추천해 주시겠습니까?
Вы не могли́ мне порекомендова́ть дермато́лога?
브이 네 마글리 므녜 빠레까멘다바찌 제르마똘로가

소아과 의사를 추천해 주시겠습니까?
Вы не могли́ мне порекомендова́ть де́тского врача́?
브이 네 마글리 므녜 빠레까멘다바찌 젯스까보 브라차

비뇨기과 전문의를 추천해 주시겠습니까?
Вы не могли́ мне порекомендова́ть уро́лога?
브이 네 마글리 므녜 빠레까멘다바찌 우롤로가

치과의사를 추천해 주시겠습니까?
Вы не могли́ мне порекомендова́ть зубно́го врача́?
브이 네 마글리 므녜 빠레까멘다바찌 주브노보 브라차

어디에서 진료하나요?
Где он (она́) принима́ет?
그지에 온 (아나) 쁘리니마에뜨

여의사에게 진료 접수해 주시겠어요?
Мо́жно записа́ться на прие́м к же́нщине-врачу́?
모즈노 자삐사쨔 나쁘리욤 고롄쉬네 브라추

의사 선생님이 제 집에 올 수 있나요?
Врач мо́жет прийти́ ко мне?
브라치 모줴뜨 쁘리이찌 까므녜

24시간 되는 전화번호가 있습니까?
Есть круглосу́точный но́мер?
예스찌 끄루글라수또츠느이 노메르

간염 접종을 했습니다.
Мне де́лали приви́вку про́тив гепати́та.
므녜 젤랄리 쁘리비프꾸 쁘로찌프 게빠찌따

파상풍 접종을 했습니다.
Мне де́лали приви́вку про́тив столбняка́.
므녜 젤랄리 쁘리비프꾸 쁘로찌프 스딸쁘냐까

장티푸스 예방접종을 했습니다.
Мне де́лали приви́вку про́тив брюшно́го ти́фа.
므녜 젤랄리 쁘리비프꾸 쁘로찌프 브류쉬노보 찌파

저는 콘택트 렌즈가 필요합니다.
Мне нужны́ конта́ктные ли́нзы.
므녜 누즈느이 깐딱뜨느이에 린즈이

저는 안경을 맞추어야 합니다.
Мне нужны́ очки́.
므녜 누즈느이 아츠끼

증상 & 몸 상태 (Симптомы)
의사의 말 (Разговор с врачом)

어디가 불편하신가요?
На что вы жа́луетесь?
나쉬또 브이 좔루엣쩨시

Что с ва́ми?
쉬또 스바미

어디가 편찮으신가요?
Что (вас) беспоко́ит?
쉬또 (바스) 베스빠꼬이뜨

어디가 아프신가요?
Где боли́т?
그지에 발리뜨

열이 있습니까?
Есть температу́ра?
예스찌 쪰뻬라뚜라

이 상태가 얼마나 오래 되었나요?
Как давно́ у вас э́то состоя́ние?
깍끄 다브노 우바스 에따 사스따야니에

이전에도 이런 증상이 있었습니까?
У вас э́то бы́ло ра́ньше?
우바스 에따 브일로 란쉐

얼마나 오래 동안 여행 하였습니까?
Как до́лго вы путеше́ствуете?
깍끄 돌고 브이 뿌쩨쉐스뜨부옛쩨

술을 마십니까?
Вы пьёте?
브이 삐욧쩨

담배를 피십니까?
Вы ку́рите?
브이 꾸릿쩨

복용하는 약이 있습니까?
Вы принима́ете лека́рство?
브이 쁘리니마옛쩨 레까르스뜨보

알레르기가 있습니까?
У вас есть аллерги́я на что́-нибудь?
우바스 예스찌 알레르기야 나쉬또니부찌

귀가하셔야 합니다.
Вы должны́ возврати́ться домо́й.
브이 달즈느이 바즈브라찟쨔 다모이

심각하지 않습니다.
Ничего́ серьёзного.
니체보 세료즈노보

환자의 말 (Ответ больного)

저는 매우 아픕니다.
Я о́чень боле́ю.
야 오첸 발레유

내 친구가 아픕니다.
Мой прия́тель(-ница) боле́ет.
모이 쁘리야쪨 (니짜) 발레에뜨

내 아이가 아픕니다.
Мой ребёнок боле́ет.
모이 레뵤녹 발레에뜨

그가 타박상을 입었습니다.
Я уши́бся(-лась).
야 우쉬쁘샤 (우쉬블라시)

여기가 아픕니다.
Здесь боли́т.
즈제시 발리뜨

알레르기 반응이 있습니다.
У меня́ аллерги́ческая реа́кция.
우미냐 알레르기체스까야 레악찌야

천식입니다.
У меня́ астмати́ческая реа́кция.
우미냐 알레르기체스까야 레악찌야

간질병이 있습니다.
У меня́ эпилепти́ческий припа́док.
우미냐 에삘롑찌체스끼 쁘리빠도끄

심장발작이 있습니다.
У меня́ серде́чный при́ступ.
우미냐 세릋츠느이 쁘리스뚜쁘

열이 있습니다.
У меня́ жар
우미냐 좌르

열이 높습니다.
У меня высо́кая температу́ра.
우미냐 브이소까야 쪰뻬라뚜라

구역질이 자주 납니다.
Меня́ ча́сто тошни́т.
미냐 차스또 따쉬니뜨

자주 머리가 어지럽습니다.
У меня́ ча́сто кру́жится голова́.
우미냐 차스또 끄루짓쨔 갈라바

심하게 감기 걸렸습니다.
Я си́льно простуди́лся(-лась).
야 실노 쁘라스뚜질샤 (쁘라스뚜질라시)

머리가 아픕니다.
У меня́ боли́т голова́.
우미냐 발리뜨 갈라바

목이 아픕니다.
У меня́ боли́т го́рло.
우미냐 발리뜨 고를로

기침 감기입니다.
У меня́ ка́шель.
우미냐 까쉘

감기에 걸렸습니다.
У меня́ грипп.
우미냐 그리쁘

Я боле́ю гри́ппом.
야 발레유 그리쁨

Я бо́лен гри́ппом.
야 볼렌 그리쁨

얼마 전 독감에 걸렸었습니다.
Неда́вно у меня́ был на́сморк.
네다브노 우미냐 브일 나스모르끄

얼마 전 폐렴에 걸렸었습니다.
Неда́вно у меня́ бы́ло воспале́ние лёгких.
네다브노 우미냐 브일로 바스빨레니에 료흐끼흐

벌에 쏘였습니다.
Меня́ укуси́л пчела́.
미냐 우꾸실 쁘첼라

위가 아픴습니다.
У меня́ разболе́лся желу́док.
우미냐 라즈발렐샤 첼루도끄

설사가 났습니다.
У меня понос.
우미냐 빠노스

변비에 걸렸습니다.
У меня запор.
우미냐 자뽀르

저는 우울증이 있습니다.
У меня депрéссия.
우미냐 제쁘레시야

열병에 걸렸습니다.
У меня приступ лихорадки.
우미냐 쁘리스뚜쁘 리하라뜨끼

오한이 듭니다.
У меня озноб.
우미냐 아즈노쁘

저는 허약합니다.
У меня слабость.
우미냐 슬라보스찌

저는 탈수증이 있습니다.
У меня обезвоживание организма.
우미냐 아베즈보쥐바니에 아르가니즈마

신경계에 문제가 있습니다.
У меня не в порядке нервы.
우미냐 네 프빠랴뜨께 네르브이

다리에 쥐가 납니다.
У меня судорога в ногах.
우미냐 수도로가 브나가흐

몸 상태가 나쁩니다.
Я чувствую себя плохо.
야 춥스드부유 시뱌 쁠로호

몸 상태가 더 나빠졌습니다.
Я чувствую себя похуже.
야 춥스뜨부유 시뱌 빠후줴

몸 상태가 나아졌습니다.
Я чувствую себя получше.
야 춥스뜨부유 시뱌 빨루치쉐

여기서 음식을 받지 않습니다.
Я не переношу здесь еду.
야 네 뻬레나슈 즈제시 에두

잠을 못 잡니다.
Мне не спится.
므녜 네 스뼛쨔

상처를 입었습니다.
Я поранился(-лась).
야   빠라닐샤 (빠라닐라시)

넘어졌습니다.
Я упал(-а).
야   우빨(라)

몸을 움직일 수가 없습니다.
Я не могу двигать.
야 네 마구   드비가찌

감기약을 주시겠습니까?
Не могли бы вы мне дать что́-нибудь от гриппа?
네   마글리 브이 브이 므녜 다찌   쉬또니부찌   아뜨그리빠
Не могли бы вы мне прописать что́-нибудь от гриппа?
네   마글리 브이 브이 므녜   쁘라삐사찌   쉬또니부찌   아뜨그리빠

고혈압입니다.
У меня повышенное давление.
우미냐   빠브이쉔노에   다블레니에

저혈압입니다.
У меня пониженное давление.
우미냐   빠니젠노에   다블레니에

당뇨병 환자입니다.
Я диабетик.
야   디아베찌끄

병명

AIDS   СПИД

천식   Áстма

감기   Простуда

기침감기   Кашель

몸살감기   Насморк

독감   Грипп

변비   Запор

당뇨병   Диабет, Сахарная болезнь

설사   Понос

뇌염   Энцефалит

두통	Головна́я боль
치통	Зубна́я боль
저체온증	Гипотерми́я
폐렴	Воспале́ние лёгких
라임병	Боле́знь Ла́йма
구역질	Тошнота́
골절	Перело́м ко́сти
화상	Ожо́г
후두염	Анги́на
콜레라	Холе́ра
장티푸스	Дифтери́я
식중독	Пищево́е отравле́ние
간염	Гепати́т
심장질환	Серде́чные неду́ги
종양	О́пухоль
말라리아	Жёлтая лихора́дка
고혈압	Высо́кое кровяно́е давле́ние
감염	Инфекци́я
불면증	Бессо́ница
중이염	Воспале́ние сре́днего у́ха
방광염	Воспале́ние по́чек
통증	Боль
사스	САРС (Антипи́чная пневмони́я)
조류독감	Птичий грипп
티푸스	Тиф
장티푸스	Брюшно́й тиф
발진티푸스	Сыпно́й тиф
궤양	Я́зва
위궤양	Я́зва желу́дка
상처	Ра́на
성병	Венери́ческая боле́знь

검사 (Осмотр)

무엇을 도와 드릴까요?
Чем я могу́ помо́чь?
쳄 야 마구 빠모치

어디가 아픕니까?
Где у вас боли́т?
그지에 우바스 발리뜨

여기가 아픕니다.
Здесь у меня́ боли́т.
즈제시 우미냐 발리뜨

옷을 벗으세요.
Пожа́луйста, разде́ньтесь.
빠좔루이스따 라즈제니쩨시

소매를 약간 올리세요.
Пожа́луйста, приподними́те рука́в.
빠좔루이스따 쁘리빠드니마이쩨 루까프

입을 벌리세요.
Откро́йте рот.
앗끄로이쩨 로뜨

숨을 깊게 들이쉬세요.
Сде́лайте глубо́кий вдох.
즈젤라이쩨 글루보끼 브도흐

숨을 참으세요.
Придержи́те дыха́ние.
쁘리제르쥐쩨 드이하니에

피검사를 해야 합니다.
На́до сде́лать ана́лиз кро́ви.
나도 즈젤라찌 아날리스 끄로비

소변검사를 해야 합니다.
На́до сде́лать ана́лиз мочи́.
나도 즈젤라찌 아날리스 마치

엑스레이를 찍어야 합니다.
На́до сде́лать вам рентге́н.
나도 즈젤라찌 밤 렌뜨겐

수술을 해야 합니다.
Вам на́до сде́лать опера́цию.
밤 나도 즈젤라찌 아뻬라찌유

며칠 입원해야 합니다.
Вы должны́ соблюда́ть не́сколько дней посте́льный режи́м.
브이   달즈느이   사블류다찌   네스꼴꼬   드네이   빠스쩰느이   레쥠

병세가 심각하지 않습니다.
Ничего́ серьёзного.
니체보   세료즈노보

저는 간염 예방접종을 했습니다.
Я приви́т(-а) про́тив гепати́та.
야 쁘리비뜨(쁘리비따) 쁘로찌프   게빠찌따

알레르기 (Аллергия)

피부 알레르기가 있습니다.
У меня́ ко́жная аллерги́я.
우미냐   꼬즈나야   알레르기야

항생제 알레르기가 있습니다.
У меня́ аллерги́я на антибио́тики.
우미냐   알레르기야   나안찌비오찌끼

항 염증약 알레르기가 있습니다.
У меня́ аллерги́я на противо-воспали́тельные препара́ты.
우미냐   알레르기야   나쁘라찌바바스빨리쩰느이에   쁘레빠라드이

아스피린 알레르기가 있습니다.
У меня́ аллерги́я на аспири́н.
우미냐   알레르기야   나아스삐린

벌침 알레르기가 있습니다.
У меня́ аллерги́я на пчели́ный у́кус.
우미냐   알레르기야   나쁘첼리느이   우꾸스

코데인(진통 수면제) 알레르기가 있습니다.
У меня́ аллерги́я на кодеи́н.
우미냐   알레르기야   나까제인

페니실린 알레르기가 있습니다.
У меня́ аллерги́я на пеници́лин
우미냐   알레르기야   나뻬니찔린

꽃가루 알레르기가 있습니다.
У меня́ аллерги́я на пыльцу́
우미냐   알레르기야   나쁘일쭈

설파제 알레르기가 있습니다.
У меня́ аллерги́я на се́рные препара́ты.
우미냐   알레르기야   나세르느에   쁘레빠라드이

산부인과 (Женские заболевания)

의사의 말 (Слова врача)

피임제를 사용하십니까?
Вы употребляете противозачáточные срéдства?
브이 우빠뜨레블랴에쩨 쁘라찌바차차또츠느이에 스렛스뜨바

생리가 있습니까?
У вас есть мéсячные?
우바스 예스찌 메시야츠느이에

임신 중입니까?
Вы берéменны?
브이 베례멘느이

마지막 생리가 언제입니까?
Когдá у вас бы́ли послéдние мéсяцы?
까그다 우바스 브일리 빠슬레드니에 메시야쯔이

임신입니다.
Вы берéменны.
브이 베례멘느이

환자의 말 (Слова больного)

임신한 것 같습니다.
Я дýмаю, что я берéменна.
야 두마유 쉬또 야 베례멘나

피임약을 복용하고 있습니다.
Я принимáю противозачáточные таблéтки.
야 쁘리니마유 쁘라찌바차또츠느이에 따블레뜨끼

(6)주 동안 생리가 없습니다.
У меня́ (шесть) недéль задéржка.
우미냐 (쉬스찌) 네젤 자제르쉬까

여기 혹이 있습니다.
У меня́ здесь óпухоль.
우미냐 즈제시 오뿌홀

생리통이 있나요?
У вас есть чтó-нибудь от бóли при менструáции?
우미냐 예스찌 쉬또니부찌 아드볼리 쁘리 멘스뜨루아찌

요도염이 있습니다.
У меня́ воспале́ние мочево́го кана́ла.
우미냐　　바스빨레니에　　마체보보　　　까날라

질에 염증이 있습니다.
У меня́ воспале́ние влага́лища.
우미냐　　바스빨레니에　　블라갈리샤

임신 검사를 해보고 싶습니다.
Я хочу́ ана́лиз на бере́менность.
야　하추　아날리스　　　나베례멘노스찌

피임제를 원합니다.
Я хочу́ противозача́точные сре́дства.
야　하추　　쁘라찌바자차또츠느이에　　　스례쯔스뜨바

대체의학 (Альтернативная медицина)

저는 양의학 치료를 받지 않습니다.
Я не употребля́ю за́падную медици́ну.
야　네　우빠뜨레블랴유　　자빠드누유　　　메지찌누

저는 대체의학을 선호합니다.
Я предпочита́ю альтериати́вную медици́ну.
야　　쁘레드빠치따유　　알쩨르나찌브누유　　　메지찌누

침술을 하는 사람을 만날 수 없을까요?
Мо́жно ви́деть кого́-нибудь, кото́рый занима́ется акупункту́рой?
모즈노　비제찌　　까보니부찌　　까또르이　　자니마옛쨔　　아꾸뿐끄뚜로이

자연요법을 하는 사람을 만날 수 없을까요?
Мо́жно ви́деть кого́-нибудь, кото́рый занима́ется натуропа́тией?
모즈노　비제찌　　까보니부찌　　까또르이　　자니마옛쨔　　나뚜라빠찌에이

마사지요법을 하는 사람을 만날 수 없을까요?
Мо́жно ви́деть кого́-нибудь, кото́рый занима́ется рефлексоло́гией?
모즈노　비제찌　　까보니부찌　　까또르이　　자니마옛쨔　　레플렉살로기에이

Мо́жно ви́деть кого́-нибудь, кото́рый занима́ется ре́йки?
모즈노　비제찌　　까보니부찌　　까또르이　　자니마옛쨔　　레이끼

치과에서 (У зубного врача)

이가 아픕니다.
У меня́ (о́чень) боля́т зу́бы.
우미냐　　(오첸)　　발랴뜨　주브이

치통이 있습니다.
У меня зубная боль.
우미냐 주브나야 볼

사랑니가 아픕니다.
У меня болит зуб мудрости.
우미냐 발리드 주쁘 무드로스찌

잇몸이 아픕니다.
У меня болят дёсны.
우미냐 발랴뜨 죠스느이

이쪽 이가 아픕니다.
Этот зуб болит.
우미냐 주쁘 발리드

이쪽 윗니가 아픕니다.
Этот верхний зуб болит.
우미냐 베르흐니이 주쁘 발리드

이쪽 아랫니가 아픕니다.
Этот нижний зуб болит.
우미냐 니즈니이 주쁘 발리드

이쪽 앞니가 아픕니다.
Этот передний зуб болит.
우미냐 뻬레드니이 주쁘 발리드

뒤에 이가 아픕니다.
Этот задний зуб болит.
우미냐 자드니이 주쁘 발리드

때운 것이 빠졌습니다.
У меня выпала пломба.
우미냐 브이빨라 쁠롬바

이가 부러졌습니다.
У меня сломался зуб.
우미냐 슬라말샤 주쁘

이에 구멍이 났어요.
У меня дыра в зубе.
우미냐 드이라 브주베

의치를 망가뜨렸습니다.
Я сломал(-а) протéз.
야 슬라말(라) 쁘라쩨스

주사를 놓아 주세요.
Дайте мне инъекцию.
다이쩨 므녜 이넥띠유

주사를 놓지 말아 주세요.
Не давáйте мне инъéкцию.
네 다바이쩨 므네 이넥찌유

이것은 임시 치료입니다.
Э́то врéменное лечéние.
에따 브레멘노에 레체니에

이를 빼야 합니다.
Вам нýжно удали́ть зуб.
밤 누즈노 우달리찌 주쁘

이를 빼고 싶지 않습니다.
Я не хочý удаля́ть зуб.
야 네 하추 우달랴찌 주쁘

마취를 해주십시오.
Обезбóльте, пожáлуйста.
아베즈볼쩨 빠좔루이스따

응용회화

Диалог 1

Алёша:	Мóжно заказáть лекáрство?
Аптекарша:	А рецéпт у вас есть?
Алёша:	Вот, пожáлуйста.
Аптекарша:	Дéньги в кáссу, лекáрство бýдет готóво зáвтра ýтром.
Алёша:	А таблéтки от головнóй бóли у вас есть?
Аптекарша:	Есть. Рáзные лекáрства. Таиренóл и аспири́н...
Алёша:	Хорошó. Дáйте мне, пожáлуйста, и таиренóл и аспири́н.

알료샤 : 약을 주문할 수 있습니까?
약사 : 처방전이 있나요?
알료샤 : 여기 있습니다.
약사 : 돈은 계산대에서 지불하시구요. 약은 내일 아침 준비됩니다.
알료샤 : 그런데 두통약이 있나요?
약사 : 있습니다. 여러 종류가 있는데요. 타이레놀, 아스피린...
알료샤 : 좋습니다. 타이레놀도 주고 아스피린도 주세요.

Диалог 2

Врач: Что у вас боли́т?
Ни́на: Голова́ боли́т.
Врач: А на что вы жа́луетесь?
Ни́на: Я пло́хо сплю и бы́стро устаю́.
У меня́ плохо́й аппети́т.
Врач: Кака́я у вас температу́ра?
Ни́на: Сего́дня у меня́ норма́льная температу́ра.
Врач: Я вы́пишу вам два реце́пта.
Э́то реце́пт на лека́рство от головно́й бо́ли, а э́то сре́дство от бессо́ницы. Принима́йте лека́рство три ра́за в день по́сле еды́, и сове́тую вам отдыха́ть и принима́ть витами́ны или пить лимо́нный сок.
Ни́на: Спаси́бо.

의사 : 어디가 아프신가요?

니나 : 머리가 아픕니다.

의사 : 그리고 어디가 불편하십니까?

니나 : 잠을 잘 못자고, 쉽게 피로를 느낍니다. 식욕도 없고요

의사 : 체온은요?

니나 : 오늘은 정상입니다.

의사 : 처방전을 두 개 써 드리지요. 하나는 두통약 처방이고, 또 하나는 수면제 처방입니다. 하루 세 번 식후에 복용하세요. 그리고 충분히 휴식을 취하고 비타민을 섭취하거나 레몬주스를 마실 것을 권합니다.

니나 : 감사합니다.

비즈니스 (Бизнес)

정치, 경제, 사회, 문화, 에너지 분야를 비롯하여 우주분야까지 러시아와의 협력이 확대 강화되고 있다. 러시아와 비즈니스를 위한 기본 비즈니스 회화와 취업&구직과 관련된 표현을 소개한다.

비즈니스 일반 (Всё о бизнесе)

컨퍼런스에 와 있습니다.
Я на конференции.
야 나깐뻬렌찌이

회의 중입니다.
Я на собрании.
야 나사브라니이

무역박람회에 와 있습니다.
Я на торговой ярмарке.
야 나따르고보이 야르마르께

비즈니스 센터가 어디 있습니까?
Где находится бизнес-центр?
그지에 나호짓쨔 비즈네스쩬뜨르

어디에서 컨퍼런스가 열립니까?
Где состоится конференция?
그지에 사스따잇쨔 깐뻬렌찌야

어디에서 회의가 열립니까?
Где откроется собрание?
그지에 앗끄로엣쨔 사브라니에

저는 컴퓨터를 원합니다.
Я бы хотел(-а) компьютер.
야 브이 하쩰(라) 깜쀼쩨르

저는 인터넷 접속을 해야 합니다.
Я бы хотел(-а) подключение к Интернету.
야 브이 하쩰(라) 빠뜨끌류체니에 끄인떼르네뚜

저는 통역이 필요합니다.
Я бы хотéл(-а) перевóдчика.
야 브이 하쪨(라) 뻬레봇치카

명함을 원합니다.
Я бы хотéл(-а) визи́тные кáрточки.
야 브이 하쪨(라) 비지뜨느이에 까르또츠끼

팩스를 보내고 싶습니다.
Я бы хотéл(-а) послáть факс.
야 브이 하쪨(라) 빠슬라찌 픽스

제 주소입니다.
Вот мой áдрес.
보뜨 모이 아드레스

제 명함입니다.
Вот моя визи́тная кáрточка.
보뜨 마야 비지뜨나야 까르또츠까

제 이메일 주소입니다.
Вот мой и-мéйл.
보뜨 모이 이메일

제 팩스 번호입니다.
Вот нóмер моегó фáкса.
보뜨 노메르 마예보 팍사

제 핸드폰 번호입니다.
Вот мой моби́льный нóмер.
보뜨 모이 마빌느이 노메르

제 페이저 번호입니다.
Вот нóмер моегó пéйджера.
보뜨 노메르 마에보 뻬이제라

제 전화번호입니다.
Вот мой нóмер (телефóна).
보뜨 모이 노메르 (쩰레포나)

당신 번호도 주시겠어요?
Мóжно ваш?
모즈노 바쉬

모든 것이 성공적으로 끝났습니다.
Всё прошлó успéшно.
프쇼 쁘라쉴로 우스뻬쉬노

당신과 거래하는 것은 유쾌합니다.
Прия́тно имéть дéло с вáми.
쁘리야뜨노 이메찌 젤로 스바미

시간 내주셔서 감사합니다.
Спаси́бо за ва́ше вре́мя!
스빠시바 자바쉐 브레먀

레스토랑에 가시겠어요?
Хоти́те пойти́ в рестора́н?
하찌쩨 빠이찌 브레스따란

오늘은 제가 대접하겠습니다.
Сего́дня я угоща́ю.
시보드냐 야 우가샤유

응용회화

Диалог 1 : Назначение встречи

Влади́мир:	Слу́шаю вас.
Ната́ша:	Влади́мир? Здра́вствуйте. Э́то Ната́ша.
Влади́мир:	До́брый день, Ната́ша. Рад вас слы́шать. Вы отку́да?
Ната́ша:	Я здесь, в гости́нице "Нева́". Я уже́ це́лый час звони́ вам.
Влади́мир:	Я был о́чень за́нят. Майк звони́л мне из Аме́рики. Мы говори́ли о́чень до́лго.
Ната́ша:	Когда́ мы мо́жем встре́титься? У меня́ к вам мно́го вопро́сов.
Влади́мир:	Кото́рый час сейча́с?
Ната́ша:	Сейча́с де́сять часо́в.
Влади́мир:	Вы мо́жете прие́хать сейча́с?
Ната́ша:	К сожале́нию, сейча́с не могу́. У меня́ ещё одна́ встре́ча сего́дня, в оди́ннадцать часо́в.
Влади́мир:	Мо́жет быть, пообе́даем вме́сте в час дня?
Ната́ша:	Извини́те, но я уже́ договори́лась пообе́дать с колле́гами, с кото́рыми я встреча́юсь в оди́ннадцать. Мо́жет быть, встре́тимся в три?
Влади́мир:	В три не могу́. А е́сли в полпя́того? Вам удо́бно?

Наташа: Хорошо́!
Влади́мир: Договори́лись. Я бу́ду ждать вас в четы́ре три́дцать у себя́ в кабине́те.
Наташа: Вла́димир, я хочу́ спроси́ть, есть ли у вас кака́я-нибудь информа́ция о фи́рме, где рабо́тает Майк? Мы хоте́ли бы созда́ть совме́стное предприя́тие с америка́нской фи́рмой.
Влади́мир: Да, они́ присла́ли нам свои́ рекла́мные проспе́кты.
Наташа: Чуде́сно! Тогда́ до встре́чи!
Влади́мир: До встре́чи, Ната́ша. Всего́ до́брого.

블라지미르 : 여보세요?

나따샤 : 안녕하세요? 블라지미르! 나따샤입니다.

블라지미르 : 안녕하세요? 나따샤! 목소리를 들으니 반갑습니다. 어디세요?

나따샤 : 여기 "네바"호텔입니다. 1시간이나 계속 당신한테 전화 돌린 것 같아요.

블라지미르 : 제가 너무 바빴습니다. 마이크가 미국에서 전화를 해서 아주 오래 동안 통화했어요.

나따샤 : 언제 만날 수 있을까요? 당신한테 할 질문이 아주 많아요.

블라지미르 : 지금 몇 시입니까?

나따샤 : 지금 10시입니다.

블라지미르 : 지금 오실 수 있나요?

나따샤 : 죄송하지만 지금은 안 됩니다. 11시에 선약이 있어서요.

블라지미르 : 그럼, 1시에 점심을 같이 할 수 있나요?

나따샤 : 죄송합니다만, 점심은 11시에 만나는 동료들과 하기로 약속이 되어 있습니나. 3시에 안 될까요?

블라지미르 : 3시는 제가 안 됩니다. 4시 반 어떠세요? 괜찮으세요?

나따샤 : 좋아요.

블라지미르 : 약속했습니다. 4시 반에 제 사무실에서 기다리고 있겠습니다.

나따샤 : 블라지미르! 마이크가 다니는 회사에 대한 정보가 있는 지 물어 보고 싶네요. 우리 회사가 미국 기업과 합작기업을 만들려고 하거든요.

블라지미르 : 네, 있어요. 그 회사가 홍보자료를 보낸 게 있습니다.

나따샤 : 잘 됐네요! 그럼, 있다가 뵈어요.

블라지미르 : 있다 뵙겠습니다. 안녕히 계세요.

Диалог 2 : В оффисе

Владимир:	Здравствуйте, Наташа!
Наташа:	Здравствуйте, Владимир! Как дела?
Владимир:	Нормально. А что нового у вас?
Наташа:	У меня всё по-старому. Как всегда много работы.
Владимир:	Хотите чаю? Или кофе?
Наташа:	Нет, спасибо. Я очень много пила кофе сегодня. Можно минеральную воду?
Владимир:	Конечно! Вот минеральная вода, а вот копии рекламных проспектов из Америки.
Наташа:	Спасибо. Хмм... Интересно. Я думаю, что это как раз то, что нам нужно... А когда вы сможете приехать к нам в Москву? Мы с вами должны обсудить вопрос о совместном предприятии с моим новым начальником, Никитой Сергеевичем Калинным.
Владимир:	Какое сегодня число? Двадцать первое?
Наташа:	Двадцать первое ноября, вторник.
Владимир:	Я смогу приехать к вам через неделю. Скажем, в среду двадцать девятого.
Наташа:	Отлично! Я знаю, что Никита Сергеевич будет свободен в среду.

블라지미르 : 안녕하세요? 나따샤!

나따샤 :   안녕하세요? 블라지미르! 일은 어때요?

블라지미르 : 정상이에요. 당신은 뭐 새로운 일 없나요?

나따샤 :   이전 그대로에요. 항상 그렇듯 일이 많지요.

블라지미르 : 차를 드실래요? 아님, 커피요?

나따샤 :   고맙지만 됐어요. 오늘 커피를 너무 마셨어요.
            미네랄 워터 마실 수 없을까요?

블라지미르 : 물론이지요. 여기 미네랄 워터요.

그리고 여기 미국에서 보내 온 홍보자료 복사본입니다.

나따샤 : 고맙습니다. 흠.... 이게 바로 우리가 필요로 하는 자료인 것 같군요. 언제 모스크바에 오시지 않으시겠어요? 우리 회사의 새 상사, 니끼따 세르게비치 깔리닌과 합작기업 문제에 대해 의논해야 합니다.

블라지미르 : 오늘이 며칠이지요? 21일인가요?

나따샤 : 오늘은 11월 21일 화요일입니다.

블라지미르 : 일주일 후에 갈 수 있을 것 같습니다. 그러니까 29일 수요일요.

나따샤 : 아주 좋아요. 니끼따 세르게비치가 수요일에 시간이 있는 걸로 알고 있어요.

비즈니스 상담 (Бизнес консалтинг)

저한테 30분만 할애해 주십시오.
Вы не могли́ бы удели́ть мне полчаса́?
브이 네 마글리 브이 우젤리찌 므녜 빨치사

매우 바쁘신 것을 알기에 오랫동안 지체하진 않겠습니다.
Я зна́ю, что вы о́чень за́няты, и до́лго не задержу́ вас.
야 즈나유 쉬또 브이 오첸 자냐뜨이 돌고 네 자제르쥬 바스

몇 가지 중요한 문제를 토의해야 합니다.
Нам ну́жно обсуди́ть ряд ва́жных вопро́сов.
남 누즈노 압수지찌 랴뜨 바즈느이흐 바쁘로소프

제가 바로 이것에 대해 이야기하고 싶었습니다.
Как раз об э́том я хоте́л(а) поговори́ть с ва́ми.
깍끄 라스 아베똠 야 하쩰(라) 빠가바리찌 스바미

다음 질문에 답변 요청합니다.
Прошу́ вас отве́тить на сле́дующие вопро́сы.
쁘라슈 바스 아뜨볘찌찌 나슬례두유쉬에 바쁘로스이

이 기업은 사기업인가요? 공기업인가요?
Э́то предприя́тие ча́стное или госуда́рственное?
에따 쁘레뜨쁘리야찌에 차스노에 일리 가수다르스뜨벤노에

이 기업 소유주는 누구입니까?
Кто владе́лец э́того предприя́тия?
끄또 블라젤레쯔 에또보 쁘레뜨쁘리야찌야

공장을 견학한 후 사장을 만나고 싶습니다.
Я хоте́л(а) бы осмотре́ть заво́д и встре́титься с дире́ктором.
야 하쩰(라) 브이 아스마뜨례찌 자보뜨 이 프스뜨례찌쨔 즈지렉또롬

이것에 대해 책임 엔지니어와 더 자세하게 이야기 하고 싶습니다.
Я хотéл(a) бы подрóбнее поговорúть об э́том с глáвным инженéром.
야 하쩰(라) 브이 빠드로브네 빠가바리찌 아베똠 즈글라브느임 인줴네롬

고정 자본은 어떻습니까?
Какóв оснóвный капитáл?
깍꼬프 아스노브느이 까삐딸

유통자금은 어떻습니까?
Какóв оборóтный капитáл?
깍꼬프 아바로뜨느이 까삐딸

이 공장에서는 무엇을 생산하나요?
Что произвóдят на э́том завóде?
쉬또 쁘라이즈보쟈뜨 나에똠 자보제

이 공장은 언제 지어졌나요?
Когдá пострóен э́тот завóд?
까그다 빠스뜨로엔 에또뜨 자보뜨

누가 당신 측 납품자입니까?
Кто ваш поставщúк?
끄또 바쉬 빠스땁쉬끄

귀사는 직원이 몇 명입니까?
Скóлько человéк у вас в фúрме рабóтает?
스꼴꼬 첼라베끄 우바스 프피르메 라보따에뜨

어느 나라로 귀사 제품을 수출합니까?
В какúе стрáны экспортúруются вáши продýкты?
프깍끼에 스뜨라느이 엑스빠르찌루윳쨔 바쉬 쁘라둑뜨이

귀사의 최근 카탈로그를 볼 수 있을까요?
Мóжно посмотрéть ваш послéдний каталóг?
모쥐노 빠스마뜨레찌 바쉬 빠슬레드니이 까딸로그

이 설비가 작동하는 것을 볼 수 있을까요?
Мóжно посмотрéть э́ту устанóвку в дéйствии?
모쥐노 빠스마뜨레찌 에뚜 우스따노프꾸 브제이스뜨비이

어떤 기술 사양이 있습니까?
Какúе оснóвные технúческие характерúстики?
깍끼에 아스노브느이에 쩨흐니체스끼에 하락쩨리스찌끼

설비의 용량은요?
Каковá мóщность устанóвки?
깍꼬바 모쉬노스찌 우스따노프끼

생산성은요?
Какова́ производи́тельность?
깍까바　　쁘라이즈바지쩰노스찌

이 설비를 구입하고 싶습니다.
Мы хоте́ли бы приобрести́ э́то обору́дование.
므이　하쩰리　브이　쁘리아브레스찌　에따　아바루도바니에

귀사 가격은 우리에게 적합합니다(적합하지 않습니다).
Ва́ши це́ны (не) устра́ивают нас.
바쉬　쩨느이　(네)　우스뜨라이바유뜨 나스

가격이 높게 책정되어 있습니다.
Це́ны завы́шены.
쩨느이　자브이쉔느이

얼마만큼의 할인해줄 수 있습니까?
Каку́ю ски́дку вы мо́жете предоста́вить?
깍꾸유　스끼뜨꾸　브이　모줴쩨　쁘레다스따비찌

상품공급은 언제 시작되나요?
Когда́ начнётся поста́вка това́ров?
까그다　나츠뇻쨔　빠스따프까　따바로프

부품은 배나 비행기로 공급할 수 있습니다.
Запасны́е ча́сти мо́жно поставля́ть парохо́дрм и́ли самолётом.
자빠스느이에　차스찌　모쥐노　빠스따블랴찌　빠라호돔　일리　사말료똠

화물을 어떻게 포장할 건가요?
В како́й упако́вке вы бу́дете поставля́ть груз?
프깍꼬이　우빠꼬프께　브이　부졔쩨　빠스따블랴찌　그루스

합작기업을 만들고 싶습니다.
Мы хоти́м созда́ть совме́стное предприя́тие.
므이　하찜　사즈다찌　사브몌스노에　쁘레드쁘리야찌에

이러한 형태의 협력은 많은 이점을 갖습니다.
Така́я фо́рма сотру́днисества име́ет мно́го преиму́ществ.
따까야　포르마　사뚜르드니체스뜨바　이몌에뜨　므노고　쁘레이무쉐스뜨프

이러한 협력은 상호유익하고 전망 있을 겁니다.
Тако́е сотру́дничество мо́жет быть взаимовы́годным
딱꼬에　사뜨루드니체스뜨보　모줴뜨　브이찌　브자이마브이고드느임
и перспекти́вным.
이　뻬르스뻭찌브느임

계약조건을 토의합시다.
Дава́йте обсу́дим усло́вия контра́кта.
다바이쩨　압수짐　우슬로비야　깐뜨락따

누가 이 프로젝트에 재정지원을 합니까?
Кто бу́дет финанси́ровать э́тот прое́кт?
끄또   부제뜨   피난시로바찌   네또뜨   쁘라엑뜨

어떤 결제 형태를 사용하고 있습니까?
Каки́е фо́рмы расчётов вы практику́ете?
깍끼에   포르믜   라쇼도프   브이   쁘락찌꾸에쩨

지불은 어떤 화폐로 할 것입니까?
В како́й валю́те бу́дут осуществля́ться платежи́?
프깍꼬이   발류쩨   부두뜨   아수쉐스뜨블랴쨔   쁘라쩨쥐

건실한 은행의 보증이 필요합니다.
Потре́буется гара́нтия соли́дного ба́нка.
빠뜨레부엣쨔   가란찌야   살리드노보   반까

어떤 조건에서 대출 해줄 수 있습니까?
На каки́х усло́виях вы мо́жете предоста́вить креди́т?
나깍끼흐   우슬로비야흐 브이   모줴쩨   쁘레다스따비찌   끄레지뜨

대출 이자는 몇 %인가요?
Како́й проце́нт берёт банк за предоставле́ние креди́та?
깍꼬이   쁘라쩬뜨   베료뜨   반끄   자쁘레다스따블레니에   끄레지따

대출은 5년 내에 상환할 것입니다.
Креди́т бу́дет опла́чен в тече́ние пяти́ лет.
끄레지뜨   부제뜨   아쁠라첸   프쩨체니에   뺘찌   레뜨

어떤 상품을 바터 무역으로 공급할 수 있나요?
Каки́е това́ры мо́жно поста́вить по ба́ртеру?
깍끼에   따바르이   모쥐노   빠스따비찌   빠바르쩨루

이 프로젝트는 대자본 투자를 필요로 하지 않습니다.
Э́тот прое́кт не потре́бует кру́пных капиталовложе́ний.
에또뜨   쁘라엑뜨 네   빠뜨레부에뜨   끄루쁘느이흐   까삐딸라브라줴니이

설비 임대료가 얼마나 될까요?
Ско́лько бу́дет сто́ить аре́нда помеще́ний?
스꼴꼬   부제뜨 스또이찌   아렌다   빠메쉐니이

우리 제품을 수출할 계획을 갖고 있습니다.
Мы плани́руем экспорти́ровать часть на́шей проду́кции.
므이   쁠라니루엠   엑스빠르찌로바찌   차스찌   나쉐이   쁘라둑찌이

이윤은 어떻게 분배하나요?
Как бу́дет распределя́ться при́быль?
깍꼬   부제뜨   라스쁘레젤랴쨔   쁘리브일

이윤은 50:50으로 합니다.
При́быль распределя́ется попола́м.
쁘리브일   라스쁘레젤랴엣쨔   빠빨람

좋은 광고를 기획해야 합니다.
Нужно организовать хорошую рекламу.
누쥐노 아르가니자바찌 하로슈유 레끌라무

당사는 귀국에 대표부를 개설하길 원합니다.
Наша фирма хотела бы открыть у вас в стране своё представительство.
나샤 피르마 하쩰라 브이 앗끄르띠찌 우바스 프스뜨라네 스바요
쁘레뜨스따비쩰스뜨보

우리는 이 비즈비스에 많은 자본을 투자했습니다.
Мы вложили большой капитал в этот бизнес.
므이 블라쥘리 발쇼이 까삐딸 브에또뜨 비즈네스

저는 처음으로 협상에 참여합니다.
Я впервые участвую в переговорах.
야 프뻬르브이에 우차스뜨부유 프뻬레가보라흐

제 파트너들과 상의해야 합니다.
Я должен(-жна) посоветоваться со своими партнёрами.
야 돌젠(-주나) 빠사볘또바쨔 사스바이미 빠르뜨뇨라미

신사협정을 체결합시다.
Давайте заключим джентльменское соглашение.
다바이쩨 자끌류침 젠뜰멘스꼬에 사글라쉐니에

언제 최종답변을 받을 수 있나요?
Когда мы получим окончательный ответ?
까그다 므이 빨루침 아간차쩰느이 아뜨볘뜨

우리 입장은 바뀌지 않았습니다.
Наша позиция не изменилась.
나샤 빠지찌야 네 이즈메닐라시

우리가 의견 일치를 한 것이 기쁩니다.
Я рад, что мы нашли общий язык.
야 가뜨 쉬또 므이 나쉴리 옵쉬이 이즈이끄

이 분서를 검토하려면 며칠이 필요합니다.
Мне потребуется несколько дней, чтобы рассмотреть эти документы.
므녜 빠뜨레부엣쨔 녜스꼴꼬 드녜이 쉬또브이 라스마뜨레찌 에찌
다꾸멘뜨이

모든 문서가 준비되었습니다.
Все документы готовы.
프셰 다꾸멘뜨이 가또브이

우리는 계약서에 서명할 준비가 되었습니다.
Мы гото́вы подписа́ть соглаше́ние.
므이 가또브이 빠드삐사찌 사글라쉐니에

귀사와 사업관계를 확대하고 싶습니다.
Мы хоте́ли бы расширя́ть деловы́е свя́зи с ва́шей фи́рмой.
므이 하쩰리 브이 라스쉬랴찌 젤라브이에 스뱌지 스바쉐이 피르모이

우리의 결실 있는 협력이 강화되길 바랍니다.
Наде́юсь на укрепле́ние на́шего плодотво́рного сотру́дничества.
나제유시 나우끄레쁠레니에 나쉐보 쁠라다뜨보르노보 사뜨루드니체스뜨바

응용회화

Диало́г 1

Смирно́в: До́брый день! Господи́н Ли!
Мы ра́ды, что вы при́няли на́ше приглаше́ние прие́хать в Москву́.

Ли Минсу: Здра́вствуйте! Господи́н Смирно́в! Я с удово́льствием отпра́вился в э́ту пое́здку.

Смирно́в: Устра́ивайтесь поудо́бней. Хоти́те чай или ко́фе?

Ли Минсу: Чай, пожа́луйста. Господи́н Смирно́в! Разреши́те сра́зу присткпи́ть к обсужде́нию вопро́са, ра́ди кото́рого я прие́хал сюда́. Мо́жно посмотре́ть ваш после́дний катало́г?

Смирно́в: Хорошо́! Я принёс специфика́ции. Посмотри́те их, пожа́луйста.
На э́том рису́нке вы ви́дите ВЭУ (Ветроэнергоуста́новки).
Ни́же да́ны техни́ческие характери́стики. Сле́ва пока́заны це́ны.

Ли Минсу: О, у вас не́сколько моде́лей!

Смирно́в: Да, вот э́то нове́йшая моде́ль.

Ли Минсу: Мне ка́жется. э́то лу́чшая моде́ль.

Смирно́в: Я то́же так ду́маю, но всё же цена́ о́чень высо́кая.
Здесь ука́зана предвари́тельная цена́.

Скидка цен зависит от объёма вашего заказа. Больше установок - ниже цена.

Ли Минсу: Я свяжусь с нашей фирмой в Сеуле и дам вам ответ завтра.

Смирнов: Прекрасно! Увидимся завтра.

스미르노프 : 안녕하세요? 미스터 리! 우리 초청을 받아들여 모스크바에 와서 기쁩니다.

이 민수 : 안녕하세요? 스미르노프씨! 기쁜 마음으로 모스크바 출장을 왔습니다.

스미르노프 : 편히 하세요. 차나 커피를 드시겠어요?

이 민수 : 차로 주십시오. 스미르노프씨! 곧바로 제가 여기 온 목적인 문제 토의로 들어 갔으면 합니다.

스미르노프 : 알았습니다. 제가 사양서를 가져왔습니다. 자, 한 번 살펴보시지요. 이 그림에서 풍력발전 설비를 보고 계십니다. 아래에는 기술사양이 제시되어 있습니다. 왼편에는 가격이 나와 있고요.

이 민수 : 오, 몇 가지 모델이 있군요!

스미르노프 : 에, 이것이 최신 모델입니다.

이 민수 : 제 생각에는 이것이 가장 좋은 모델 같습니다.

스미르노프 : 저 역시 그렇게 생각합니다. 그러나 가격대가 아주 높습니다. 여기에는 예비가격이 제시되어 있습니다. 가격할인은 주문량에 좌우됩니다. 설비를 많이 주문할수록 가격은 더 내려가지요.

이 민수 : 제가 서울 본사와 연락해 본 후 내일 답변 드리겠습니다.

스미르노프 : 아주 좋습니다. 내일 뵙겠습니다.

Диалог 2

Ли Минсу: Я связался с Сеулом. Фирма готова закупить ваши установки. Это наш пробный заказ. Теперь можно начать переговоры о ценах. Какую скидку вы можете предоставить?

Смирнов: Вас устроит трёхпроцентная скидка?

Ли Минсу: Не совсем. Дело в том, что мы хотим купить у вас сначала десять установок и посмотреть, как они будут работать в наших условиях. Затем мы купим ещё сто

	устно́вок. Зака́з большо́й, и мы наде́емся получи́ть у вас большу́ю ски́дку.
Смирно́в:	Я согла́сен дать вам ски́дку в пять проце́нтов, но бо́льше не могу́ сни́зить це́ны.
Ли Минсу́:	Я не уполномо́чен реши́ть э́тот вопро́с. Мне ну́жно посла́ть факс в Сеу́л, и зате́м продо́лжим перегово́ры.
Смирно́в:	Я не возража́ю. Жду ва́шего звонка́.

이민수 :	서울과 연락했습니다. 회사는 귀사의 설비를 구매하려고 합니다. 이것이 우리 주문 견적서입니다. 이제 가격 협상을 시작하지요? 얼마나 할인해 줄 수 있습니까?
스미르노프 :	3% 할인이면 괜찮겠습니까?
이민수 :	전혀요. 우리는 먼저 귀사 설비 10대를 먼저 구입해서 우리 상황에서 어떻게 작동하는 지를 보려고 합니다. 그 후에 우리는 200대를 추가 구입할 겁니다. 대량 주문입니다. 그래서 귀사로부터 할인을 많이 받기를 바랍니다.
스미르노프 :	5% 할인을 해주는 것에 동의합니다만, 그 이상은 가격 인하를 해 줄 수가 없습니다.
이민수 :	이 문제를 결정할 권리가 제겐 없습니다. 서울로 팩스를 보내야 겠습니다. 그 다음에 협상을 계속 하도록 하지요.
스미르노프 :	반대하지 않습니다. 전화 기다리겠습니다.

Диало́г 3

Ли Минсу́:	Здра́вствуйте, господи́н Смирно́в! Ка́жется, у нас неплохи́е дела́. Президе́нт на́шей фи́рмы согла́сен на пятипроце́нтную ски́дку.
Смирно́в:	Я о́чень рад. Нам остаётся обсуди́ть усло́вия поста́вки и платежа́. Начнём с усло́вий поста́вки.
Ли Минсу́:	Нам бы́ло бы удо́бнее получи́ть ва́ши устано́вки одно́й па́ртией.
Смирно́в:	Я не возража́ю. Мы обы́чно поставля́ем това́р на усло́виях СИФ. Таки́м о́бразом, мы обеспе́чиваем страхова́ние и фрахт

товаров.

Ли Минсу: Хорошо! Мы не возражаем против поставки на условиях СИФ.

Смирнов: А как насчёт срока поставки?

Ли Минсу: Мы хотели бы получить товар через полгода после подписания контракта, то есть в ноябре.

Смирнов: Договорились. Теперь давайте обсудим условия платежа.

Ли Минсу: Хорошо! Мы будем производить оплату через Корейский банк иностранной валюты по безотзывному подтверждённому аккредитиву.

Смирнов: Когда вы откроете аккредитив?

Ли Минсу: Как только получим ваше извещение о готовности товара к отгрузке. Мы хотели бы получить рассрочку платежа в течение ста двадцати дней с даты коносамента.

Смирнов: Мы можем предоставить сто дней.

Ли Минсу: Хорошо! Мы об всём договорились. Давайте составим контракт и подпишем его.

이민수 : 안녕하세요? 스미르노프씨! 우리 일이 잘 될 것 같습니다. 우리 사장님이 5% 할인가에 동의했습니다.

스미르노프 : 매우 기쁩니다. 납품과 지불조건을 협상하는 일만 남았군요. 납품조건부터 시작합시다.

이민수 : 우리는 귀사 설비를 한 조로 받는 것이 편할 것 같습니다.

스미르노프 : 반대하지 않습니다. 보통 우리 회사는 보험료 운임포함 조건으로 납품합니다. 그렇게 해서 우리 회사는 상품의 운송과 보험을 보장합니다.

이민수 : 좋습니다. 보험료 운임 포함 조건으로 납품하는 것에 동의합니다.

스미르노프 : 그럼, 납품 기간은 어떻게 할까요?

이민수 : 계약 체결 후 반 년 내에 상품을 공급받길 원합니다. 그러니까 11월에요.

스미르노프 : 합의했습니다. 이제 지불 조건을 협의하도록 하지요.

이민수 : 그러지요. 한국외환은행을 통해 취소불능 보증 신용장으로 지불하겠

습니다.
스미르노프 : 언제 신용장을 개설할 겁니까?
이민수 :   상품 발송 준비 완료에 대한 귀 측의 통지를 받는 즉시 개설 할 겁니다. 선화증권 일자로부터 120일 기간 동안 분화지급을 원합니다.
스미르노프 : 100일 분할 지급을 제안합니다.
이민수 :   좋습니다. 모든 것에 대해 합의를 했습니다.
          이제 계약서를 작성하고 서명하도록 하지요.

취업 & 구직 (Трудоустройство)

어디에 구인광고가 났습니까?
Где рекламируется работа?
그지에   레끌라미루옛쨔   라보따

취업광고를 알아보고 싶습니다.
Я хочу справиться относительно объявления о работе.
야 하추   스쁘라빗쨔   아뜨나시쩰노   이뱌블레니야   아라보쩨

저는 업무경력이 있습니다.
У меня есть рабочий стаж.
우미냐   예스찌   라보치   스따쉬

여기 일은 어떤가요?
Как здесь насчёт работы?
깎끄   즈제시   나쇼뜨   라보뜨이

봉급은 어떻게 됩니까?
Какая будет зарплата?
깎까야   부제뜨   자르쁠라따

편집장 자리를 찾고 있습니다.
Я ищу работу редактором.
야 이슈   라보뚜   레닥또롬

(영어) 교사 자리를 찾고 있습니다.
Я ищу работу учителем(-ницей) (английского языка).
야 이슈   라보뚜   우치쩰렘 (우치쩰니쩨이)   (안글리스까보   이즈이까)

기자직을 찾고 있습니다.
Я ищу работу журналистом(-кой).
야 이슈   라보뚜   주르날리스똠 (주르날리스뜨꼬이)

아나운서직을 찾고 있습니다.
Я ищу работу диктором.
야 이슈   라보뚜   딕또롬

통역 일을 찾고 있습니다.
Я ищу́ рабо́ту перево́дчиком(-чицей).
야 이슈 라보뚜 뻬레봇치꼼(뻬레봇치쩨이)

임시직을 찾고 있습니다.
Я ищу́ вре́менную рабо́ту.
야 이슈 브레멘누유 라보뚜

정규직을 찾고 있습니다.
Я ищу́ рабо́ту на по́лную ста́вку.
야 이슈 라보뚜 나뽈누유 스따프꾸

반 정규직을 찾고 있습니다.
Я ищу́ рабо́ту на пол-ста́вки.
야 이슈 라보뚜 나뽈스따프끼

자동차가 있어야 합니까?
Ну́жно име́ть маши́ну?
누즈노 이메찌 마쉬누

계약서가 있어야 합니까?
Ну́жно име́ть контра́кт?
누즈노 이메찌 깐뜨락뜨

경력이 있어야 합니까?
Ну́жно име́ть рабо́чий стаж?
누즈노 이메찌 라보치 스따쉬

보험이 있어야 합니까?
Ну́жно име́ть страхова́ние?
누즈노 이메찌 스뜨라하바니에

서류가 있어야 합니까?
Ну́жно име́ть докуме́нты?
누즈노 이메찌 다꾸멘뜨이

양식이 있어야 합니까?
Ну́жно име́ть фо́рму?
누즈노 이메찌 포르무

취업허가서가 있어야 합니까?
Ну́жно име́ть разреше́ние на рабо́ту?
누즈노 이메찌 라즈레쉐니에 나라보뚜

몇 시에 업무가 시작됩니까?
Во ско́лько начина́ется рабо́чий день?
바스꼴꼬 나치나엣쨔 라보치 젠

몇 시에 휴식시간이 시작됩니까?
Во ско́лько начина́ется переры́в?
바스꼴꼬 나치나엣쨔 뻬레르이프

몇 시에 업무가 끝납니까?
Во сколько конча́ется рабо́чий день?
바스꼴꼬 깐차엣쨔 라보치 젠

내일 출근할 수 있습니까?
Вы мо́жете вы́йти за́втра?
브이 모줴쩨 브이찌 자프뜨라

내일 출근할 수 있습니다.
Я могу́ вы́йти за́втра.
야 마구 브이이찌 자프뜨라

다음 주에 출근할 수 있습니까?
Вы мо́жете вы́йти на сле́дующей неде́ле?
브이 모줴쩨 브이찌 나슬레두유쉐이 네젤레

다음 주에 출근할 수 있습니다.
Я могу́ вы́йти на сле́дующей неде́ле.
야 마구 브이찌 나슬례두유쉐이 네젤레

제 수표의 상세사항입니다.
Вот подро́бности моего́ счёта.
보뜨 빠드로브노스찌 마에보 쇼따

제 소개서입니다.
Вот моё резюме́.
보뜨 마요 레쥬메

제 비자입니다.
Вот моя́ ви́за.
보뜨 마야 비자

제 취업 허가서입니다.
Вот моё разреше́ние на рабо́ту.
보뜨 마요 라즈레쉐니에 나라보뚜

응용회화

Диало́г 1: По́иск рабо́ты

Серге́й: Когда́ вы зака́нчиваете университе́т?
Ве́ра: Ско́ро, в нача́ле бу́дущего го́да.
Тепе́рь я о́чень беспоко́юсь, так как устро́иться на рабо́ту тру́дно.
Серге́й: Я то́же слы́шал, из-за ухудше́ния экономи́ческой ситуа́ции страны́, мно́гие выпускники́ не нахо́дят рабо́ту. А вы каку́ю

работу хотите?
Вера: Я хочу найти работу, на которой есть возможность повышать квалификацию, и получать большую зарплату.
Сергей: У вас слишком большие требования, но желаю вам удачи.

세르게이 : 언제 대학을 졸업하세요?
베라 : 곧이요, 내년 초에 졸업해요. 지금 취직하기 어려운 것 때문에 아주 걱정이에요.
세르게이 : 나도 들었어요. 국내경제가 악화되어서 많은 졸업생들이 일자릴 못 찾고 있다더군요. 그런데 당신은 어떤 직장을 원하세요?
베라 : 저는 제 캐리어를 쌓을 기회가 있는 직장을 찾고 싶어요. 월급도 많이 받고요.
세르게이 : 당신 요구사항이 많은 것 같네요. 아무튼 성공을 빕니다.

 스포츠
(Спорт)

현대사회에서 스포츠는 생활 그 자체가 되었다. 러시아도 예외는 아니어서 스포츠 마니아들이 많다. 러시아에서 가장 인기 있는 스포츠는 축구이다. 축구를 포함하여 스포츠 관련 회화표현을 소개한다.

스포츠 관심 (Спортивные интересы)

당신은 운동을 하십니까?
Вы занимаетесь спортом?
브이 자니마엣쩨시 스뽀르똠

네, 합니다.
Да, (я) занимаюсь.
다 (야) 자니마유시

아뇨, 하지 않습니다.
Нет, не занимаюсь.
니예뜨 네 자니마유시

어떤 운동을 하십니까?
Каким видом спорта вы занимаетесь?
깎낌 비돔 스뽀르따 브이 자니마엣쩨시

어떤 운동에 관심 있나요?
Каким видом спорта вы интересуетесь?
깎낌 비돔 스보르따 브이 인쩨레수엣쩨시

체조를 합니다.
Я занимаюсь гимнастикой.
야 자니마유시 김나스찌꼬이

달리기를 합니다.
Я занимаюсь бегом.
야 자니마유시 베곰

피트니스를 합니다.
Я занимаюсь фитнесом.
야 자니마유시 피뜨네솜

축구를 합니다.
Я игра́ю в футбо́л.
야 이그라유 프풋볼

테니스를 합니다.
Я игра́ю в те́ннис.
야 이그라유 프쩨니스

골프를 합니다.
Я игра́ю в гольф.
야 이그라유 브골프

농구를 합니다.
Я игра́ю в баскетбо́л.
야 이그라유 브바스켓볼

탁구를 칩니다.
Я игра́ю в насто́льный те́ннис (пинг-по́нг).
야 이그라유 브나스똘느이 쩨니스 (삥뽕끄)

배구를 합니다.
Я игра́ю в волейбо́л.
야 이그라유 발-레이볼

야구를 합니다.
Я игра́ю в бейсбо́л.
야 이그라유 브베이스볼

하키를 합니다.
Я игра́ю в хокке́й.
야 이그라유 프하께이

볼링을 합니다.
Я игра́ю в бо́улинг.
야 이그라유 브보울링끄

배드민턴을 합니다.
Я игра́ю в бадминто́н.
야 이그라유 브바드민똔

스키를 탑니다.
Я ката́юсь на лы́жах.
야 까따유시 나르이좌흐

스케이트를 탑니다.
Я ката́юсь на конька́х.
야 까따유시 나깐까흐

아침운동을 합니까?
Вы де́лаете у́треннюю заря́дку?
브이 젤라옛쩨 우뜨렌뉴유 자랴뜨꾸

네, 합니다.
Да, де́лаю.
야 젤라유

아뇨, 하지 않습니다.
Нет, не де́лаю.
니예뜨 네 젤라유

당신은 축구를 좋아하십니까?
Вам нра́вится футбо́л?
밤 느라빗쨔 풋볼

네, 많이 좋아합니다.
Да, о́чень.
다 오첸

그다지요.
Не о́чень.
네 오첸

저는 보는 것을 더 좋아 합니다.
Я предпочита́ю смотре́ть.
야 쁘레드빠치따유 스마뜨레찌

운동은 시간을 많이 뺏습니다.
Спорт отнима́ет мно́го вре́мени.
스뽀르뜨 아뜨니마에뜨 므모노 브레메니

운동할 시간이 없습니다.
Не остаётся вре́мени на спорт.
네 아스따욧쨔 브레메니 나스뽀르뜨

운동할 기회가 없습니다.
Нет возмо́жности занима́ться спо́ртом.
니예뜨 바즈모즈노스찌 자니마쨔 스뽀르똠

어떤 스포츠가 당신 나라에서는 가장 인기 있습니까?
Каки́е ви́ды спо́рта наибо́лее популя́рны в ва́шей стра́не?
깎끼에 비드이 스뽀르따 나이볼레 빠쁠랴르느이 바쉐이 스뜨라네

축구가 인기 종목입니다.
В на́шей стра́не наибо́лее популя́рен футбо́л.
브나쉐이 스뜨라네 나이볼레 빠쁠랴렌 풋볼

경기 관람 (Просмотр игр)

여기서 어떤 스포츠 이벤트가 있는지 말씀해 주시겠어요?
Вы не ска́жете мне, каки́е здесь спорти́вные мероприя́тия
브이 네 스까줴쩨 므녜 깎끼에 즈제시 스빠르찌브느이에 메라쁘리야찌야

проводятся?
쁘라보쟛쨔

일요일에 권투경기가 열립니다.
В воскресéнье бýдут соревновáния по бóксу.
바스끄레세니에   부두뜨   사례브나바니야   빠복수

일요일에 피겨 스케이팅 경기가 열립니다.
В воскресéнье открóются соревновáния по фигýрному катáнию.
바-스끄레세니에   앗끄로윳쨔   사례브나바니야   빠피구르노무   까따니유

В воскресéнье бýдут проходи́ть соревновáния по фигýрному катáнию.
바-스끄레세니에   부두뜨   쁘라하지찌   사례브나바니야   빠피구르노무   까따니유

일요일에 수영 경기가 열립니다.
В воскресéнье состоя́тся соревновáния по плавáнию.
바-스끄레세니에   사스따얏쨔   사례브나바니야   빠쁠라바니유

경기 구경 가시겠습니까?
Хоти́те пойти́ на матч?
하찌쩨   빠이찌   나마치

저는 축구를 보고 싶습니다.
Я бы хотéл(-а) посмотрéть футбóл.
야 브이   하쪨(라)   빠스마뜨레찌   풋볼

언제 있나요?
Когдá э́то бýдет?
까그다   에따   부제뜨

어디에서 있나요?
Где э́то бýдет?
그지에   에따   부제뜨

입장료가 얼마입니까?
Скóлько стóит вход?
스꼴꼬   스또이뜨   프호뜨

누구를 응원하십니까?
За когó вы болéете?
자까보   브이   발레엣쩨

누가 시합합니까?
Кто игрáет?
끄또   이그라에뜨

Кто с кем игрáет?
끄또   스껨   이그라에뜨

우리 선발팀이 프랑스팀과 축구시합을 합니다.

Наша сборная команда играет в футбол с французской командой.
나샤 즈보르나야 까만다 이그라예뜨 프풋볼 스푸란쭈스꼬이 까만도이

누가 이기고 있습니까?
Кто ведёт?
끄또 베죠뜨

몇 대 몇입니까?
Какой (идёт) счёт?
깍꼬이 (이죠뜨) 쇼뜨

2 대 1입니다.
Два-один.
드바 아진

무승부입니다.
Ничья.
니치야

경기는 3:1로 끝났습니다.
Матч закончился со счётом 3:1 (три: один).
맛치 자꼰칠샤 사쇼똠 뜨리 아진

무승부로 끝났습니다.
Матч кончился вничью 0:0 (ноль: ноль)
맛치 꼰칠샤 브니치유 놀 놀

몇 점 났습니까?
Какой матч-пойнт?
깍꼬이 마치뽀인뜨

무득점입니다.
Ноль.
놀

Сухой счёт.
수호이 쇼뜨

어제 우리 팀이 대학 팀과 배구경기를 했습니다.
Вчера наша команда играла в волейбол с командой университета.
프체라 나샤 까만다 이그랄라 발-레이볼 스까만도이
우니베르시쩨따

경기가 어땠나요?
Как сыграли?
깎고 스이그랄리

우리 팀이 3:1로 이겼습니다.
Наша команда выиграла 3:1 (три: один).
나샤 까만다 브이이그랄라 뜨리 아진

우리 팀이 졌습니다.
На́ша кома́нда проигра́ла.
나샤 까만다 쁘라이그랄라

파울!
Наруше́ние!
나루쉐니에

잘 쳤어!
Хоро́ший уда́р!
하로쉬이 우다르

골인!
Гол!
골

형편없는 경기이군!
Был плохо́й матч!
브일 쁠라호이 맛치

지루한 경기이군!
Был ску́чный матч!
브일 스꾸츠느이 맛치

훌륭한 경기이군!
Был отли́чный матч!
브일 아뜰리츠느이 맛치

운동 (Спорт)

시합하시겠습니까?
Вы хоти́те игра́ть?
브이 하찌쩨 이그라찌

같이 하실래요?
Мо́жно присоедини́ться?
모즈노 쁘리사에지닛쨔

좋습니다.
С удово́льствием!
수다볼스뜨비엠

다쳤습니다.
Я ра́нен(-а).
야 라넨(나)

당신 득점입니다.
Ва́ше очко́.
바쉐 아츠꼬

내 득점입니다.
Моё очко́.
마요   아츠꼬

나한테 패스해주세요!
Мне!
므녜

잘 하십니다.
Вы хорошо́ игра́ете.
브이   하라쑈   이그라옛쩨

시합 감사합니다.
Спаси́бо за игру́.
스빠시바   자이그루

여기서 운동할 수 있습니까?
Каки́е здесь есть возмо́жности занима́ться спо́ртом?
깎끼에   즈졔시 예스찌   바즈모즈노스찌   자니마쨔   스보르똠

여기 어디에 골프장이 있습니까?
Где здесь площа́дка для игры́ в гольф (корт для го́льфа)?
그지에 즈졔시   쁠라샤뜨까   들랴 이그르이 브골프   (꼬르뜨 들랴 골파)

여기 어디에 체육관이 있습니까?
Где здесь спортза́л?
그지에 즈졔시   스빠르뜨잘

여기 어디에 수영장이 있습니까?
Где здесь бассе́йн?
그지에 즈졔시   바세인

여기 어디에 테니스 코트가 있습니까?
Где здесь те́ннисный корт?
그지에 즈졔시   쩨니스느이   꼬르뜨

어디에 피트니스 센터가 있습니까?
Где здесь фи́тнес-це́нтр?
그지에 즈졔시   피뜨네스쩬뜨르

볼링 경기비가 얼마 입니까?
Ско́лько сто́ит игра́ть в бо́улинг?
스꼴꼬   스또이뜨 이그라찌 브보울링그

당구비가 얼마 입니까?
Ско́лько сто́ит игра́ть в билья́рд?
스꼴꼬   스또이뜨 이그라찌   브빌랴르뜨

일일 티켓이 얼마 입니까?
Ско́лько сто́ит биле́т на день?
스꼴꼬   스또이뜨 빌례뜨   나젠

경기비가 얼마 입니까?
Сколько стóит билéт на игрý?
스꼴꼬   스또이뜨   빌례뜨   나이그루

한 시간에 얼마 입니까?
Сколько стóит билéт на час?
스꼴꼬   스또이뜨   빌례뜨   나차스

일회에 얼마 입니까?
Сколько стóит билéт на одúн раз?
스꼴꼬   스또이뜨   빌례뜨   나아진   라스

공을 빌릴 수 있습니까?
Мóжно взять напрокáт мяч?
모즈노   브쟈찌   나쁘라까뜨   먀치

자전거를 빌릴 수 있습니까?
Мóжно взять напрокáт велосипéд?
모즈노   브쟈찌   나쁘라까뜨   벨라시뻬뜨

코트를 빌릴 수 있습니까?
Мóжно взять напрокáт корт?
모즈노   브쟈찌   나쁘라까뜨   꼬르뜨

라켓을 빌릴 수 있습니까?
Мóжно взять напрокáт ракéтку?
모즈노   브쟈찌   나쁘라까뜨   라께뚜

어디에서 피트니스를 하십니까?
Где вы занимáетесь фúтнесом?
그지에 브이   자니마옛쩨시   피뜨네솜

회원제입니까?
Нýжно быть члéном?
누즈노   브이찌   츨레놈

여성만을 위한 세션이 있습니까?
Есть сéссия тóлько для жéнщин?
예스찌   세시야   똘꼬   들랴   젠쉰

어디에 탈의실이 있습니까?
Где раздевáлка?
그지에   라즈제발까

운동종목 (Вид спорта)
축구 (Футбол)

스빠르딱 선수는 누가 나옵니까?
Кто играет за Спартак?
끄또 이그라에뜨 자스빠르딱끄

그는 훌륭한 선수입니다.
Он классный футболист.
온 끌라스느이 풋볼리스뜨

그는 이탈리아 전에서 잘 뛰었습니다.
Он прекрасно играл против Италии.
온 쁘레끄라스노 이그랄 쁘로찌프 이딸리이

어느 팀이 챔피온전 승자입니까?
Какая команда лидер чемпионата?
깍까야 까만다 리제르 쳄삐아나따

스빠르딱이 챔피온입니다.
Спартак - чемпион.
스빠르딱끄 쳄삐온

아주 훌륭한 팀이구나!
Какая прекрасная команда!
깍까야 쁘레끄라스나야 까만다

아주 형편없는 팀이구나!
Какая ужасная команда!
깍까야 우좌스나야 까만다

멋진 골이야!
Какой гол!
깍꼬이 골

멋진 킥이야!
Какой удар!
깍꼬이 우다르

멋진 슛이야!
Какой удар!
깍꼬이 우다르

멋진 패스야!
Какой пас!
깍꼬이 빠스

스타디움   Стадио́н
축구경기   Футбо́льный матч
축구장   Футбо́льное по́ле
골문   Воро́та
축구선수   Футболи́ст
골키퍼   Врата́рь
전반전   Пе́рвый тайм
후반전   Второ́й тайм
패스   Пас
헤딩   Пас голово́й
공   Мяч
코치   Тре́нер
코너   Ко́рнер
아웃   Удале́ние с по́ля
팬   Боле́льщик(-щица)
파울   Наруше́ние
프리 킥   Свобо́дный удар
골   Гол
오프사이드   Офса́йд
페널티   Пена́льти
선수   Игро́к
레드 카드   Кра́сная ка́рточка
엘로우 카드   Жёлтая ка́рточка
스트라이커   Бомбарди́р
심판   Рефери́ (Судья́)

수영 (Пла́вание)

죄송합니다만, 여기에 수영장이 있습니까?

Извини́те, пожа́луйста, здесь есть бассе́йн?
이즈비니쩨   빠잘루이스따   즈졔시 예스찌   바세인

죄송합니다만, 여기에 옥외 수영장이 있습니까?

Извини́те, пожа́луйста, здесь есть откры́тый бассе́йн?
이즈비니쩨   빠잘루이스따   즈졔시 예스찌   앗끄르이뜨이   바세인

죄송합니다만, 여기에 실내 수영장이 있습니까?
Извините, пожалуйста, здесь есть крытый бассейн?
이즈비니쩨 빠좔루이스따 즈제시 예스찌 끄르이뜨이 바셰인

죄송합니다만, 여기에 어린이 수영장이 있습니까?
Извините, пожалуйста, здесь есть детский бассейн?
이즈비니쩨 빠좔루이스따 즈제시 예스찌 젯스끼 바셰인

표 한 장 주세요.
Один билет, пожалуйста.
아진 빌례뜨 빠좔루이스따

어디에 샤워장이 있는지 말씀해 주시겠어요?
Вы не скажете мне, где душевые?
브이 네 스까줴쩨 므녜 그지에 두쉐브이에

어디에 탈의실이 있는지 말씀해 주시겠어요?
Вы не скажете мне, где раздевалка?
브이 네 스까줴쩨 므녜 그지에 라즈제발까

> Только для умеющих плавать! 수영 가능자만!
> Прыгать в воду запрещается! 다이빙 금지!
> Купание запрещено! 수영 금지!
> Опасное течение! 급류 조심!

해변이 모래사장인가요?
Пляж песчаный?
쁠랴쉬 뻬스차느이

해변에 돌이 많나요?
Пляж каменистый?
쁠랴쉬 까메니스뜨이

물살이 셉니까?
Течение сильное?
쩨체니에 실노에

아이들에겐 위험합니까?
Для детей опасно?
들랴 제쩨이 아빠스노

언제 썰물인가요?
Когда бывает отлив?
까그다 브이바엣 아뜰리프

언제 밀물인가요?
Когда́ быва́ет прили́в?
까그다　브이바엣　쁘릴리프

비치 의자를 빌리고 싶습니다.
Я хочу́ взять напрока́т шезло́нг.
야　하추　브쟈찌　나쁘라까뜨　쉐즐론크

비치파라솔을 빌리고 싶습니다.
Я хочу́ взять напрока́т зонт от со́лнца.
야　하추　브쟈찌　나쁘라까뜨　존뜨　아뜨손짜

보트를 빌리고 싶습니다.
Я хочу́ взять напрока́т ло́дку.
야　하추　브쟈찌　나쁘라까뜨　로뜨꾸

수상스키를 빌리고 싶습니다.
Я хочу́ взять напрока́т во́дные лы́жи.
야　하추　브쟈찌　나쁘라까뜨　보느느이에　르이쥐

1시간에 얼마입니까?
Ско́лько э́то сто́ит на час?
스꼴꼬　에따　스또잇　나차스

하루에 얼마입니까?
Ско́лько э́то сто́ит на день?
스꼴꼬　에따　스또잇　나젠

초보자를 위한 수영 레슨을 받고 싶습니다.
Я бы хоте́л(-а) взять уро́ки плава́ния для начина́ющих.
야　브이　하쩰(라)　브쟈찌　우로끼　쁠라바니야　들랴　나치나유쉬흐

고급반을 위한 수영 레슨을 받고 싶습니다.
Я бы хоте́л(-а) взять уро́ки плава́ния для продви́нутых.
야　브이　하쩰(라)　브쟈찌　우로끼　쁠라바니야　들랴　쁘라드비누뜨이흐

스키 (Лыжи)

알파인스키를 탈 수 있습니까?
Мо́жно ли поката́ться на го́рных лы́жах?
모쥐노　리　빠까따쨔　나고르느이흐　르이자흐

크로스 –컨트리 스키를 탈 수 있습니까?
Мо́жно ли поката́ться на обы́чных лы́жах с па́лками?
모쥐노　리　빠까따쨔　나아브이츠느이흐　르이좌흐　스빨까미

스노우보드를 탈 수 있습니까?
Мо́жно ли поката́ться на сноубо́рде?
모쥐노　리　빠까따쨔　나스나우보르제

썰매를 탈 수 있습니까?
Мо́жно ли поката́ться на са́нках?
모쥐오 리 빠까따쨔 나산까흐

통행비가 얼마인가요?
Ско́лько сто́ит проездно́й?
스꼴꼬 스또잇 쁘라에즈드노이

레슨을 받을 수 있나요?
Мо́жно ли взять уро́ки?
모쥐노 리 브쟈찌 우로끼

스키부츠를 빌리고 싶습니다.
Я бы хоте́л(-а) взять напрока́т боти́нки.
야 브이 하쩰(라) 브쟈찌 나쁘라까뜨 바찐끼

장갑을 빌리고 싶습니다.
Я бы хоте́л(-а) взять напрока́т перча́тки.
야 브이 하쩰(라) 브쟈찌 나쁘라까뜨 뻬르차뜨끼

고글을 빌리고 싶습니다.
Я бы хоте́л(-а) взять напрока́т лы́жные очки́.
야 브이 하쩰(라) 브쟈찌 나쁘라까뜨 르이즈느이에 아츠끼

폴을 빌리고 싶습니다.
Я бы хоте́л(-а) взять напрока́т па́лки.
야 브이 하쩰(라) 브쟈찌 나쁘라까뜨 빨끼

스키를 빌리고 싶습니다.
Я бы хоте́л(-а) взять напрока́т лы́жи.
야 브이 하쩰(라) 브쟈찌 나쁘라까뜨 르이쥐

스키복을 빌리고 싶습니다.
Я бы хоте́л(-а) взять напрока́т лы́жный костю́м.
야 브이 하쩰(라) 브쟈찌 나쁘라까뜨 르이즈느이 까스쭘

슬로프 레벨이 어떻게 되나요?
Како́го у́ровня сло́жности э́тот склон?
깍꼬보 우로브냐 슬로즈노스찌 에또뜨 스끌론

어떤 슬로프가 초보자에게 맞나요?
Каки́е скло́ны подойду́т для начина́ющего лы́жника?
깎끼에 스끌론느이에 빠다이둣 들랴나치나유쉐보 르이즈니까

스키를 타 본 사람에게는 어떤 슬로프가 맞나요?
Каки́е скло́ны подойду́т для о́пытного лы́жника?
깎끼에 스끌론느이에 빠다이둣 들랴오쁘뜨노보 르이즈니까

스키를 잘 타는 사람에게는 어떤 슬로프가 맞나요?
Каки́е скло́ны подойду́т для многоо́пытного лы́жника?
깎끼에 스끌론느이에 빠다이둣 들라무노고오쁘이뜨노보 르이즈니까

엘브러스에서 타는 것은 어떤가요?
Какие условия для катания на Эльбрусе?
깍끼에 우슬로비야 들랴까따니야 나엘브루세

이 경로에서 타는 것은 어떤 가요?
Какие условия для катания на этой трассе?
깍끼에 우슬로비야 들랴까따니야 나에또이 뜨라세

높은 데서 타는 것은 어떤 가요?
Какие условия для катания на высоте?
깍끼에 우슬로비야 들랴까따니야 나브이소쩨

케이블 카 Фуникулёр

체어 리프트 Подвесной подъёмник

교관 Инструктор

리조트 Курорт

스키 리프트 Подъёмник для лыжников

슬레드 Санки

축구 Футбол

배구 Волейбол

농구 Баскетбол

야구 Бейсбол

핸드볼 Гандбол

테니스 Теннис

배드민턴 Бадминтон

탁구 Пинг-понг

하키 Хоккей

에어로빅 Аэробика

조깅 Пробежка

체조 Гимнастика

사이클링 Велоспорт

하이킹 Поход

수영 Плавание

볼링 Боулинг

피겨 스케이팅 Фигурное катание

응용회화

Диалог 1

Зоя: У тебя спортивная фигура. Ты занимаешься спортом?
Пётр: Да, занимаюсь.
Зоя: Какими видами?
Пётр: Зимой я катаюсь на лыжах, летом катаюсь на велосипеде и круглый год плаваю.
Зоя: Ты как спортсмен.
У тебя на всё хватает времени?
Пётр: Не всегда.
В бассейн я хожу два раза в неделю по утрам.
На лыжах катаюсь только по воскресеньям.
Зоя: Давно ты занимаешься спортом?
Пётр: Давно. С детства.

조야 : 네 체격은 운동선수 같구나. 너 운동하니?
뽀뜨르 : 응, 운동하지.
조야 : 어떤 운동을 하는데?
뽀뜨르 : 겨울에는 스키를 타고, 여름에는 자전거를 타.
그리고 일 년 내내 수영을 하지.
조야 : 넌 운동선수 같다. 그 운동을 다 할 충분한 시간이 있니?
뽀뜨르 : 항상 있지는 않아.
수영장에는 일주일에 두 번 아침마다 가고, 스키는 일요일에만 타.
조야 : 오랫동안 운동했니?
뽀뜨르 : 오래 됐지. 어렸을 때부터 했어.

Диалог 2

Володя: Ты сейчас занимаешься каким-нибудь видом спорта?
Мария: Когда я училась в средней школе, я занималась коньками, а теперь, к сожалению, ничем не занимаюсь.
Володя: В современной жизни спорт занимает очень

важное место.

Тебе нужно заниматься спортом для здоровья.

Мария: Знаю, но спорт отнимает много времени. К сожалению, у меня времени на спорт не хватает.

Володя: Не говори так!

Сейчас, давай пойдём вместе со мной, поплаваем в бассейне.

발로쟈 : 요즘 운동하는 거 있니?

마리야 : 중학교 다닐 때는 스케이트를 탔어. 그런데 지금은 유감스럽게도 아무 운동도 안해.

발로쟈 : 현대생활에서 스포츠는 매우 중요한 위치를 차지하고 있어. 건강을 위해서 넌 운동을 해야 해.

마리야 : 알아, 하지만 운동을 하면 시간을 너무 뺏겨. 안타깝지만 난 운동할 시간이 없어.

발로쟈 : 그런 소리 하지마! 지금 당장 나랑 수영장 가서 수영하자.

문화 & 종교
(Культура и религия)

러시아는 그리스 정교국가이다. 하지만 러시아 문화는 기독교 문화와 이교도 문화가 조화롭게 결합을 이룬 양상을 보여준다. 러시아의 축제와 명절, 그리고 종교와 문화적 다양성에 대한 기본회화를 소개한다.

종교 (религия)

당신 종교는 무엇입니까?
Какая ваша религия?
깎까야 바샤 렐리기야

당신은 신자입니까?
Вы верующий(-ая)?
브이 베루유쉬 (베루유샤야)

저는 비신자입니다.
Я неверующий(-ая).
야 네베루유쉬(네베루유샤야)

무신론자입니다.
Я атеист.
야 아쩨이스뜨

불가지론자입니다.
Я агностик.
야 아그노스찌끄

불교신도입니다.
Я буддист(-ка).
야 부지스뜨 (부지스뜨까)

카톨릭 신자입니다.
Я католик(-чка).
야 까똘릭(까똘리츠까)

기독교인입니다.
Я христианин (христианка).
야 흐리스찌아닌   (흐리스찌안까)

유대교인입니다.
Я еврéй(-ка).
야 에브레이 (에브레이까)

회교도입니다.
Я мусульмáнин (мусульмáнка).
야 무술마닌 (무술만까)

정교도입니다.
Я правослáвный(-ая).
야 쁘라바슬라브느이(쁘라바슬라브나야)

저는 별자리 점을 믿습니다(믿지 않습니다).
Я (не) вéрю в астролóгию.
야 (네) 베류 바스딸로기유

저는 운명을 믿습니다(믿지 않습니다).
Я (не) вéрю в судьбý.
야 (네) 베류 프수지부

저는 신을 믿습니다(믿지 않습니다).
Я (не) вéрю в Бóга.
야 (네) 베류 브보가

여기 (어디에서) 오전 예배를 볼 수 있나요?
Мóжно здесь (Где мóжно) ходи́ть к Обéдне?
모쥐노 즈제시 (그지에 모쥐노) 하지찌 까베제네

여기 (어디에서) 예배를 볼 수 있나요?
Мóжно здесь (Где мóжно) ходи́ть к церкóвной слýжбе?
모쥐노 즈제시 (그지에 모쥐노) 하지찌 쯔쩨르꼬브노이 슬루즈베

여기 (어디에서) 기도를 할 수 있나요?
Мóжно здесь (Где мóжно) ходи́ть моли́ться?
모쥐노 즈제시 (그지에 모즈노) 하지찌 말릿쨔

여기 (어디에서) 경배를 할 수 있나요?
Мóжно здесь (Где мóжно) ходи́ть поклоня́ться?
모쥐노 즈제시 (그지에 모즈노) 하지찌 빠끌라냐쨔

문화차이 (Культурная разница)

이것은 지방풍속인가요?
Э́то мéстный обы́чай?
에따 메스느이 아브이차이

이것은 민족 풍습인가요?
Э́то нарóдный обы́чай?
에따 나로드느이 아브이차이

이것에 익숙하지가 않습니다.
Я не привы́к(-ла) к э́тому.
야 네 쁘리브이끄(끌라) 끄에또무

저는 참석하지 않는 편이 낫겠습니다.
Я предпочита́ю не уча́ствовать.
야 쁘레드빠치따유 네 우차스뜨보바찌

해보겠습니다!
Я попро́бую!
야 빠쁘로부유

죄송합니다만, 이것은 제 종교에 맞지 않습니다.
Извини́те, но э́то не по мои́м ве́рованиям.
이즈비니쩨 노 에따 네 빠마임 베로바니얌

죄송합니다만, 이것은 제 종교 교리에 맞지 않습니다.
Извини́те, но э́то не по мои́м вероуче́ниям.
이즈비니쩨 노 에따 네 빠 마임 베라우체니얌

죄송합니다만, 이것은 제 종교에 맞지 않습니다.
Извини́те, но э́то не по мое́й рели́гии.
이즈비니쩨 노 에따 네 빠 마에이 렐리기

축제 & 명절 (Праздник)

당신 나라에서는 크리스마스가 언제인가요?
Когда́ встреча́ют (отмеча́ют) Рождество́ в ва́шей стране́?
까그다 프스뜨레차유뜨 (아뜨메차유뜨) 라줴스뜨보 브바쉐이 스뜨라네

미국에서는 크리스마스가 언제인가요?
Когда́ в Аме́рике отмеча́ют Рождество́?
까그다 바메리께 아뜨메차유뜨 라줴스뜨보

12월 25일입니다.
Два́дцать пя́того декабря́.
드바짜찌 빠야또보 제까브랴

러시아는 크리스마스가 언제인가요?
Когда́ в Росси́и отмеча́ют Рождество́?
까그다 브라시이 아뜨메차유뜨 라줴스뜨보

우리 러시아에서는 구력에 따라 1월 7일이 크리스마스입니다.
У нас в Росси́и по ста́рому календарю́ отмеча́ют Рождество́
우 나스 브라시이 빠 스따로무 깔렌다류 아뜨메차유뜨 라줴스뜨보
седьмо́го января́.
세지모보 얀바랴

당신 나라 민족에게는 어떤 크리스마스 전통이 있나요?

Какие существуют рождественские традиции у вашего народа?
깍끼에　수쉐스뜨부유뜨　라줴스뜨벤스끼에　뜨라지찌　우바쉐보　나로다

성탄절은 옛날부터 민중 풍습을 따라 지냅니다. 캐롤송, 별 별고 행진하기, 가장행렬 등을 합니다. 이교도 풍습과 기독교가 조화롭게 결합되어 있습니다.

Рождество издавна сопровождалось красочными народными обычаями.
라줴스뜨보　이즈다브나　사쁘라바즈갈로시　끄라소츠느이미　나로드느이미
아브치야미

Колядки, хождение со звездой, ряжение - здесь гармонично сочетались язычество и христианство.
깔랴뜨끼　하줴니에　사　즈뵤즈도이　랴줴니에　즈제시　가르모니츠노
사체딸리시　이즈이체스뜨보 이　흐리스찌안스뜨보

당신 나라에서는 크리스마스를 어떻게 보냅니까?

Как поздравляют с Рождеством в вашей стране?
깎끄　빠즈드라블랴유뜨　스라줴스뜨봄　브 바쉐이　스뜨라네

크리스마스에는 가장 가까운 사람들을 초대합니다.

В гости на Рождество принято звать самых близких людей.
브고스찌 나　라줴스뜨보　쁘리냐또　즈바찌 사므이흐 블리스끼흐　류제이

트리를 어떻게 장식합니까?

Как вы украшаете (наряжаете) ёлку?
깎끄 브이　우끄라샤에쩨　(나랴좌에쩨)　욜꾸

신년 인사드립니다.

Поздравляю вас с Новым годом!
빠즈드라블랴유　바스 스 노브임　고돔

새해 건강을 기원합니다.

Желаю вам здоровья в Новом году.
쥍라유　밤　즈다로비야　브노봄　가두

새해 행복을 기원합니다.

Желаю вам счастья в Новом году.
쥍라유　밤　샤스찌야　브노봄　가두

새해 성공을 기원합니다.

Желаю вам удачи в Новом году.
쥍라유　밤　우다치　브노봄　가두

새해 사업 성공을 기원합니다.

Желаю вам успехов в делах в Новом году.
쥍라유　밤　우스뻬호프 브젤라흐　브노봄　가두

한국에서는 설날 어떤 음식을 준비합니까?

Какие специальные блюда готовят у вас в Корее к Новому году?
깎끼에 스뻬찌알느이에 블류다 가또비야뜨 우 바스 프까레에 고노보무 가두

설날 상엔 반드시 떡국을 차려 놓습니다.

В Новом году на каждом столе обязательно будет "Токкук"
브노봄 가두 나 까즈돔 스딸레 아비자쩰노 부제뜨 "떡국"

(суп с рисовыми клёцками на говяжьем или курином бульоне).
(수쁘 스 리소브이미 끌레쯔까미 나 가뱌쥐엠 블리오네)

러시아에서는 설날 어떤 음식을 먹습니까?

Какие специальные блюда едят у вас в России в Новому году?
깎기에 스뻬찌알느이에 블류다 에쟈뜨 우 바스 브라시이 브노봄 가두

새해에는 보통 "미누뜨까" 비스켓, 부풀린 생과자와 크림 카라멜을 먹습니다.

На Новый год обычно едят печенье "минутка", воздушное
나 노브이 고트 아브이츠노 에쟈뜨 뻬체니에 미누뜨까 바즈두쉬노에

пирожное, сливочную карамель.
삐로쥐노에 슬리보츠누유 까라멜

러시아인들은 여성의 날을 언제 기념합니까?

Когда празднуют (отмечают) Русские Женский день?
까그다 쁘라즈누유뜨 (아뜨메차유뜨) 루스끼에 스끼 젠

러시아에서는 3월 8일이 여성의 날입니다.

Русские празднуют Женский день 8-ого марта.
루스끼에 쁘라즈누유뜨 스끼 젠 바시모보 마르따

한국에서는 어린이날이 언제입니까?

Когда в Корее празднуют Детский день?
까그다 프까레에 쁘라즈누유뜨 젯스끼 젠

5월 5일입니다.

5-ого мая.
빠또보 마야

한국에서는 어버이날이 언제입니까?

Когда в Корее празднуют День родителей?
까그다 프까레에 쁘라즈누유뜨 젠 라지쩰레이

5월 8일입니다.

8-ого мая.
바시모보 마야

러시아 경축일   Российские праздники
마슬레니짜   Масленица
설날   Новый год (1 января)
성탄절   Рождество (7 января)
세계 여성의 날   День защитника Родины (23 февраля)
노동절   Международный женский день (8 марта)
노동절   Праздник весны и труда (1 мая)
승전일   День Победы (9 мая)
러시아 독립일   День Независимости России (12 июня)

응용회화

Диалог 1

Зина: Сегодня двадцать пятое декабря.
        Поздравляю тебя с Рождеством.
Миша: С Рождеством.
        Зина, знаешь, у нас сегодня не отмечают Рождество.
Зина: А когда в России отмечают Рождество?
Миша: Седьмого января.
Зина: Как русские празднуют Рождество?
Миша: В доме ещё стоит новогодняя ёлка.
        Люди не работают, идут в церковь.
        Дома готовят рождественские пряники, и в гости на Рождество принято звать самых близких людей.

진아 : 오늘이 12월 25일이네. 메리 크리스마스!
미샤 : 메리 크리스마스!
       진아, 우리나라에선 오늘이 크리스마스가 아니란다.
진아 : 그러면 러시아는 언제가 크리스마스니?
미샤 : 1월 7일이야.
진아 : 러시아 사람들은 크리스마스를 어떻게 보내니?
미샤 : 집에는 신년 트리를 계속 세워놓지. 그 날은 일을 하지 않고, 교회에 가.

집에서는 크리스마스당밀과자를 만들어. 그리고 가장 가까운 사람들을 집으로 불러.

Диалог 2

> Зина: Я очень скачаю по родителям.
> Миша: Я хорошо понимаю.
> Зина: В Корее скоро будет день родителей.
> Миша: День ролителей? У нас в России его не отмечают.
> Зина: А какой праздник у вас в мае?
> Миша: Майский праздник.

진아 : 부모님이 너무 보고 싶다.
미샤 : 네 맘 이해해.
진아 : 한국에서는 곧 어버이날이야.
미샤 : 어버이날? 우리 러시아에서는 어버이날은 없어.
진아 : 그럼 5월에는 어떤 기념일이 있니?
미샤 : 노동절이 있어.

(Связь)

러시아에서는 한국에서처럼 최상의 통신서비스를 기대하기 어렵다. 하지만 푸틴 정부가 E-Russia를 목표로 통신 인프라 개선, 전자정부 구축을 위해 노력을 경주하고 있다. 모스크바 시내에서는 이제 무선 인터넷 카페도 눈에 많이 띈다. 전화통화를 위한 기본 표현, 셀폰 사용, 우체국에서, 이메일, 컴퓨터와 인터넷에 관련된 다양한 회화표현을 소개하고 있다.

전화 통화 (Разговор по телефону)

전화 일반정보 (О телефоне)

여기 어디에 가장 가까운 전화박스가 있는 지 말씀해주시겠어요?
Вы не мо́жете мне сказа́ть, где ближа́йшая телефо́нная бу́дка?
브이 네 모줴쩨 므네 스까자찌 그지에 블리조이샤야 쩰레폰나야 부뜨까

어디에 가장 가까운 공중전화가 있나요?
Где ближа́йший телефо́н-автома́т?
그지에 블리좌이쉬이 쩰레폰 아프또마뜨

당신 전화번호를 알려 주시겠어요?
Мо́жно ваш но́мер телефо́на?
모쥐노 바쉬 노메르 쩰레폰나

제 전화번호는 932-37-56입니다.
Мой телефо́н 932-37-56.
모이 쩰레폰 제뱌찌 뜨리 드바 뜨리 셈 빠찌 쉐스찌

핸드폰 있습니까?
У вас есть моби́льный телефо́н?
우 바스 예스찌 마빌느이 쩰레폰

네, 있습니다.
Да, есть.
다 예스찌

아뇨, 핸드폰 없습니다.
Нет, у меня́ нет моби́льного телефо́на.
니에뜨 우미냐 니에뜨 마빌노보 쩰레포나

당신 전화 좀 써도 될까요?
Мо́жно от вас позвони́ть?
모쥐노 아뜨바스 빠즈바니찌

전화카드를 주세요.
Мне, пожа́луйста, телефо́нную ка́рточку.
므네 빠잘루이스따 쩰례폰누유 까르또츠꾸

전화 카드를 사고 싶습니다.
Я бы хоте́л(-а) купи́ть телефо́нную ка́рточку.
야 브이 하쩰(라) 꾸뻬찌 쩰례폰누유 까르또츠꾸

전화 코인을 사고 싶습니다.
Я бы хоте́л(-а) купи́ть жето́н.
야 브이 하쩰(라) 꾸뻬찌 줴똔

서울로 전화하고 싶습니다.
Я бы хоте́л(-а) позвони́ть в Сеу́л.
야 브이 하쩰(라) 빠즈바니찌 프세울

국제전화를 하고 싶습니다.
Я бы хоте́л(-а) позвони́ть за грани́цу.
야 브이 하쩰(라) 빠즈바니찌 자그라니쭈

콜렉트 콜로(수신자 부담으로) 전화하고 싶습니다.
Я бы хоте́л(-а) позвони́ть с опла́той вызыва́емого.
야 브이 하쩰(라) 빠즈바니찌 사쁠라또이 브이즈이바에모보
Я бы хоте́л(-а) позвони́ть за счёт вызыва́емого абоне́нта.
야 브이 하쩰(라) 빠즈바니찌 자쑈뜨 브이즈이바에모보 아바녠따

3 분만 통화하고 싶습니다.
Я бы хоте́л(-а) поговори́ть три мину́ты.
야 브이 하쩰(라) 빠가바리찌 뜨리 미누뜨이

1분에 얼마 입니까?
Ско́лько сто́ит мину́та?
스꼴꼬 스또이뜨 미누따

모스크바 지역 코드가 뭡니까?
Како́й код Москвы́?
깎꼬이 꼬뜨 마스끄브이

서울 지역 코드가 뭡니까?
Како́й код Сеу́ла?
깎꼬이 꼬뜨 세울라

상뜨 뻬쩨르부르그로 시외전화를 하고 싶습니다.
Я хочу́ междугоро́дный разгово́р с Санкт-Петербу́ргом.
야 하추 메즈두가로드느이 라즈가보르 스산끄뜨 뻬쩨르부르곰

한국으로 국제전화를 하고 싶습니다.
Я хочу́ междунаро́дный разгово́р с Коре́ей.
야 하추   메즈두나로드느이   라즈가보르   스까레에이

콜렉트 콜을 예약하고 싶습니다.
Я хочу́ заказа́ть разгово́р за счёт вызыва́емого абоне́нта.
야 하추   자까자찌   라즈가보르   자쑈뜨   브이즈이바에모보   아바녠따

3번 부스로 가세요.
Иди́те в каби́ну но́мера три.
이지쩨   프꼼나뚜   노메라   뜨리

통화중입니다.
За́нято.
자냐또

끊겼습니다.
Меня́ прева́ли.
미냐   쁘레발리
Меня́ разъедини́ли.
미냐   라즈에지닐리

수화기를 놓지 마세요!
Не клади́те тру́бку!
네   끌라지쩨   뜨루쁘꾸

수화기를 드세요!
Поднима́йте тру́бку!
빠드니마이쩨   뜨루쁘꾸

동전을 넣으세요!
Опусти́ете моне́ту!
아뿌스찌쩨   마네뚜

번호를 누르세요!
Набира́йте но́мер!
나비라이쩨   노메르

전화통화 (Разговор по телефону)

여보세요!
Алло́!
알로
Слу́шаю (вас).
슬루샤유   (바스)

저 라리사인데요.
Э́то говори́т Лари́са.
에따　가바리뜨　라리사

이반 뻬뜨로프입니다.
Э́то говори́т Ива́н Пе́тров.
에따　가바리뜨　이반　뻬뜨로프

알렉산드르입니다.
Э́то Алекса́ндр.
에따　알렉산드르

누구신가요?
Кто говори́т?
끄또　가바리뜨

누군지 말씀해주세요.
Предста́вьтесь, пожа́луйста.
쁘레뜨스따비쎄시　빠좔루이스따

여보세요, 전화거신 분은 누구신가요?
Алло́, с кем я говорю́?
알로　스꼠 야　가바류

안녕하세요? 라리사라고 합니다.
Здра́вствуйте, меня́ зову́т Лари́са.
즈드라스부이쩨　미냐 자부뜨　라리사

누구와 통화하시고 싶습니까?
С кем вы хоти́те говори́ть?
스꼠　브이 하찌쩨　가바리찌

이바노프씨와 통화하고 싶습니다.
Мо́жно поговори́ть с господи́ном Ива́новым?
모쥐노　빠가바리찌　즈가스빠지놈　이바노브임

이바노바씨와 통화할 수 있나요?
Переда́йте, пожа́луйста, что позвони́л Ива́н.
뻬레다이쩨　빠좔루이스따　쉬또　빠즈바닐　이반

이고리 그리고레비치를 부탁합니다.
Мо́жно попроси́ть к телефо́ну И́горя Григо́рьевича.
모쥐노　빠쁘라시찌　끄쩰레포누　이고랴　그리고리에비차

제냐 좀 바꿔 주세요.
Пожа́луйста, Же́ню.
빠좔루이스따　줴뉴

Позови́те, пожа́луйста, Же́ню.
빠자비쩨　빠좔루이스따　줴뉴

Мо́жно Же́ню?
모쥐노 줴뉴

잠깐만요.
Мину́тку.
미누뜨꾸

미안하지만, 지금 없습니다.
К сожале́нию, его́ (её) нет(у).
끄사좔레니유   이보 (이요) 니에뜨(뚜)

전화 걸라고 할까요?
Мо́жет ли он (она́) перезвони́ть вам?
모줴뜨 리 온 (아나) 뻬레즈바니찌 밤

이반이 전화했다고 전해 주십시오.
Переда́йте, пожа́луйста, что позвони́л Ива́н.
뻬레다이쩨 빠좔루이스따 쉬또 빠즈바닐 이반

라리사가 전화했다고 전해 주십시오.
Переда́йте, пожа́луйста, что позвони́ла Лари́са.
뻬레다이쩨 빠좔루이스따 쉬또 빠즈바닐라 라리사

전할 말씀 있나요?
Вы мо́жете переда́ть ему́ (ей)?
브이 모줴쩨 뻬레다찌 이무 (에이)

메모를 남기시겠습니까?
Хоти́те оста́вить сообще́ние?
하찌쩨   아스따비찌   삽쉐니에

제가 전화했다고 말해주십시오.
Скажи́те ему́ (ей), пожа́луйста, что я позвони́л(-а).
스까쥐쩨 이무(에이) 빠좔루이스따 쉬또 야 빠즈바닐(라)

다시 전화 드리겠습니다.
Я перезвоню́ попо́зже.
야   뻬레즈바뉴   빠뽀줴

안녕!
Пока́!
빠까

또 연락합시다!
Созвони́мся!
사즈바님샤

잘 안 들리는데요!
Пло́хо слы́шно!
쁠로호   슬르이쉬노

잘못 거셨습니다.

Вы не туда́ попа́ли.
브이 네 뚜다 빠빨리

Вы оши́блись но́мером.
브이 아쉬블리시 노메롬

지금 거신 번호는 없는 번호입니다.

Вы́бранный ва́ми но́мер неве́рный.
브이브란느이 바미 노메르 네베르느이

셀폰 사용 (Мобильный телефон)

핸드폰을 임대하고 싶습니다.

Я бы хоте́л(-а) взять моби́льный телефо́н напрока́т.
야 브이 하쪨(라) 브쟈찌 마빌느이 쩰레폰 나쁘라까뜨

선불 전화를 원합니다.

Я бы хоте́л(-а) взять предопла́ченный телефо́н.
야 브이 하쪨(라) 브쟈찌 쁘레다쁠라첸느이 쩰레폰

스마트 카드를 사고 싶습니다.

Я бы хоте́л(-а) взять СИМ-ка́рту.
야 브이 하쪨(라) 브쟈찌 심 까르뚜

로밍 폰하고 스마트 카드를 주십시오.

СИМ-ка́рту, пожа́луйста, с ро́умингом.
심 까르뚜 빠찰루이스따 스로우민곰

로밍은 하지 않고 스마트 카드 주세요.

СИМ-ка́рту, пожа́луйста, без ро́уминга.
심 까르뚜 빠찰루이스따 베즈로우민가

이 스마트 카드가 어느 지역을 커버합니까?

Како́й охва́т террито́рии э́той СИМ-ка́рты?
깎꼬이 아흐바뜨 쩨리또리 에또이 심 까르뜨이

요금표를 주십시오.

Да́йте, пожа́луйста, распеча́тку тари́фов.
다이쩨 빠찰루이스따 라스뻬차뜨꾸 따리포프

요율이 어떻게 되나요?

Каки́е тари́фы?
깎끼에 따리프이

30초에 5 루블입니다.

Пять рубле́й за три́дцать секу́нд.
뺘찌 루블레이 자 뜨리짜찌 세꾼뜨

Креди́тные ка́рточки прова́йдера есть?
100 루블 짜리 카드로 몇 분 통화 가능합니까?
Ско́лько мину́т я могу́ говори́ть по ка́рточке за 100 рубле́й?
스꼴꼬   미누뜨 야 마구   가바리찌   빠까르또츠께   자 스또 루블레이

응용회화

Диалог 1

Та́ня :	Слу́шаю вас.
Алекса́ндр Ива́нович :	Та́ня? До́брый день. Э́то Алекса́ндр Ива́нович.
Та́ня :	Здра́вствуйте. Алекса́ндр Ива́нович. Ра́да вас слы́шать.
Алекса́ндр Ива́нович :	У вас всё благополу́чно? Вы здоро́вы?
Та́ня :	Спаси́бо. У меня́ всё хорошо́. А у вас?
Алекса́ндр Ива́нович :	Спаси́бо. У меня́ то́же всё в поря́дке. Та́ня, у меня́ к вам есть одно́ де́ло. Скажи́те, пожа́луйста, но́мер телефо́на дире́ктора Яковле́нко.

따냐 : 여보세요!
알렉산드르 : 따냐? 안녕히세요? 알렉산드르 이바노비치입니다.
따냐 : 안녕하세요? 알렉산드르 이바노비치! 당신 목소리를 들으니 기쁩니다.
알렉산드르 : 모든 일이 평안하지요? 건강하십니까?
따냐 : 감사합니다. 모든 게 다 잘되고 있어요. 당신은요?
알렉산드르 : 감사합니다. 저도 모든 일이 순조롭습니다. 따냐, 당신에게 한 가지 볼 일이 있습니다. 야꼬블렌꼬 사장님 전화 번호 좀 알려 주세요.

Диалог 2

Мать Светла́ны : Алло́!
Никола́й: До́брый ве́чер. Извини́те за по́здний

	звонóк.
	Э́то говори́т Николáй.
	Мо́жно попроси́ть к телефо́ну Светлáну?
Мать Светланы :	К сожалéнию, её сейчáс нет до́ма.
Николай:	Вы не скáжете, когдá ей мо́жно позвони́ть?
Мать Светланы :	Онá сего́дня по́здно придёт. Мо́жет быть, ей что́-нибудь передáть?
Николай:	Да, передáйте, пожáлуйста, что звони́л Николáй.
	Пусть онá мне зáвтра позво́нит.
Мать Светланы :	Хорошо́, я передáм.
Николай:	Благодарю́ вас. До свидáния.

스베뜰라나의 어머니 :	여보세요!
니꼴라이 :	안녕하세요? 밤늦게 전화 드려 죄송합니다. 니꼴라이입니다.
	스비뜰라나 좀 바꿔 주시겠어요?
스베뜰라나의 어머니 :	어쩌지요, 지금 집에 없는데요.
니꼴라이 :	언제 그녀와 통화할 수 있을까요?
스베뜰라나의 어머니 :	오늘 늦게 들어온다고 했어요. 뭐 전할 말이라도?
니꼴라이 :	니꼴라이가 전화했다고 전해주십시오. 내일 전화 좀 걸어 달라고 해주세요.
스베뜰라나의 어머니 :	알았어요. 그렇게 전하지요.
니꼴라이 :	감사합니다. 안녕히 계세요.

비상전화

Пожарная охрана	01
Милиция	02
Скорая помощь	03
Газ	04

우체국에서(На почте)

우체국 찾기 (Искать почту)

여기 어디에 제일 가까운 우체국이 있는지 말씀해 주시겠어요?
Вы не мо́жете мне сказа́ть, где здесь ближа́йшая по́чта?
브이 네   모줴쩨   므네   스까자찌   그지에   즈제시   블리좌이샤야   뽀츠따

여기 어디에 제일 가까운 우체통이 있는지 말씀해 주시겠어요?
Вы не мо́жете мне сказа́ть, где здесь ближа́йший почто́вый я́щик?
브이 네   모줴쩨   므네   스까자찌   그지에   즈제시   블리좌이쉬이   빠츠또브이
야쉬끄

여기 어디에 제일 가까운 국제 우체국이 있는지 말씀해 주시겠어요?
Вы не мо́жете мне сказа́ть, где здесь междунаро́дная по́чта?
브이 네   모줴쩨   므네   스까자찌   그지에   즈제시   메즈두나로드나야   뽀츠따

우편보내기 (Послать по почте)

소포를 보내고 싶습니다.
Я хочу́ посла́ть бандеро́ль.
야   하추   빠스일라찌   반제롤

편지를 보내고 싶습니다.
Я хочу́ посла́ть письмо́.
야   하추   빠스일라찌   삐시모

편지를 보내야 합니다.
Мне на́до отпра́вить письмо́.
므네   나도   앗쁘라비찌   삐시모

소포를 보내고 싶습니다.
Я хочу́ посла́ть посы́лку.
야   하추   빠스일라찌   빠스일꾸

소포를 보내야 합니다.
Мне на́до отпра́вить посы́лку.
므네   나도   앗쁘라비찌   빠스일꾸

전보를 보내고 싶습니다.
Я хочу́ посла́ть телегра́мму.
야   하추   빠스일라찌   쩰레그라무

엽서를 보내고 싶습니다.
Я хочу́ посла́ть откры́тку.
야   하추   빠스일라찌   앗끄르이뜨꾸

팩스를 보내고 싶습니다.
Я хочу́ посла́ть факс.
야 하추 빠스일라찌 팍스

여기서 팩스를 보낼 수 있나요?
Отсю́да мо́жно отпра́вить факс?
앗슈다 모쥐노 앗쁘라비찌 팍스

우편요금 (Плата за услуги почтовой связи)

미국으로 편지 부치는데 얼마 입니까?
Ско́лько сто́ит отпра́вить письмо́ в Аме́рику?
스꼴꼬 스또이뜨 앗쁘라비찌 삐시모 바메리꾸

한국으로 편지 부치는데 얼마 입니까?
Ско́лько сто́ит отпра́вить письмо́ в Коре́ю?
스꼴꼬 스또이뜨 앗쁘라비찌 삐시모 프까레유

중국으로 편지 부치는데 얼마 입니까?
Ско́лько сто́ит отпра́вить письмо́ в Кита́й?
스꼴꼬 스또이뜨 앗쁘라비찌 삐시모 프끼따이

미국으로 소포 부치는데 얼마 입니까?
Ско́лько сто́ит отпра́вить посы́лку в Аме́рику?
스꼴꼬 스또이뜨 앗쁘라비찌 삐시모 바메리꾸

한국으로 소포 부치는데 얼마 입니까?
Ско́лько сто́ит отпра́вить посы́лку в Коре́ю?
스꼴꼬 스또이뜨 앗쁘라비찌 삐시모 프까레유

중국으로 소포 부치는데 얼마 입니까?
Ско́лько сто́ит отпра́вить посы́лку в Кита́й?
스꼴꼬 스또이뜨 앗쁘라비찌 삐시모 프끼따이

얼마 입니까?
Ско́лько с меня́?
스꼴꼬 스미냐

100루블입니다.
С вас 100 рубле́й.
스바스 스또 루블레이

우편소요시간 (Время почтовой доставки)

한국까지 편지가 얼마나 걸립니까?

Как до́лго идёт письмо́ до Коре́и?
깎고 돌고 이죠뜨 삐시모 다까레이

미국까지 편지가 얼마나 걸립니까?

Ско́лько вре́мени идёт письмо́ до США?
스꼴꼬 브레메니 이죠뜨 삐시모 다세스샤아

모스크바에서 서울까지 소포가 며칠 걸립니까?

Ско́лько дней идёт посы́лка от Москвы́ до Се́ула?
스꼴꼬 드네이 이죠뜨 빠스일까 아뜨 마스끄브이 다세울라

약 3 주 걸립니다.

Приме́рно три неде́ли.
쁘리메르노 뜨리 네젤리

우편종류 (Вид почты)

저는 미국으로 중요한 편지를 보내려 합니다.

Я хочу́ отпра́вить ва́жное письмо́ в США.
야 하추 앗쁘라비찌 바쥐노에 삐시모 프세스샤아

이 편지를 항공우편으로 보내주세요.

Э́то письмо́ отпра́вьте авиапо́чтой.
에따 삐시모 앗쁘라비쩨 아비아뽀츠또이

이 편지를 특급우편으로 보내주세요.

Э́то письмо́ отпра́вьте экспре́сс-по́чтой.
에따 삐시모 앗쁘라비쩨 엑스쁘레스 뽀츠또이

이 편지를 등기로 보내주세요.

Э́то письмо́ отпра́вьте заказно́й по́чтой.
에따 삐시모 앗쁘라비쩨 자까즈노이 뽀츠또이

이 편지를 일반우편으로 보내주세요.

Пошли́те, пожа́луйста, обы́чной по́чтой.
빠쉴리쩨 빠좔루이스따 아브이츠노이 빠츠또이

엽서, 봉투, 우표사기 (Покупка открыток, конвертов, марок)

봉투를 사고 싶습니다.

Я хочу́ купи́ть конве́рт.
야 하추 꾸삐찌 깐베르뜨

10 루블짜리 우표를 사고 싶습니다.

Я хочу́ купи́ть ма́рку на де́сять рубле́й
야 하추 꾸삐찌 마르꾸 나 제샤찌 루블레이

봉투와 우표가 필요합니다.

Мне ну́жно купи́ть конве́рты и ма́рки.
므네 누즈노 꾸삐찌 깐베르뜨이 이 마르끼

어떤 우표가 필요합니까?

Кака́я ма́рка вам нужна́?
깎까야 마르까 밤 누즈나

10 까뻬이까 짜리 우표가 필요합니다.

Ма́рка за 10 копе́ек.
마르까 자 제샤찌 까뻬에끄

국제우편 우표가 필요합니다.

Ма́рка для междунаро́дного письма́.
마르까 들랴 메즈두나로드노보 삐시마

어떤 엽서가 필요합니까?

Кака́я откры́тка вам нужна́?
깎까야 앗끄르이뜨까 밤 누쥐나

모스크바 전경이 담긴 엽서를 주세요.

Откры́тка с ви́дом Москвы́.
앗끄르이뜨까 스비돔 마스끄브이

명화 그림이 들어간 엽서를 주세요.

Откры́тка с худо́жественной репроду́кцией.
앗끄르이뜨까 스후도줴스뜨벤노이 레쁘라둑찌에이

어떤 봉투가 필요합니까?

Како́й конве́рт вам ну́жен?
깎꼬이 깐베르뜨 밤 누젠

일반 봉투를 주세요.

Конве́рт для просто́го письма́.
깐베르뜨 들랴 쁘라스또보 삐시마

그림이 그려진 봉투를 주세요.

Конве́рт с карти́нкой.
깐베르뜨 스까르찐꼬이

우표가 붙어있지 않은 봉투를 주세요.

Конве́рт без ма́рки.
깐베르뜨 베즈마르끼

응용회화

Диалог 1

Лариса : Я хочу отправить письмо в Корею скоро, как возможно.
Служащий : Можно отправить его экспресс-почтой.
Лариса : Сколько дней идёт письмо экспресс-почтой?
Служащий : Дня три.
Лариса : Отправьте его экспресс-почтой, пожалуйста.
Служащий : Хорошо! Заполните этот бланк.
Лариса : Сколько с меня?
Служащий : 100 рублей.
Лариса : Вот, пожалуйста.

라리사 : 한국으로 편지를 가능하면 빨리 보내고 싶은데요.
우체국 직원 : 특급우편으로 보낼 수 있습니다.
라리사 : 특급우편은 며칠 걸립니까?
우체국 직원 : 3일 정도요.
라리사 : 특급우편으로 보내주세요.
우체국 직원 : 알겠습니다. 이 서식을 작성하세요.
라리사 : 얼마지요?
우체국 직원 : 100루블입니다.
라리사 : 자, 여기 있습니다.

Диалог 2

Анна : Я хочу послать в Англию матрёшку и книги.
Служащий : Заполните этот бланк.
Но лучше пошлите матрёшку отдельно. Вместе с книгами она может сломаться.
Анна : Спасибо за совет. А сколько стоит упаковка?
Служащий : Упаковка бесплатная.
Вы заполнили бланк?

	Ну-ка, да́йте посмотре́ть. Вы пропусти́ли да́ту отправле́ния.
А́нна :	Извини́те, вот я вписа́ла его́. Вот здесь.
Слу́жащий :	С вас 50 рубле́й 30 копе́ек.
А́нна :	Вот, пожа́луйста.
Слу́жащий :	Так, получи́те квита́нцию.
А́нна :	Спаси́бо.

안나 : 영국으로 마뜨료쉬까와 책을 보내고 싶은데요.
우체국 직원 : 이 서식을 작성하세요. 그런데 마뜨료쉬까를 따로 보내는 게 좋겠습니다. 책과 함께 보내면 깨질 수도 있습니다.
안나 : 충고 고맙습니다. 포장비는 얼마인가요?
우체국 직원 : 포장은 무료입니다. 서식 다 작성했나요? 어디 봅시다. 발송 날짜를 빠뜨리셨네요.
안나 : 죄송합니다. 여기 써넣었습니다.
우체국 직원 : 50 루블 30 까뻬이까입니다.
안나 : 여기 있습니다.
우체국 직원 : 자, 영수증을 받으세요.
안나 : 감사합니다.

컴퓨터 & 인터넷 (Компью́тер & Интерне́т)

여기 어디에 인터넷 카페가 있습니까?
Где здесь интерне́т-кафе́?
그지에 즈졔시 인떼르네뜨 까페

이 메일을 확인하고 싶습니다.
Я бы хоте́л(-а) прове́рить свой и-мэ́йл.
야 브이(라) 쁘라볘리찌 스보이 이메일

인터넷에 접속하고 싶습니다.
Я бы хоте́л(-а) подключи́ться к Интерне́ту.
야 브이 하쪨(라) 빠드끌류칫쨔 끄인떼르네뚜

컴퓨터를 사용하고 싶습니다.
Я бы хоте́л(-а) воспо́льзоваться компью́тером.
야 브이 하쪨(라) 바스뽈조바쨔 깜쀼쩨롬

프린터를 사용하고 싶습니다.
Я бы хоте́л(-а) воспо́льзоваться при́нтером.
야 브이 하쪨(라) 바스뽈조바쨔 쁘린쩨롬

스캐너를 사용하고 싶습니다.
Я бы хотéл(-а) воспóльзоваться скáнером.
야 브이 하쩰(라)   바스뽈조바쨔   스까네롬

컴퓨터가 있습니까?
У вас есть компью́тер?
우바스 예스찌 깜쀼쩨르

맥켄토시 컴퓨터가 있습니까?
У вас есть комью́тер Макинтóш?
우바스 예스찌 깜쀼쩨르   막낀또쉬

PC가 있습니까?
У вас есть ПК?
우바스 예스찌 뻬까

Zip drive가 있습니까?
У вас есть зи́п-драйв?
우바스 예스찌   집드라이브

분당 얼마 입니까?
Скóлько стóит минýта?
스꼴꼬   스또이뜨   미누따

30분에 얼마 입니까?
Скóлько стóит полчасá?
스꼴꼬   스또이뜨   뽈치사

시간 당 얼마 입니까?
Скóлько стóит час?
스꼴꼬   스또이뜨 차스

한 페이지에 얼마 입니까? (출력 시)
Скóлько стóит страни́ца?
스꼴꼬   스또이뜨 스뜨라니짜

어떻게 접속합니까?
Как подключи́ться?
깍끄   빠드끌류칫쨔

어떤 ID와 비밀번호를 사용하십니까?
Какóе и́мя пóльзователя и парóль вы испóльзуете?
깍꼬에   이먀   뽈조바쨔   이 빠롤 브이   이스뽈주에쩨

인터넷에 접속하려면 몇 번에 전화합니까?
По какóму нóмеру телефóна звони́ть для подключе́ния
빠깍꼬무   노메루   쩰레포나   즈바니찌 들랴   빠드끌류체니야
к Интернéту?
    끄인떼르네뚜

영어 알파벳으로 입력해주십시오.
Включи́те, пожа́луйста, (англи́йский) алфа́вит.
프끌류치쩨 빠찰루이스따 (안글리스끼) 알파비뜨

영어 자판이 있습니까?
Есть (англи́йская) клавиату́ра?
예스찌 (안글리스까야) 끌라비아뚜라

망가졌습니다.
Слома́лся.
슬라말샤

끝났습니다.
Я зако́нчил(-а).
야 자꼰칠(라)

당신과 이메일하고 싶습니다.
Я хочу́ с ва́ми (тобо́й) перепи́сываться по электро́нной по́чте.
야 하추 스바미 (따보이) 뻬레삐스바쨔 빠 엘렉뜨론노이 뽀츠쩨

당신 이메일 주소는 무엇입니까?
Како́й у вас (тебя́) электро́нный а́дрес?
깍꼬이 우바스 (찌뱌) 엘렉뜨론노이 아드레스

제 이메일 주소는 jina@naver.com입니다.
Мой электро́нный а́дрес jina@naver.com
모이 엘렉뜨론노이 아드레스 jina 사바츠까(리구쉬까) naver 또츠까 com

전자우편으로 텍스트를 보내고 싶습니다.
Я хочу́ посла́ть текст по электро́нной по́чте.
야 하추 빠슬라찌 쩩스뜨 빠엘렉뜨론노이 뽀츠쩨

응용회화

Диало́г 1

Зи́на: Ми́ша, ты уста́л? На тебе́ лица́ нет.

Ми́ша: Э́то потому́ что всю ночь я рабо́тал в Интерне́те.

Зи́на: А в Росси́и ско́лько челове́к по́льзуется Интерне́том?

Ми́ша: Число́ росси́йских по́льзовате́оей Се́ти превы́сило 2 миллио́на челове́к.

Зи́на: Огро́мное коли́чество! У нас в Коре́е число́ по́льзователей Интерне́та то́же увели́чивается быстрыми темпами. Корея занимает первое место в мире по количеству пользователей Интернета.

Миша: Я хорошо знаю, что Корея - один из ИТ-держав.

진아 : 미샤, 피곤하니? 얼굴이 안됐다.
미샤 : 밤새도록 인터넷을 했기 때문이야.
진아 : 그런데 러시아는 인터넷 사용자가 몇 명이니?
미샤 : 러시아 네티즌 수가 200만 명이 넘었대.
진아 : 상당히 많구나! 우리나라 한국도 인터넷 사용자가 빠르게 증가하고 있어. 인터넷 사용자 수에서 세계 1위래.
미샤 : 한국이 IT강국이라는 것을 잘 알고 있어.

Диалог 2

Соня: Трудно верить, что за такой короткий срок Интернет уже стал неотъемлемой частью жизни сотни милиионов людей на планете.
А как ты думаешь? Почему Интернет так популярен во всём мире?

Юрий: Назову несколько причин.
Во-первых, Интернет - самый массовый и оперативный источник информации.
Во-вторых, Сеть - крупнейший в мире источник развлечений.
В-третьих, Интернет _ самое прогрессивное средство общения и коммуникации.
В-четвёртых, Интернет - самое благоприятное пространство для бизнеса.
В-пятых, Интернет - это идеальный инструмент для рекламы.
Наконец, Интернет - это громадный простор для творчества.

Соня: Молодец! Ты настоящий специалист по Интернету.

소냐 : 그렇게 짧은 시간 동안에 인터넷이 지구상의 수 억 사람들의 생활에서 절대적인 부분을 차지하고 있다는 것이 믿기 힘들어. 미샤, 너는 어떻게 생각하니? 전 세계적으로 인터넷이 그렇게 인기를 누리는 이유가 뭐니?
유리 : 몇 가지 이유를 말해줄게.
　　첫째, 인터넷은 가장 대중적이고 실용적인 정보 출처야.
　　둘째, 네트워크는 세계에서 가장 큰 오락 망이야.
　　셋째, 인터넷은 의사소통과 통신의 가장 진보적인 수단이야.
　　넷째, 인터넷은 비즈니스를 하기 위한 가장 호혜적인 공간이야.
　　다섯째, 인터넷은 광고를 위한 가장 이상적인 공간이야.
　　마지막으로, 인터넷은 창작을 위한 거대한 공간이야.
소냐 : 멋진데! 넌 진짜 인터넷 전문가다!

20 필수질문 ABC
(Вопросы ABC)

러시아 여행시 반드시 알아두어야 할 은행업무, 분실물 찾기, 경찰서, 화장실 관련 필수 질문을 소개한다.

은행 (банк)

여기 어디에 은행이 있는 지 말씀해 주시겠어요?
Вы не скáжете мне, где здесь банк?
브이 네   스까줴쩨   므녜 그지에 즈제시   반끄

여기 어디에 환전소가 있는 지 말씀해 주시겠어요?
Вы не скáжете мне, где здесь обмéнный пункт?
브이 네   스까줴쩨   므녜 그지에 즈제시   아브멘느이   뿐끄뜨

여기 어디에 ATM이 있는 지 말씀해 주시겠어요?
Вы не скáжете мне, где здесь банкомáт?
브이 네   스까줴쩨   므녜 그지에 즈제시   반까마뜨

오늘 환율이 어떻게 되는 지 말씀해 주시겠어요?
Не могли́ бы вы мне сказáть, какóй сегóдня обмéнный курс?
네 마글리 브이 브이 므녜   스까자찌   깍꼬이   시보드냐   아브멘느이   꾸르스

여행자 수표를 현금으로 바꾸고 싶습니다.
Я бы хотéл(-а) обналичи́ть э́тот трáвел-чек.
야 브이 하쪨(라)   아브날리치찌   에또뜨   뜨라벨체끄

신분증을 보여 주세요.
Покажи́те, пожáлуйста, вáше удостоверéние ли́чности.
  빠까쥐쩨   빠좔루이스따   바쉐   우다스따베레니에   리츠노스찌

여권을 보여 주세요.
Покажи́те, пожáлуйста, ваш пáспорт.
  빠까쥐쩨   빠좔루이스따   바쉬   빠스뽀르뜨

여기에 서명하십시오.
Подпиши́тесь здесь, пожáлуйста.
  빠드삐쉬쩨시   즈제시   빠좔루이스따

제 카드가 ATM에 꼈습니다.
Моя́ ка́рточка застря́ла в банкома́те.
마야   까르또츠까   자스뜨랼라   브반까마쩨

사진 (Фотография)

사진 좀 찍어 주시겠어요?
Не могли́ бы вы нас сфотографи́ровать?
네   마글리 브이 브이 나스   스파따그라피로바찌

정말 친절하세요.
Э́то о́чень любе́зно.
에따   오첸   류베즈노

이 버튼을 누르세요.
Нажими́те на э́ту кно́почку.
나쥐미쩨   나에뚜   끄노쁘꾸

거리/ 빛 밝기는 여기 이렇게 조정합니다.
Расстоя́ние / Диафра́гма регули́руется вот так.
라스따야니에   지아프라그마   레굴리루엣쨔   보뜨 딱끄

찍어도 되나요?
Мо́жно вас сфотографи́ровать?
모쥐노   바스   스파따그라피로바찌

우리 휴가에 대한 좋은 추억이 될 겁니다.
Так у нас бу́дет хоро́шая па́мять о на́шем о́тпуске.
딱끄 우나스   부제뜨   하로샤야   빠먀찌   아나쉠   오뜨뿌스께

분실물 센터 (Бюро находок)

분실물 센터가 여기 어디에 있는지 말씀해 주시겠어요?
Вы не мо́жете мне сказа́ть, где здесь бюро́ нахо́док?
브이 네 모   쥐쩨   므녜   스까자찌 그지에 즈졔시   뷰로   나호도끄

시계를 잃어 버렸어요.
Я потеря́л(-а) часы́.
야   빠쩨럌(라)   치스이

기차에서 제 가방을 놓고 내렸어요.
Я забы́л(-а) свою́ су́мочку в по́езде.
야   자브일(라)   스바유   수모츠꾸   프뽀에즈제

417

제 가방을 찾으면 연락주시겠습니까?

А вы мо́жете мне сообщи́ть в слу́чае, е́сли су́мочка бу́дет на́йдена?
아 브이 모줴쩨 므녜 사압쉬찌 프슬루치에 예슬리 수모츠까 부제드
나이제나

제 호텔 주소입니다.

Вот мой а́дрес гости́ницы.
보뜨 모이 아드레스 가스찌니쯔이

제 집 주소입니다.

Вот мой дома́шний а́дрес.
보뜨 모이 다마쉬니이 아드레스

제 핸드폰 번호입니다.

Вот мой моби́льный телефо́н.
보뜨 모이 마빌느이 쩰레폰

경찰서 (Полицейский участок)

여기 경찰서가 어디 있는 지 말씀해주시겠어요?

Вы не могли́ бы мне сказа́ть, где здесь милице́йский уча́сток?
브이 네 마글리 브이 므녜 스까자찌 그지에 즈제시 밀리쩨이스끼 우차스또끄

도난 신고하고 싶습니다.

Я хочу́ заяви́ть о кра́же.
야 하추 자야비찌 아끄라줴

피습사건 신고하고 싶습니다.

Я хочу́ заяви́ть о нападе́нии.
야 하추 자야비찌 아나빠제니이

핸드백을 도난당했습니다.

У меня́ укра́ли су́мочку.
우미냐 우끄랄리 수모츠꾸

서류 가방을 도난딩헸습니다.

У меня́ укра́ли бума́жник.
우미냐 우끄랄리 부마즈니끄

카메라를 도난당했습니다.

У меня́ укра́ли фотоаппара́т.
우미냐 우끄랄리 파따아빠라뜨

자동차를 도난당했습니다.

У меня́ укра́ли маши́ну.
우미냐 우끄랄리 마쉬누

여권을 도난당했습니다.
У меня́ укра́ли па́спорт.
우미냐 우끄랄리 빠스뽀르뜨

자동차가 부서졌습니다.
Взлома́ли мою́ маши́ну.
브즐라말리 마유 마쉬누

자동차에서 카스테레오를 도난당했습니다.
Из маши́ны укра́ли автомоби́льный радиоприёмник.
이즈마쉬느이 우끄랄리 아프따마빌느이 라지오쁘리욤니끄

제 아들을 잃어 버렸습니다.
Мой сын потеря́лся.
모이 스인 빠쩨랼샤

제 딸을 잃어 버렸습니다.
Моя́ дочь потеря́лась.
마야 도치 빠쩨랼라시

이 남자가 추군거렸습니다.
Э́тот мучжи́на пристаёт ко мне.
에또뜨 무쉬나 쁘리스따요뜨 까므네

도와주시겠어요?
Не могли́ бы вы мне помо́чь?
네 마글리 브이 브이 므녜 빠모치

언제 이런 일이 벌어졌나요?
Когда́ и́менно э́то случи́лось?
까그다 이멘노 에따 슬루칠로시

당신의 성과 주소를 말씀하세요.
Ва́ши фами́лия и а́дрес, пожа́луйста.
바쉬 파밀리야 이 아드레스 빠좔루이스따

상담실에 문의하세요.
Обрати́тесь в своё ко́нсульство.
아브라찌쩨시 프사바요 꼰술스뜨보

화장실 (Туалет)

여기 어디에 화장실이 있습니까?
Где здесь туале́т?
그지에 즈제시 뚜알레뜨

화장실을 써도 될까요?
Могу́ ли я воспо́льзоваться ва́шим туале́том?
마구 리 야 바스뽈조바쨔 바쉼 뚜알레똠

화장실 열쇠를 주시겠어요?
Не дади́те мне ключ от туале́та?
네 다지쩨 므녜 끌루치 아쁘뚜알레따

화장지를 주세요.
Да́йте, пожа́луйста, туале́тную бума́гу.
다이쩨 빠좔루이스따 뚜알레뜨누유 부마구

위생대를 주세요.
Да́йте, пожа́луйста, гигиени́ческие прокла́дки.
다이쩨 빠좔루이스따 기기에니체스끼에 쁘라끌라뜨끼

Fire engine with distinctive white stripe

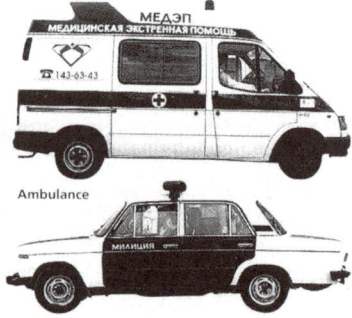

Ambulance

Police car

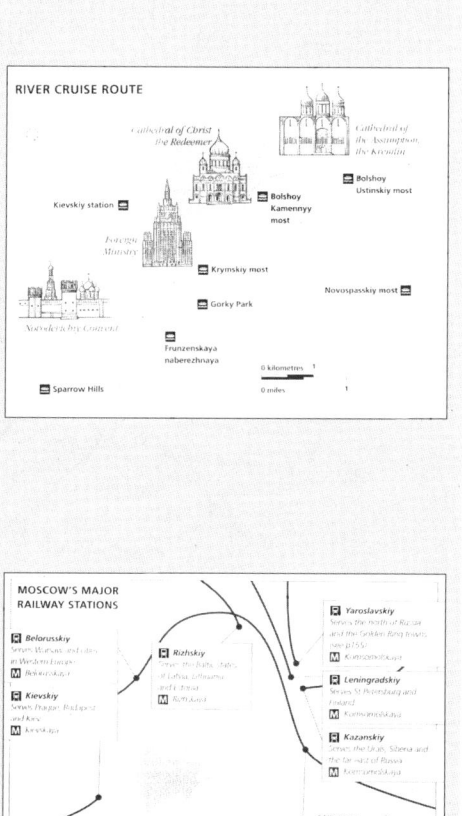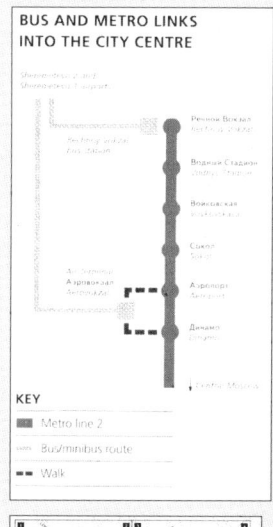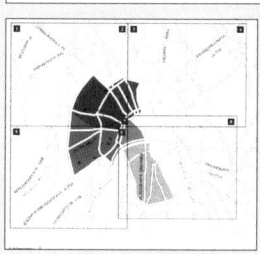

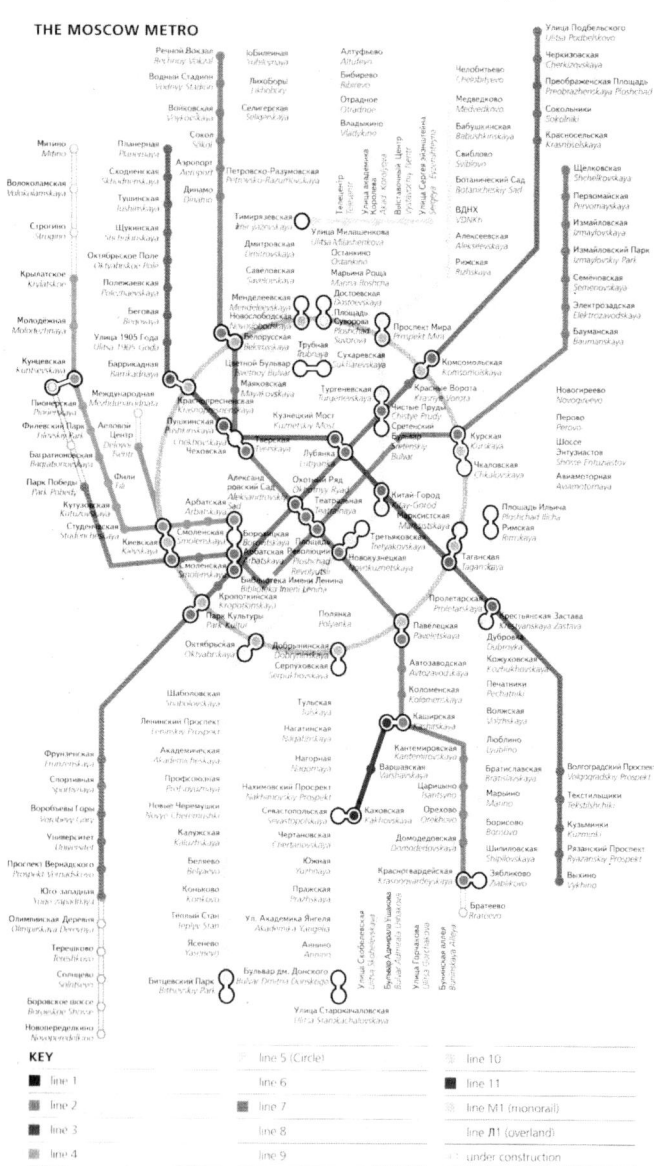

러시아어 회화 사전

초판 2쇄 인쇄 2019년 10월 2일
초판 2쇄 발행 2019년 10월 11일

지은이 전혜진
펴낸이 서덕일
펴낸곳 도서출판 문예림

출판등록 1962.7.12 (제406-1962-1호)
주소 경기도 파주시 회동길 366 3층 (10881)
전화 (02)499-1281~2 **팩스** (02)499-1283
대표전자우편 info@moonyelim.com **통합홈페이지** www.moonyelim.com
카카오톡 ("도서출판 문예림" 검색 후 추가)

디지털노마드의 시대, 문예림은 Remote work(원격근무)를 시행하고 있습니다.
우리는 세계 곳곳에 있는 집필진과 원하는 장소와 시간에 자유롭게 일합니다.
문의 사항은 카카오톡 또는 이메일로 말씀해주시면 답변드리겠습니다.

값 25,000원

ISBN 978-89-7482-504-1(13790)

잘못된 책이나 파본은 교환해 드립니다.
본 책은 저작권법에 의해 보호를 받는 저작물이므로 무단 전재와 복제를 금합니다.